天津市滨海新区名校长名教师培养工程学员成果丛书

像树一样成长

——80后青年教师成长故事

王玉芝 著
窦可欣 图

南开大学出版社
天津

图书在版编目(CIP)数据

像树一样成长：80后青年教师成长故事 / 王玉芝著.
—天津：南开大学出版社,(2015.4重印)

ISBN 978-7-310-04716-1

Ⅰ.①像… Ⅱ.①王… Ⅲ.①青年教师—师资培养—研究 Ⅳ.①G451.2

中国版本图书馆 CIP 数据核字(2014)第 271734 号

南开大学出版社出版发行

出版人:孙克强

地址:天津市南开区卫津路 94 号　　邮政编码:300071

营销部电话:(022)23508339　23500755

营销部传真:(022)23508542　　邮购部电话:(022)23502200

*

天津午阳印刷有限公司印刷

全国各地新华书店经销

*

2014 年 12 月第 1 版　　2015 年 4 月第 2 次印刷

210×148 毫米　32 开本　11.125 印张　312 千字

定价:30.00 元

如遇图书印装质量问题，请与本社营销部联系调换，电话:(022)23507125

作者简介

王玉芝，滨海新区大港三号院小学校长，1972年出生，河北省遵化市人。1991年工作，中学高级教师，国家二级心理咨询师。秉承“赠人玫瑰，手留余香”的信条，以一颗平常心、感恩心，幸福地生活着，快乐地工作着，顺其自然地成长着。

窦可欣，1999年出生，大港油田一中初中三年级学生，白羊座女生，开朗、活泼，喜欢手工、绘画。她认为，如果下一秒可以是开开心心的，那么何必让这一秒忧虑迟疑呢？

树德务滋

——摘自《自然与人生》系列散文之七

张继炼

很难想象地球上没有树木的情景。

一个国家，一个民族，一个地区，一座城市，一条街道，甚至一座庭院没了树，便是极不可思议之事。因为树是生命及生命的保障和象征。

种树是中国人古老而文明的传统。有了城市便有了树，有了街道就有了绿，有了庭院便有了阴凉。房前屋后有了树就有了景色，有了情致，有了浓荫，有了风水，有了心情，也有了与之相伴的《雀鹊为邻》，那是一片无限的生机。

树是标示物，指引人们走向辽远，走向目的和成功。于千里戈壁、万里黄沙行路，树为目标与灯塔。有树的地方多有人，有人的地方多有树，有树的地方多有水。树为人栽水养，有树有水的地方是沙漠人家。所谓沙漠深处有人家，万里戈壁一点绿。

山中多树，大山树多则成林。一棵棵幼苗成长为参天大树，一棵棵树木成片，一片片树木成林。林聚为森，森者集也，团也，合也。森林便是团结的力量和结果。有森则有林、有草、有花、有飞禽、有走兽、有水、有生命、有人类。森林与森林的集合便是绿野，绿野与绿野的集合便是地球的肺脏。有了肺脏，地球便有了自如、畅快而淋漓的呼吸。但吸进去的不仅仅是氧气，呼出来的不仅仅是二氧化碳。

砍树、盗伐，用树杆做燃料，还有一些破坏森林的行径，其实是在毁坏人类本身。破坏了森林，地球就像得了肺癌，最终死亡的还是人类自己。其实，如此浅显的道理就是有人不明白。

城市中的一棵树是孤独，沙漠里的一棵树是坚强；街道边的一棵树是蹂躏，戈壁滩上的一棵树是生命；马路旁的一棵树是悲哀，牧民家的一棵树是浓荫；高楼下的一棵树是惨淡的秋凉；蒙古包前的一棵树是浓郁的春绿。一棵树不是森林，一棵树也不是荒漠；一棵树的绿叶不代表春天，一棵树的黄叶也不代表秋天；一棵树的死去，不能说明植树的失败，一棵树的成活也不能代表树种的繁衍。如果一棵树也没了，什么也说明不了，什么也说明得了。

比起城市，乡村的树幸运多了：没有汽车尾气熏染，没有行人扔垃圾，没有商贩倒污水，没有一个个冰凉无情的水泥坑，没有高楼大厦的遮挡和欺凌，更没有城市建设带来的劫难。比起乡村，城里的树金贵多了：身价几十、几百、几千，甚至几万；坐汽车、坐火车，甚至坐飞机；专人栽、专人浇，甚至专人看护。天冷了加外衣，天热了送清凉，枝长叶疯了有人修剪，精神头不足了有人接诊。

城里的树虽然金贵，却不容易成活。乡村的树无人呵护却成了林。树的命运如此，人生又何尝不是如此呢？

有了深的根基，才有浓绿的枝叶，所谓“根深叶茂”。要达到根深的程度，需要长久生长、积淀、修养和历练，所谓“树大根深”。树高千丈，落叶总是要回到根里，这是绿叶对根的情谊，所谓“树高千丈，叶落归根”。树的高大要靠自然力，不能人为拔高或一味不切实际的追求，切记“树大招风”。

宋高宗时有个侍郎叫曹咏，他善于逢迎拍马，深得奸相秦桧的欢心，所以官运亨通。曹咏当了大官后，有很多人来巴结他，曹咏非常得意。唯一让他感到气恼的是，他的大舅子厉德新却从不向他献殷勤。原来，厉德新头脑清醒，他知道曹咏并非凭借真才实学而是靠依顺秦桧才得以升官，所以料定曹咏这种人没有好下场，不肯同流合污。对此，曹咏耿耿于怀，一心想找个茬儿整整厉德新，无奈厉德新洁身自好，曹咏也无从下手。后来，秦桧死了，那些依附秦桧的人一个个倒台了，曹咏也被贬到了新州。厉德新得到消息后，非常高兴，就写了一篇题为《树倒猢狲散赋》寄给曹咏。文中将秦桧比作一棵大树，把曹咏等人比作树上的猴子，揭露了曹咏此类人依靠秦桧这棵大树作威作福、鱼肉百姓的丑恶行径。文中说，如今大树一倒，猢狲四散，于国于家，真是可嘉可贺。曹咏收到这篇文章后气得半天说不出话来。宋代的庞元英在《谈薮·曹咏妻》中记载了这件事，这就是成语“树倒猢狲散”的来历。其实，这个典古的寓意不在于大树，而在于猢狲。

千年的树木也有凋落的时候，人怎能不衰不老不走下坡。北周时期庾信的《枯树赋》曰：“桓大司马闻而叹曰：昔年移柳，依依汉南，今看摇落，凄怆江潭，树犹如此，人何以堪。”唐代卢照邻在《病梨树赋》中有“岂赋命之理，得之自然，将资生之化，有所偏及。树犹如此，人何以堪？”之句。这就是沧桑变故，人生感慨之成语“树犹如此，人何以堪”之由来。

“树德务滋”是超越了木本植物统称之树木之外的一种人生境界。当然，树根产生根艺，树叶代表绿色，甚至树枝、树干、树丛、树挂、树冠、树阴、树墩无不是人生的一种状态，能做到其一就是有用之材了。

序　一

责任与责任的对话　智慧与智慧的交流

前不久，王玉芝校长打电话给我，说是他们大港三号院小学准备出一本书：《像树一样成长》，希望我能写一篇序。说真的，乍一听这个书名，确实有点儿含糊。幸好她发来的书稿打不开，因为计算机有做升级；幸好因为我打不开她专门跑来一趟，和我长聊了大半天。不然，先入为主的误读，说不定还会造成误解，甚至给人误事儿了。

读了《像树一样成长》，我的第一感觉就是，感动、感佩、感慨。感动的是，王玉芝校长和她的管理团队，抓住了当前学校教育中的一个相当重要，且比较普遍的现象："80后"这一代独生子女陆续重返学校，在他们还没有完全"转"过身来的时候，就开始了面对"00后"新一代独生子女的教育生涯。感佩的是，她们没有让这个现象停留在大家议论的"话题"阶段，而是把发现的难题变成了研究的课题，且在不断"调试"策略的过程中，逐步发现了破解难题的规律。感慨的是，咱们还没做好准备，怎么眨眼之间就进入了"独生子女教独生子女"的"时代"？尽管现在出台了"双独二胎"的政策，改变这种状况，起码也是二三十年以后的事了。不管怎么说，这一现象"来"得如此之疾，"走"得又如此之慢，也是必须面对的现实。所幸的是，还有一些王玉芝校长这样的有心人，正在引导并支持着"80后"们"像树一样成长"着，茁壮而快乐的成长着。

你要是真的读“进”这本书，就会发现它写的好像是一场“对话”，一场责任与责任的对话；好像又是一种“交流”，一种智慧与智慧的交流。正是这些如同促膝交流的亲切对话，让你从多彩的内容里面，看到了理性；从多样的形式后面，看到了深邃。

说这本书是“责任与责任的对话”，是因为看似讲的尽是小故事，实际谈的都是大问题。这些问题大就大在直接与整个学校的社会责任紧密联系。这些刚刚入职的青年教师，对个人的生活、爱情和事业的思考；对周边的孩子、家长和同事的期待；对亲历的课堂、学校和社会的困惑；对自身形象、气质和能力的关注……可以说，无不关系到他们要为国家未来而坚持立德树人。同时，所有这些问题，对于接纳他们的同事、校长来说，同样无不关系到他们要为立德树人而培育青年教师。

书中的主人公木小青，尽管是个虚构的“80后”的代表，但写的都是真实的个体经历。她那30个故事，讲述了从“自己”这批“木小青”进入这个学校，到迎接新的一批“木小青”踏进这个校门，这几年以来的成长历程。本来高校学历的基础起点，人们怎么却看到的是“高傲”；本来执着追求的思维取向，人们怎么却看到的是“固执”；本来活跃烂漫的本能特征，人们怎么却看到的是“散漫”……这样的悖论大概就源于独生子女的“独特”，源于“独特”带来的社会认知差异。但是，不管怎样木小青们已经开始教书育人，不管怎样木小青们不能再“独”误“独”。“责任与责任的对话”其实就是针对这个悖论所进行的思辨和疏导。

一次次的“对话”，木小青们开始改变对自我的认识：这些“独特”之处，曾经在家庭里被原谅，是因为家里只有她（或者他）；曾经在上学时被忽视，是因为同学也都是她（或者他）。现在，尽管团队还可宽容，但学校不能放任我行我素；集体能够包容，可工作不会允许再三再四。因为，自己已经“扛”上了立德树人这个重大的社会责任。一次次“对话”，木小青们不断生成对自我的激励：不管现在怎样，既然为人之师，就要立起“个”儿来。在这个团队里，在这个集体中，自己只有充分发挥那些“独特”应有的正能量，不断克制那些“独特”被异化的负效应，才能引领好下面一代一代的独生子女成人、成才。同时，一次次的“对话”，也在震撼着木小青的伙伴们。无论是校长和“师傅”，还是同事和家长，也都为木小青们勇敢甩掉孤傲，走向“阳光”，毅然丢掉稚嫩，走近成熟，切身感受到了一种由衷的欣慰和空前的信心。可以毫不夸张地说，正是“责任与责任的对话”，木小青们才真正融入了学校这个新的集体，并在这个新的集体中开始长大。可以毫不夸张地说，用“责任与责任的对话”来定位本书的主旨，应该不是有意的“拔高”。

当然，“责任与责任的对话”并非易事。能够取得大家公认的成效，真的要归功于王玉芝校长和她的管理团队，选择了“智慧与智慧的交流”的基本策略。正是因为这样的策略，使“对话”不仅没有伤于“硬碰硬”，而且总能成于“心换心”。

在多年的实践中，他们越发深刻地感到：“责任与责任的对话”，本应是师长的指导，但不能止于师长的指导；本应像亲人的叮嘱，也不能止于亲人的叮嘱；本应如好友的提醒，又不能止于好友的提示。“责任与责任的对话”，其实应该是上面三者的目标、思想和感情的合力。这种合力会使“对话”严肃而不严厉，亲和而不就和，轻松而不轻率。否则，即便初衷再好，“对话”一旦对立，哪怕没有公开，也会走向反面。而且，此时的单调和乏味，甚至呆板和冰冷，即使无意，也有伤害。甚至会让这些刚刚入职的“80后”们长期挥之不去。正是因为大家都经过这段同龄的穿越，都有过穿越艰难的感受，才达成了这样的共识，做出了这样的选择。

于是，他们之间的“对话”，多了更加温暖、宽松的交流情境。特别学校组建了“青年成长林”这个“80后”们自己的“家”以后，个人主动参与，彼此敞开心扉，同伴坦诚讨论，团队热心互助。在温馨的氛围之中，“对话”不仅缩小了彼此的距离感，而且形成了全校的凝聚力，大家不再因“一树易衰”而伤感，共同为“成林则茂”而幸福。于是，他们之间的“对话”，有了更加丰富、灵活的交流平台。师徒互动时，那些语重心长的嘱托；博客日志里，那些特别给力的心语；案例分析中，那些寄予厚望的感言；盛大婚礼上，那些热情洋溢的祝福；自我评价后，那些倍加呵护的指点；……这样的“对话”，让“80后”们进一步看准了方向，坚定了信心，留住了优势，彰显了活力。

其实，交流的过程中，校长和老师们的智慧，也激活了“80后”们的智慧。在王玉芝校长和她的管理团队的鼓励下，他们不但把积累的理论知识，掌握的信息技术，以及注重实际，讲求效率的观念和视野开阔，反应快速的习惯，发挥得淋漓尽致，而且那种着力独立思考，热衷“与众不同”的势头，更加显现了他们敢于创新的时代性格。尽管只有短短两三年，无论是班级管理还是课堂教学，是社团活动还是社会实践，都已开始闪烁着这个青年教师群体充满热情、富有创新的火花。他们的每一点进步，每一点创意，无不感动着校长，感动着同事，甚至感动了家长，感动了社会。应该说，这不仅是“智慧与智慧的交流”的硕果，更是“责任与责任的对话”的指向。可以毫不夸张地说，用“智慧与智慧的交流”来概括本书的特色，应该不是无谓的“渲染”。

这是一本引人入胜的书，更是一本引人深思的书。它能引发人们深刻思考在于，确定的主题，选择的策略，以及引进的植物世界共生效应的“原理”，都不是简单应对，走一步看一步；也并非心血来潮，想一出是一出。他们依据调查研究，提出改革路径，做出具体方案，经过认真实践，反复检验效果，如实进行总结……每个环节都本着科学态度，经过缜密论证。所以，这是在系统的顶层设计之下展开的课题研究。就拿书中介绍的多项活动和数幅“画作”来说，真的体现了设计者的良苦用心和实施者的艰辛努力。正是这些活动，引导着“80后”这个群体，收获了正确的方向，发展的动力，有效的方法，健康的心灵，形成共生、共融，共进、共荣的团队机制。正是这些“画作”，记录了“80后”这个群体，为走出困难和困扰，走向成长和成功，而奋力爬坡的足迹。在这里，他们流过汗水，也流过泪水；有过苦笑，也有过欢笑。但是，最终展现在人们面前的是一片郁郁葱葱的林木——“80后”的青年教师之林。

有人说，青年教师的成长，是校长的成功。其实，青年教师的成长，更是校长的成果。因为，他们是教育的未来。所以，在祝贺本书问世之际，还要祝愿这片林木更加繁茂。就像王玉芝校长带领的整个三号院小学这片森林一样，为“00 后”们不断制造负氧离子，不时遮蔽日晒雨淋。

刘长兴
2014 年 6 月 10 日

注：刘长兴，国家督学，天津市首席督学、中国教育学会书法教育专业委员会理事长、中国教育学会理事、天津市教育学会会长、天津市书法家协会会员、《天津教育》专栏作家。

序 二

王玉芝校长写了一本书，这是件好事，我认为好处至少有两点：

一是校长写书，肯定对学校办学有好处。我们一直在提倡教育家办学，写书应该是教育家的体现之一。我们不能企盼每一位校长都是教育家，但我认为每一位校长在履职期间都应该是行进在奔向教育家的路上，都应该以教育家思想、情怀和境界面对每一位教师、每一位学生和每一位家长，面对学校中每天要处理的方方面面的事情，否则的话，是办不好一所学校的。写书，说明校长在不断地思索、不断地学习、不断地阅读和不断地实践，说明他想办好这所学校，并正在不断地努力中。王玉芝担任校长的滨海新区大港油田三号院小学近年的工作实践和成果，也说明了这一点。

二是这本书的内容肯定对青年教师在成长或是想让自己学校里的青年教师迅速成长的同行校长们有些益处，因为《像树一样成长》这本书为青年教师的成长提供了一个很好的范例，一个可以参考、可以操作，并可以循序渐进地不断实践的具体措施和办法。我也是一名从毕业就开始教书，教了二十多年后才转作行政管理的教育工作者，也是从青年教师成长起来的，因此读了这本书后，颇有感触：感触之一，就是如果自己在做青年教师的时候，就有机会接触或阅读类似的书，可能会使自己少走些弯路；感触之二，就是我们现在的学校中，青年教师的培养是一项极其重要的工作，目前我们的学校里，青年教师的数量已经达到了40%到50%，他们的成长，决定了我们学校的未来。当前的“减负”工作之所以面临一些困难和问题，我认为关键取决于教师的基本素质和能力，也就是说我们目前还没有足够的那么多的能够画龙点睛、点石成金、学识深厚的优秀教师，所以我们大部分的时候就只能和学生一起日日夜夜地拼搏和努力。培养好青年教师，使他们能够成长得更快一些、更好一些，是办好一所学校的关键，也是“减负”的关键。王玉芝校长的这本书，对青年教师的迅速成长并进而成长为一名好教师、优秀教师，应该是有帮助的。

陈国良

2014年4月24日

注：陈国良，天津市滨海新区教育局副局长、党组成员。

序　三

《像树一样成长》读后随笔

打开电脑调出《像树一样成长》的书稿，我一口气阅读完七章整个的内容。喜庆一所小学，独立完成集结“关于青年教师校本培训模式的探索”，具有可操作性，值得借鉴和推广。

书中围绕“像树一样成长”的命题，通过名人作家清新真实的故事，世界各地经典的谚语，鲜活丰富的各种活动，青年教师娓娓道来的心理活动以及他们所述成长中的体会，让我又看到了天津市滨海新区大港三号院小学团结、紧张、严肃、活泼的校园生活……特别是学校有针对性的进行“青年教师成长林——校本培训模式的探索”课题研究的成果，仿佛让我看到王玉芝校长正带着老师们修枝、捉虫、除草、撒药，打理、经营的棵棵小树在横成排竖成行的树林中向上，向上，成长，成长！她们也像树一样成长。

读着读着，脑海里出现 1996 年的春天，天津市教育局举办首届班主任高级研修班的情景。我作为天津市德育工作者协会的副会长参与组织、授课和答辩。一位个子不高，充满精气神儿的小姑娘上课全神贯注；下课切磋交流；答辩严谨流畅，给专家们留下深刻的印象。清楚地记得，培训班结束后，专家们一致认为这个小姑娘是棵好苗子，她就是王玉芝！……弹指一挥间，15 年过去了，2011 年 11 月我作为天津市政府教育兼职督学带专家组深入三号院小学进行实施义务教育学校现代化建设标准评估验收工作，一进学校大门看到了校长王玉芝，

“这不是当年班主任研修班的优秀学员王玉芝吗？” 。按照一百条标准，专家们听汇报、看两操、听巡课、看资料、召开座谈会、个别访谈，经过专家们严格认真的讨论，学校以较高水平、较高质量顺利通过达标验收。她们严格办学理念、落实“三风一训”，学生开心、家长放心、社会满意，给专家们留下深刻印象。尤其是学校“成长林”工作的开展，形成了教师队伍建设的一大亮点。专家们一致认为，王玉芝是校长的好苗子！同年的12月30日，我们作为督导工作的延续，又参加了学校的30年校庆活动，整个活动展示了近年来在玉芝校长带领下开展的行政管理、教育教学、教师队伍建设、学生落实行为习惯养成教育等方面的丰硕成果，尤其是广大青年教师在专业化成长道路上的突飞猛进，推动学校工作整体水平的不断提高。听着、看着、观察着、交流着、互动着，这一切，突然使我感到，1996年的小王玉芝长大了。她像树一样成长！在三号院小学的这片沃土上，她又把青年教师聚拢在一起，共同营造一片成长林，让青年教师和她一样长大，像树一样成长。这不正是植物学中的“共生效应”吗？！她和青年教师一起成长，一起长大，挺拔向上，不断出新绿，永葆旺盛的精力，活跃在普教系统的天津市滨海新区的大地上……

十年树木，百年树人。《像树一样成长》不正是玉芝校长带领全校教师不断健康茁壮成长的见证吗？！

吴维丽

2014年4月8日

注：吴维丽，原天津市河北区教育局副局长；天津市德育工作者协会副会长；现任天津市政府教育督导室兼职督学。

序　四

王玉芝校长的《像树一样成长》要出版了，嘱我作序，心中惴惴，然盛情难却，姑从命而勉为之。

和王校长初识是在2011年秋天，当时天津市滨海新区教育局组织新区的20位校长赴华东师范大学培训，我全程参与，白天和这些校长一同上课，晚上采访，日子紧张而充实。王校长的很多细节给我留下深刻的印象。培训的时间安排得非常紧凑，每天都是脚步匆匆，很多时候要忙到凌晨，上课、考察、构思开题报告……但就是在这样的紧张的日子里，她总能发现美，一朵花、一片叶、一棵树……很多平常的事物在她的相机下呈现出不一样的韵致，培训的日子应该说压力是很大的，但我从没听过她抱怨，她一直是谦和的、面带微笑的，从中能够感受到她对生活的热爱和一种积极的生活态度。她在一篇文章中这样写道："会生活的人才更会工作，并且创造性的工作。总有人以'忙'为借口，殊不知，'忙'就是'心'+'亡'，如果太忙，心灵一定会死亡。当你懂得生活的乐趣，就能享受生命带来的喜悦，生命才会生动精彩。"写得真好。

王校长是一个特别关注细节的人，每到一所学校，她都非常认真地记录——展牌上的介绍、楼道墙上的文字、教室内的陈设……从中汲取营养，将好的经验、做法进行整理、分析，以期用到自己的学校之中，当时给我感觉，她是一个用心的人、一个有着敏锐观察力和思考力的人。

从24岁成为油田最年轻的校长，到第一个获得"小中高"职称的教师，王校长得到了很多"贵人"的帮助、关爱，这也对她的行事风格和看问题的方式产生重要的影响，她也愿意将得到的“帮助、感恩”传递给更多的人。曾经，我问王校长一个好校长应该是什么样的，她思考片刻，说：“我觉得一个好校长应该是师生生命成长中的贵人。一个好校长应该时刻关心每个师生的身心发展，关注他们的学习、工作、生活，用自己的实际行动帮助他们解决实际困难，创造机会，使他们能真正发挥自身的优势，认可他们的努力和付出，爱人以德，不偏私偏爱，不姑息迁就，引导他们自助实现价值，受助得到成长，让每个师生感受到关怀和爱，感受到温暖与真情，享受到成功与快乐。”

生活中总有很多令人深感无奈的事情，对此，她泰然处之，“用肚量去容忍那些不能改变的事，用勇气去改变那些可能改变的事，用智慧去区别上述两类事。”体现了一种积极的态度和生活智慧。

《庄子·内篇·逍遥游》中，提到一种叫樗（chu）的树，这种树的主干木瘤盘结，树枝也都凸凹扭曲，完全不合乎绳墨规矩。这树就生长在路边，虽然能长得很大，但从来就没有木匠去理会它——因为对木匠而言是无用的。庄子认为，有一棵这样的大树，不用发愁它无用，可以把它种在空旷的地方，这样就可以舒适地在树下盘桓休息。原文本意是论证“无用之用”，如果我们做一些延伸，必然得出“有用和无用是相对的”的结论。我们知道“有用”和“无用”都指向一定的目的性，如果没有目的或目标，我们不能确定一件物品是有用还是无用。同样，对教育而言也是如此，教育的对象千差万别，教师的特点迥乎不同，师生就像没有长大的小树一样，具有很大的不确定性，那么，作为学校应该做些什么呢？在王校长看来，学校最重要的是要为师生的明天提供发展的可能性。要给予师生广阔的发展空间，鼓励他们去做所有想做的事，激发他们完成理想的欲望和永不放弃的坚持，给他们以希望也就是构建他们生活的目标、信心和勇气，让他们拥有一个丰富多彩的人生。

这是一本关于王校长和她的青年教师团队共同成长的书，书中有对生活的感悟，有对教育经验的反思，文字中饱含对教育的深刻思考与洞察。同时，这也是一本让人感到温暖的书，从中可以看到学校教师团队的活力和教师之间的温馨互动……我相信，读者能够从书中汲取到自己所需的“养分”。

是为序。

韩大勇

2014 年 5 月 10 日

注：韩大勇，《天津教育》杂志社编辑部副主任。

自 序

记得 20 年前，初为人师的我，自信满满，却被现实撞得不知所措，没有人诉说。曾经一帆风顺的成长，从一个人人夸赞的学生干部，到充满质疑的职业新手，那份巨大的心理落差，让人无所适从。其实，也不记得发生了多大的事，但那份沮丧却清晰地刻在了脑海里。

后来，我遇到了生命成长中最重要的一位贵人，她的慧眼识人重塑了我，开始了一个崭新的工作历程。那时的我，虽然承受了更加严厉的批评、指导，却也是心悦诚服地让我不断进步，创造了一个又一个的“奇迹”。从 24 岁成为油田最年轻的副校长，到第一个获得“小中高”职称的教师，这中间又得到了很多贵人的帮助、关爱。

如今的我，看着那些刚从校门走出的意气风发的学子们又再次走进校园，转换了角色，经历另一番洗礼，像曾经的我们那样，在磕磕绊绊中成长起来。我愿做他们生命成长中的贵人，用关爱给心灵以滋养，用热情点燃生命的圣火，用期待为梦想插上飞翔的翅膀，用书籍打开人生之门，赋予他们的未来希望之光，这是我作为校长的责任，这也是贵人的使命。正如加纳多小学的校长所描述的：“我的工作就是——培养一支强大的教师队伍，我将努力培养他们在决策和教学中树立信心……完成任务的决心，干净利落处理问题的能力，以及提升思考境界的意识，开诚布公的对话交流能力，分享专业经验的合作态度，团结他人共同完成既定使命的能力，进行职业交流互动的能力，随时应对挑战的能力，……融入群体的满足感。”

这些青年教师他们每一个人都不同，像一棵棵树，习性不同、生长环境不同，有的挺拔，有的娇弱，有的美丽……但都那样充满勃勃生机。人的成长自有它的节奏，世间没有速成的方法。就像树木的成长一样，根基深入黑暗的地下，吸取养分，一点一点地积蓄力量。他们需要阳光雨露的滋润，他们也必然经历风霜雪雨的吹打，但他们也一定会变得更加坚韧、更加茂盛。善于种树的人，是因为知道树木的天性，让他们的需要得到充分满足，依天性使他们长得美好而多样。而当他们形成为一片树林时，就会相互影响、互动共进、良性竞争、共同提升。也因此，我们把这个自发的青年组织称为“成长林”。

这本书，是一本关于我和我的青年教师团队共同成长的书，更像是对我们成长林活动的随笔记录，也因此，每一个故事，每一个场景，都会让人那么的熟悉。虽然，它如同一棵小树苗，那么的稚嫩，还是希望让青年教师们、校长们读后有所收获。

在不久前的一次各校教师的联谊活动中，有一位外校的年轻教师主动与我攀谈起来，因为她说，很羡慕我校教师之间的温馨互动，她的家在外地，在学校虽然也干得很出色，却常常觉得孤独无依。如果有可能，希望能常常联系。我很高兴，短短的一个小时，就让她感受到了我校青年教师团队的活力。还有很多次的学校评估检查，领导们都评价我校师生是“阳光教师、快乐学生”，这比什么赞誉都更让人欣慰。

一位青年教师在成长汇报中说道：在成长的道路上，我们会遇到三种人，他们成为我永远追随的目标。我遇到了“引路人”，她是我的师傅和年长的同事，告诉我做人的道理和前进的方向；我遇到了“贵人”，他们是我的领导，在我思想不成熟，迷茫的时刻给了我必要的点拨；在学习培训时我遇到了“高人”，他们是我终生的老师和朋友。遇到这些人，我心怀感恩。今后，我将在“指路人”的指引下一路向前，谦虚地寻找生命中的“贵人”和“高人”，期待自己站在他们的肩膀上成为教学事业上的“巨人”。

《56号教室》的作者雷夫•艾斯奎斯对年轻教师们说：“你未来的日子不会太好过。并不是因为你不是一个好老师，而是每个人都会有不顺心的时候，但优秀的老师决不轻言放弃。我经常遭遇挫折，但我会试着从错误中学着让自己变得更好。以好老师为榜样，不断地学习；不要与讨厌教学的人为友，他们就像是学校里的病毒，要尽量回避；做你自己！师生之间的关系是建立在信任之上的，而不是恐惧，教育最棒的地方就在于：它会让你变得越来越好。”谨以此与所有的年轻教师共勉。

王玉芝

2014 年 6 月

目录

第一章 木小青的故事

初为人师

理想很丰满，现实很骨感。木小青是上班之后才渐渐理解了这句话的含义……

虽然也会面对狂风骤雨，但她依然坚信风雨过后，彩虹更美丽，阳光更灿烂，树木更强壮。

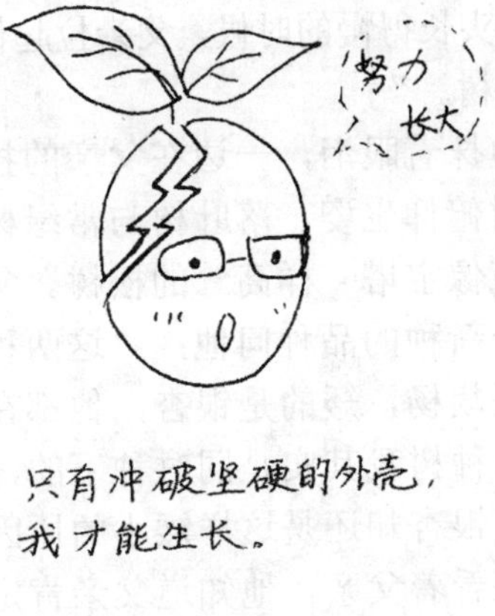

努力
长大
只有冲破坚硬的外壳，
我才能生长。

慢长的银杏树

——摘自《青少年文汇》2008年2期

艾桦

他1799年出生于法国中部图尔城一个中产者的家庭，是附近一带出了名的“矮子”，上小学的时候，就是班上个子最矮的女生也要比他高出半颗头颅。为此，他经常受到同伴的嘲笑，每次委屈地回到家里，他就伏到父亲的膝头上哭个不停。这一切，让父亲看在眼里，疼在心里。

那时侯，他父亲正好买下了附近一片很广阔的森林庄园，并在庄园里植下了不少的新树种。有一回，在他又一次遭受嘲弄哭倒在父亲怀里，抱怨自己个头长得慢的时候，父亲拉起他说：“别哭了，孩子，我带你去庄园里看树。”

于是他便一边抹着眼泪，一边在父亲的拉曳下来到了庄园里。庄园里高树与低树俯仰生姿，落叶树与常绿树相间；有像卫士一样挺立的柏树，也有像宝塔一样高耸的松树。父亲带着他来到一排树前，指着眼前两个新种的品种问他：“这两种树你都认识么？”他点点头，那高的是胡杨，矮的是银杏，他都在书本上见过。父亲接着又问他：“这两种树我其实是同时种下的，你知道为什么胡杨都长得那么高了，可银杏却还是这样矮小的原因么？”他没有回答出来，于是他转过头看着父亲，他知道父亲肯定会给他答案。果然，在他摇了摇头之后，父亲马上就给了他答案，父亲的语气有些意味深长：“因为银杏是珍贵品种啊！孩子，你要记住，珍贵的品种往往都是长得慢的。”

父亲的话似乎是一道闪电，让他的心灵一瞬间就豁然开朗起来。后来的日子里，每当再有人取笑他个子矮小的时候，他就会以“珍贵的品种长得慢”来回击。

1816 年，他进入法律学校学习时，他的身高依然还只有 1.57 米，但他却立志要做“珍贵品种”，要做一棵慢长的银杏树。于是，毕业后他不顾父母的反对，毅然走上文学创作道路。然而，文学创作的道路是艰难的，像大多数刚刚涉足写作生活的人那样，他的第一部作品——五幕诗体悲剧《克伦威尔》也完全失败了。尔后，他曾与人合作从事过滑稽小说和神怪小说的创作，为了生活，他甚至也曾一度弃文从商，经营企业，出版名著丛书等，但都一一以失败告终。尤为糟糕的是，商业和企业上的失败还使得他债台高筑……然而，这一切都没有让他放弃自己当初的梦想，他一直告戒自己不要心急，要坚持，要做一棵慢长的银杏树，于是他不断地追求，不断地探索，不断地积累，对哲学、经济学、历史、自然科学、神学等各个领域都进行了深入的研究。

终于，皇天不负苦心人，30 岁那年，他写成了长篇小说《舒昂党人》，这部取材于现实生活的作品为他带来巨大的声誉。此后的他更是一发而不可收拾，接连写出了《夏倍上校》、《欧也妮·葛朗台》和《高老头》等 96 部长、中、短篇小说及大量的随笔。后来，他的这些作品全都收集在了一本集子里，总名为《人间喜剧》。

他，就是有着“文学上的拿破仑”之称的法国现实主义文学大师巴尔扎克。

大师是矮小的，1.57 米的身高成了他一辈子都没有超越高度；然而大师更是高大的，一百多年来，他的作品传遍了全世界，对世界文学的发展和人类的进步产生了巨大的影响，他以自己的创作在世界文学史上成就了一番银杏树一样珍贵的事业，树立起了一座让后人仰而弥高的丰碑。

在成长的道路上，我们总是走得很心急，不懂得积跬步以至千里的道理。也正因为如此，这个世界上的人大多数都长成了胡杨，却少有银杏。

1

画外音

玉树临风，出自杜甫《饮中八仙歌》。形容人风度潇洒，秀美多姿。暗示我们形象是很重要的。

终于要真正的独立了。

木小青顺利地被一所小学聘用了，虽然交往了四年的男朋友没能聘入同一地方多少让人有些遗憾，不过看到那么多同学连工作都没找到，觉得自己够幸运的了。明天就要到学校报到了，穿什么衣服呢？好像哪一件都不让人满意。

和她一起报到的新老师有四个，有她们作伴，木小青觉得稍微自在些。没想到校长点她第一个发言，心一慌，嘴也磕磕绊绊起来，自己都不知道说了些什么。只记得在一片掌声中慌乱地坐回到椅子上，别人说了什么也没听清。

职场贴士

第一印象很重要。新教师与同事、与学生、与家长的第一次见面会要做好充分的准备，服装不需西装革履，但也不能太随便，应简洁、大方。除了服装，更要注意仪态，有精神气，有亲和力。自我介绍要精炼、简短，展现鲜明的个人风格，切忌哼哼唧唧，无条理。

好书分享

《幸福有 7 种颜色》 金韵蓉著 中信出版社

这是心理学及芳草疗法专家金韵蓉的著作之一，它融合了色彩治疗和芳香治疗的实践心得，用积极正向创造快乐的方法，用色彩点燃幸福的生活，用色彩减轻工作的压力，用色彩调控好的情绪。

生活是七彩的，在你不顺心的时候不妨换一种色彩，换一种心情，让生活多姿多彩起来。

坚守我脚下的土地，无论她是否贫瘠，一样爱她。

2

画外音

花在树上开，别忘地下根。

木小青有师傅了，是学校选派的。

师傅姓王，性格很随和，一说话就笑，让人很温暖。有了师傅的关照，木小青的心安定多了，好像有了一份依靠，时不时还被师傅叫到家里改善一下生活。只是，对师傅的一些教学观点，她有些不以为然，特别是指导她上公开课时，俩人的分歧很大，不过她还是决定按照自己的想法试试。

公开课讲完了，虽说领导和老师们说了很多鼓励的话，但木小青的那种挫败感还是很强烈，自己的设想怎么到课堂上全变味了？怎么原来在师傅班试讲出彩的地方换到自己班学生就不行了呢?现在想来师傅提出的建议还是挺有价值的，当时怎么就听不进去呢。

职场贴士

“导师带徒”是很多学校青年教师培养的一种做法。现在的青年教师虽然有很强的的学科专业知识，但缺少教学方法，常常是“茶壶里煮饺子，有货倒不出”。其实，学校精挑细选的这些师傅虽然可能初始学历不高，但却各有所长，有着丰富的教育教学实践经验。青年教师要尊重“老”教师，用心学习，善于取长补短，既不能照抄照搬，亦不能心高气傲，对师傅的指导不以为然。

好书分享

《给青年教师的15封信》【美】乔纳森·考泽尔　史亚娟译　华东师范大学出版社

这是一本教育家给新任教师的书信集，从乔纳森·考泽尔给弗朗西丝卡的建议中，可以看到她作为教育家的睿智、勇敢与清醒。而弗朗西丝卡的经历则给初为人师的新教师以启迪，如她所说，期待着你们永远拥有最初把善良的人们带到教育事业中来的那份快乐和温情。

我喜欢孩子们在我身上攀爬，
我欢迎鸟儿在我身上安家，
幸福就这么简单。

3

画外音

树怕烂根，人怕无志；人靠心好，树靠根牢。

刚上班的新鲜感还没到一个月就消失了，木小青原来期盼的幸福生活一点儿都没感受到，自己的好脾气也好像一下子就被琐碎的事务消耗掉了。本来每天学生的事就不断，今天，他碰了她的文具盒了，明天她说了他的坏话了，清官难断学生事，这就够让人烦了。一回到办公室，这些“老”教师整天还婆婆妈妈的，不是孩子怎么了，就是做什么吃的了，让人想安安静静的看会儿书、判会儿作业都不行。木小青真想大喊一声：别说了，你们烦不烦。

打电话给大学同学，好友颇有同感，劝她千万要忍住，并自嘲没准过几年咱们也会这个样子。想想这句话更让人伤感，自己不会变成那样吧？

职场贴士

人际交往是教师必须具备的能力之一。青年教师的活动场所往往就是教室、办公室、宿舍三点一线，一天大部分的时间都是和同组的同事相处，甚至比家人在一起的时间都要长。因此办公室的交往哲学就显得尤为重要。一个办公室十来个人，彼此个性不同、爱好不同，减少摩擦最好的办法就是努力发现每个同事的可爱之处，对于不和谐的声音则自动过滤，左耳朵进右耳朵出，绝不斤斤计较，绝不“对号入座”。微笑是一个人最美的魅力风姿，赏识别人是对自己最大的福利。路，不通时，选择绕行；境，难变时，选择回避。

好书分享

《杜拉拉升职记》 李可著 陕西师范大学出版社

故事围绕杜拉拉在职场上的打拼，周围形形色色的人际关系处理，以及穿插着与销售总监王伟的爱情而展开，是一部很不错的职场历练小说。每个人都有难处，每个职场都有故事，这本书既适合初入职场懵懂的人学习，也值得久经沙场的老将久思，它使你随着故事中的主人公一起成长。

因为雨季时的充分储备，干旱时我才傲然挺立。

4

画外音

没有梧桐树，引不到凤凰来。

木小青被家长告了。她真是觉得委屈，自己尽心尽力，早来晚走，结果却换来家长要求换老师的要求。说她一点经验也没有，是把孩子们当小白鼠搞实验了。得知学校坚决不更换她，就又要求她在任期间不能生孩子歇产假，真是……唉！

谁不是从新手到老手呀，自己费尽心力怎么就换不来家长的支持理解呢。校长作了家长的工作，也找她谈了话，让她用工作实绩堵住家长的嘴。可这需要时间，需要过程呀。师傅倒是教了她很多和家长沟通的方法，怎么到自己这里都不好使呢。

职场贴士

教育管理学生是一种能力，指导家长则更需要智慧。新教师受到家长质疑是常事。关键是教师既要不断检视教育教学行为，提高教育水准，对家长动之以情、晓之以理，更重要的是得到学生们的喜爱。对于个别确实不尊重教师的家长可以通过校方进行沟通，确立教师职业的尊严，但绝不因为某个人而贬低自己，变成和他一样的矮子。记住，说得多没有用，使对方听得明白，能有效地做出来更重要。

好书分享

《我是这样和家长沟通的》 【美】 德博拉·梅耶尔　西奥多·R.赛泽尔　南茜·福斯特·赛泽尔　中国青年出版社

书中汇集了三位美国当代名师在教学工作中写给家长的大量书信。书信内容从家庭作业到学校纪律，从教学目标到以兴趣为目的的阅读，涉及教学的方方面面，以一种更为深刻的方式看待与家长的沟通，为广大教师带来一种全新的角度和思索。

因为稀少，才更获得珍惜。

5

画外音

“树欲静而风不止”暗示我们凡事是不会尽如人意的，当外界事物不能以我们的意志为转移的时候，我们要做的是珍惜眼前的一切，不管是仇人还是对手，只要用积极的心态去面对，最后都会成为我们的贵人。所以我们要做的就是：尽最大的努力做自己该做的事，做自己想做的事。

木小青一大早就醒了。昨晚心情不好，没有备课。好不容易睡着了，梦里出现的还是工作的场景、对话，唧唧喳喳的，不知说些什么。木小青一向很沉静，不喜欢说笑，上学的时候同学们就喊她“冰女神”，说她总是一副若有所思的样子，酷极了。可现在竟然有人说她清高、不尊重同事，对人爱理不理的。

更让木小青郁闷的是，为什么不是她的事却总找她，明明她们自己一两句话就能解决的简单的事却要复杂地在中间夹一个她？她劝自己：可能是那位老师不喜欢面对面，可能是她觉得我……不管怎样，她心里老有一种不自觉的小抵触。

木小青不断地提醒自己，告诫自己：对于羡慕嫉妒恨，是我做得不够好，不能改变别人，我能做的应该是改变自己，我该更主动些的。世界太大，我还太年轻，经历多了，一切都会好。不要前功尽弃，继续努力吧。

职场贴士

相由心生，有什么样的心就会有什么样的境。对于一些“垃圾事”要及时丢掉，带着情绪工作，不仅会影响工作的质量，更会伤害自己。老话讲，吃亏是福。年轻时多干些，多受些累，积累的不仅仅是经验，还有人气和情谊。爱的传递最大的受益者往往是自己，怀着一颗感恩的心，生命就会充满了阳光。没有一项工作是完美的，也没有一项工作会让一个人完全满意，不要抱怨玫瑰有刺，要为荆棘中有玫瑰感恩。我们做不到从不抱怨，但我们至少可以少一些抱怨，多一些积极的心态去努力进取，平静地接受我们不能改变的事情，有勇气改变我们可以改变的事情，并有智慧区分两者的差别。

好书分享

《找回你的生命礼物》【加拿大】克里斯多福·孟著　【台湾】张德芬，汤维正译　山西出版集团　山西经济出版社

“如果你得不到你想要的，那是因为你并不是真心想要它，你更想要别的”。本书通过小说体的故事来传达有关个人成长以及个人为自我生命负责的基本原则，进而创造自己想要的人生。

1. 对你生命中发生的任何事情负责，它能带领你有更多的觉察，负责不代表任劳任怨，而是了解到你有内在能力去应付任何情境。

2. 你不会受世界影响，你如何看这世界，就创造了怎样的世界。

3. 如果你是由真心流出，光是通过付出，你就会觉得满足，而且不会执着于结果。

影木本为瘤，善用则成材。

6

画外音

独柯不成树，独树不成林：单独一枝树枝，不能成为树木；单独一棵树，不能成为树林。它告诉我们：一个人的力量是有限的。想要成就大事业，必须善于团结人，发挥群体的智慧和力量。

可能是上大学的时候懒散惯了，在时间观念上，木小青一向是能慢绝不快，能晚到绝不早到一秒。结果，第一次参加学校的集体培训活动，木小青就让大家等了至少十分钟，一上车，师傅就提醒了她，她也赶紧认错，保证绝无下次。

可是，就像老天专门跟她作对似的，转天，培训的老师拍集体照。木小青实在不喜欢在闪光灯下摆出各种有痕迹的造型，何况是与一位大名鼎鼎的教授，就故意迟到了几分钟。结果可想而知，不仅校长教育了她，她还听到有人说“现在的年轻人真是自由散漫，想当初，咱们年轻的时候……”。其实木小青也明白有一些事不是不喜欢就可以不做的，可她总想时不时“造反”一下，也许真的是因为不成熟吧。

职场贴士

学问是智慧的源泉，德行乃立人的根本。人是“群居动物”，具有社会属性，必须遵守一定的规则，无法任意而为。哈佛大学曾研究成功的企业家，发现他们成功的原因，80%归功于态度，20%归功于专业能力。态度包括准时、主动、勤奋、负责任，等等。

好书分享

《水知道答案》【日】江木胜著　南海出版公司

水能听亦能看，水知道生命的答案。一幅幅前所未见的水结晶照片唤醒了我们如何与自己内心深处最单纯、最洁净的部分产生共鸣，以爱、感激、赞美的心情去生活，去对待每一个人和每一件事。

让我的心如静默的树根，
而非招摇的枝柯，
只追求自身的简单和丰富，
不为外在的一切所迷惑。

7

画外音

好种出好苗，好树结好桃。

本来木小青和两个同事一起租住在一套两室一厅的房子里。一开始三个人相处得还不错，一起买菜、做饭。时间久了，三个人自然的心性都显露了出来，小摩擦就不断了。水电费呀，休息时间呀都成了问题。特别是各自的男友一来，不到60平方米的屋子一下子显得小了，处处显现出尴尬不便。大家都是欲说还羞，意意思思的，反倒更觉得别扭了。

职场贴士

工作后的住处不同于大学宿舍，大家更注重私密性了，此时不仅仅是谦让，更要尊重每个人的生活习惯，脾气秉性。有些事看淡了就会轻松愉快，看重了，就被事所困，受尽煎熬却无所得。豁达的心来自于“难得糊涂”，来自于不计较。放一放就平静了，让一让就过去了，笑一笑就和谐了。给别人留有空间，其实就是接受别人的不同；给自己扩大空间，其实就是容纳得多了。

好书分享

《开启学生的心灵——帮助学生建立尊重与责任感》【美】Frank Siccone & Lilia Lopez 著　中国轻工业出版社

本书是由两位美国教育工作者撰写的活动性课程的教材。共分为四个部分，分别是自尊与独立、尊重他人与相互依赖、自尊与个人责任、尊重他人与社会责任。这本书具有非常实用的教育价值，能很好地帮助教师开展心理健康教育，增强班级管理凝聚力。

8

画外音

不付诸行动的希望，犹如不结果实的大树。——阿拉伯谚语

这几天，木小青的嗓子彻底哑了。上课说纪律、讲题，下课提醒喝水、上厕所、准备下节课学具，每天跟着一年级的孩子，无论大事小情，不重复个五六遍算是白说，自己都觉得婆婆妈妈的，可是没有办法。自己好像还没长大，还得给三四十个六七岁的孩子当妈，好在还没遇上给一年级新生换尿湿的裤子这样的事。

木小青不怕加班加点，不怕和调皮捣蛋的学生斗智斗勇，她最怕的是每月至少一到两次的卫生大扫除。因为担心学生们的安全，学校要求每个老师都负责擦几块玻璃。说实在的，她从小到大除了偶尔拿着笤帚扫扫地，其他的家务一律不会干。每次检查卫生领导都说她擦的玻璃不合格。哎，真想雇几个保洁工来干，可是，连老教师都自己动手干，她实在不好意思不干。

当老师怎么这么难，要是只有教育教学的工作该多好啊。

职场贴士

马云说，从来没有任何一件工作叫“钱多事少离家近”。教师是多种角色的混合体，是妈妈，是姐姐，是朋友，是伙伴，是教练，是消防员，是……好教师比好演员体验的角色还多，还精彩。优秀的教师应在恰当的时间展现恰当的特质。也正因此，不仅学生要学习，要成长，教师也要学习，也要成长，学做一名合格的教师。

同时学校生活又充满了意外，教师管理工作最忌讳头疼医头，脚痛医脚，学生的行为习惯没有养成，教师的角色混淆，都会让事情更复杂。教师要化危机为转机，解决棘手问题，除了经验，更重要的是

爱和责任。

好书分享

《慢养：给孩子一个好性格》 黑幼龙著 中信出版社

在“慢养”的概念里面“养”代表了“滋养”。所谓“慢养”，并不代表放任孩子，而是能够给孩子学习的机会，努力让家里的节奏慢下来，让他们在学习中成长让孩子们在健康、自由和充满爱的环境里长大。并且靠着这份感情，大家一起面对人生的跌宕起伏，悲欢离合。

因为坚守在深山老林，
我才避免了刀砍斧锯的结局。

9

画外音

背靠大树好乘凉：比喻有所依托，事情就好办。

房子的租期到了，房主还要涨价，木小青决定还是去住教师公寓，条件是简陋了些，不过也节省了不少开支。同屋的两个同事也都在朋友的帮助下找到了宿舍，不仅条件好，而且是不用交费的。她知道那些所谓的朋友，其实都是关系好的家长，自己也曾想这样做，不过终于未能张口。她搞不明白，不到一年的时间，人家怎么就能和家长混得这么好。

职场贴士

教师和家长是一段极为特殊的的关系，因为学生，教师和家长成为了某种意义的合伙人，共同挖掘、打造孩子的生命效益，尽可能地将其塑造为一个绩优股。在这个过程中，他们也可能成为对手，不同的教育理念、培养方式、态度、情感、价值观，让他们不断地在竞争与合作中，碰撞出冲突、问题、责难，也碰撞出智慧的火花，携手完成一项育人的使命。虽然也有人成为了一辈子的朋友，毕竟还是少之又少。更多的时候，需要秉承“君子之交淡如水”的原则，多谈孩子，少谈自己；多聊教育，别聊利益；多相互配合，不相互指责。

好书分享

《爱的学校》 卢佩蕊编 南方出版社

如何引导学生的学习与成长，美、日、德等国家的做法是：强调素质训练，努力激发孩子的创造天性，并且关注孩子的心灵感受。本书的文章大多是西方国家成长读本里的经典之作，她告诉你：爱心是一把金梭，智慧是一把银梭，编织着孩子们美丽的人生。

10

画外音

树倒之前必先枯。——拜伦

木小青弄不明白，好好的一节课，怎么就成了议论的靶子。自己辛辛苦苦精心准备了那么长时间，师傅又反复听评、指导、修改，这样一堂展示课，不说是精彩纷呈吧，起码是一节可供借鉴的研究课啊，怎么就被那几个老师批判得一无是处了呢。她真想当面辩驳几句，可一抬头，正看见师傅温暖地瞅向自己，她最终谦虚地点头应声。一回到办公室，木小青再也忍不住了，“我明天就去听听她们的课有多好”。师傅给她倒了一杯水，弱弱地说了一句，“这么几句话都听不了，还想进步呀”。看她心里还是不舒服，下班后，师傅又把木小青拉到自己家里，俩人边吃饭边聊天，劝导她：每个人的角度不同，观点不同很正常，要多从自己身上找原因，用事实说话，关键是看学生学习的效果，逞嘴上之强没有任何意义，等着看别人的笑话更不可取。

过了两天，静下心来，木小青觉得确实也没什么大不了的，还是自己功力不强，干嘛埋怨别人。她暗暗下定决心，加油、努力，她就不信自己上不了一堂呱呱叫的好课，磨、再磨，挫折让人成长。

职场贴士

不知哪位哲人说过，任何一颗心灵的成熟，都必须经过寂寞的洗礼和苦难的磨练。今天的付出就是明天的收获。把别人的指正当作吃到了酸酸的糖，虽然不甜，但也别有一番滋味。很多时候，转机就存在于问题中。有时候，我们不要太在意一些话，太在乎一些人、一些事，争一时之气往往后悔一辈子。把解释的话放到行动上，功到自然成，事实永远胜于雄辩。你改变不了一个人，但你可做三件事：改变自己；

做一些事，使对方愿意改变；他改不改变，不影响你的成功快乐。

好书分享

《作文教学的100个绝招》　【英】安东尼·海恩斯著　教育科学出版社

如同作者所说，希望你们能够享受教育的快乐，尤其是写作教学的快乐，希望本书可以给你们提供帮助，至少某些方法在你们的教书生活中可以给你们启发。

这些教学方法简单、具体、实用性强，一定会让你受益匪浅。

11

画外音

“大树招风，小树易折”，告诉我们低调是需要的，强壮自己更是必要的。

最近木小青要忙死了。因为种种的原因，老师们把学习的机会都“让”给了她，忙得她连喝口水的时间都没有了，有时真想说不，又怕错过了学习机会。这次一连几个月周末去市区的培训，学校还不派车，每次下了公交之后还不知倒几次车，她决定打的以节省时间。

学习结束她去找校长报销，没想到校长反问她，是哪位领导同意可以报销出租车费的？当得知她自己做主时，不仅没给签字，还批评她做事无程序。考虑到她确实不知情，只能按时间给她补偿性地填报一些差旅费。木小青傻眼了，几百块钱虽然不多，可总觉得心里别别扭扭的，学校又不差这点钱，怎么就不能解决呢，何况她也是为了学习嘛。

职场贴士

没有规矩不成方圆。每个单位对出差补助等都有明确的规定，不能想当然地做决定。到一所单位必须先对其基本的规章制度咨询了解，小到穿着打扮，大到工资福利，请销假，计划生育，都有一定的程序、手续。做事情之前不能怕麻烦，有章可循、有章可依，否则会造成更大的麻烦。

好书分享

《教师职业的9个角色》　【美】克里斯顿·纳尔森　吉姆·贝利

中国青年出版社

初为人师，如何快速进入新角色，本书帮你成为“教师环境的打造者”、“课堂教学的管理者”、“授课过程的设计者”、“教学成果的评估者”、“读书文化的倡导者”、“学生学习的指导者”、“各种关系的协调者”、“外界沟通的实践者”、“终生学习的进步者”，倾听自己内心深处的声音，努力提升自己的教育观念吧。

狂风也许能刮倒一棵树，
却绝不能刮倒一片森林。

12

画外音

岁寒，然后知松柏之后凋也。——《论语·子罕》

木小青本来最瞧不起那些整天把门当户对、房子、车子挂在嘴头上的人了。可是男友的工作总定不下来，俩人真要两地分居确实也不是事，眼看着一起来的甚至比自己晚来的小学妹们都结婚生子了，木小青也不得不面对现实。虽然有很多的不舍，很多美好的回忆，她还是痛下决心，与男友分手。

在同事们的热心帮助下，木小青在当地又找了个男友。

职场贴士

缘分是个奇妙的东西。恋爱的两个人未必能在一起，结婚的两个人能在一起，却必须要相互包容，甚至忍让，才有可能长久地在一起。理想和现实的差距总是很大，生活总不能如我们的心愿，人生的每一次选择都要付出相应的代价，都会有取舍。因此更要拿得起、放得下，不强求，用心去发现、用心去感受，就会发现幸福有时候就在身边等候你。

好书分享

《傲慢与偏见》　【英】简·奥斯丁著　孙致礼译　译林出版社

本书被列为经久不衰的世界十大小说名著之一。作者以辛辣而滑稽的文笔描写了富有喜剧色彩的四起姻缘，对人性进行了最透彻的分析，对其千姿百态恰如其分的描述，四处洋溢机智幽默，情趣盎然，又发人深思。

13

画外音

不栽果树吃桃子——坐享其成。这条歇后语启示我们：凡事都要靠自己的努力来换取收获，不能坐等好事。通过自己的努力得到的才是最好的。

今天是临时调整的课题活动日，因为自己的课一多，木小青就忘了通知另外一个课题组成员，结果那个同事很不高兴，甩了她几句话。以前也有一些小磨擦：一次是因为一道题解的答案究竟怎样扣分，俩人起了争执，还有一次两班的学生为了谁破坏卫生区的清洁闹到了德育处。说来无非就是那些陈芝麻烂谷子的小事，积在心里，两个人弄得有些不愉快。于是，互相越看越不顺眼，交往越来越少，关系也就越来越远，好像怎么做都不对了。

职场贴士

沟通很重要。一个单位的同事相处总要互相谦让些，既不必刻意逢迎，也不能凭自己的喜好无所顾忌。为人处事的态度最能反映一个人的涵养。不为小事着急，不把小事扩大，不将小事积压。郭冬临的小品里不是说了吗，“一句话的事，一句话能成事，一句话也能坏事，一句话能产生一个和谐的社会，你就不能阳光点吗”。你心中的空间越大，生长的花朵就会越繁茂。

好书分享

《看见》 柴静著 广西师范大学出版社

《看见》是知名记者和主持人柴静讲述央视十年历程的自传性作品，既有她个人的成长经历，又有她对生活与人性的观察与理解，书中记录下的人与事，是他们的生活，也是你和我的生活。

14

画外音

“木秀于林，风必摧之；堆高于岸，流必湍之；行高于人，众必非之。”告诫人们不要太过于在人群里出风头，风头出多了，必将遭到外部势力的首先发难。傲才往往会成为大家攻击的对象。你虽然很优秀，但你必须学会适应环境，审时度势，不可清高自傲，一意孤行，我行我素；应谦虚谨慎，团结同事，用自己的行动，带动大家的能动性和创造性。这样，你才能在社会上有一席之地。物竞天择，适者生存。

木小青觉得自己最近做什么都不顺。先是两个学生下课打逗脸上有擦伤，家长不依不饶的。这件事还没解决，校长又找她谈话：本来是因为男友单位难得组织家庭活动，她找个理由悄悄倒了两节课随团去玩。没想到就那么倒霉，倒课老师疏忽晚去了几分钟，被校长发现批评了几句，那个老师发牢骚，说好人不能当，人家倒挺美，潇潇洒洒玩去了，自己在这受累不讨好。结果自己被校长教育了一番。不就是倒了几节课吗？怎么就责任心小了。木小青越想越委屈，平时为了工作，她可从来就没请过假，还经常给组里老师代课。怎么到自己这儿，事情就这么复杂。

职场贴士

小学生的特点是对班主任老师尤其推崇敬畏，别的任课教师几天见不着面可能都不会有太大影响，但一天不见班主任老师学生往往就会如脱缰的野马撒了欢，所以有经验的班主任老师就是出去参加教育教学活动也先到班里转一圈，安稳学生的心。如果确实有事请假，也应讲明实情，获得体谅和支持。

教育无小事，处处是模范。著名教育家马卡连柯说过，教师的威信首先建立在责任心上。特别是对于小学生来说，分分秒秒都可能会出现意外的情况，安全的责任、情绪的责任、身体的责任、心理的责任……方方面面的事情，教师防不胜防，教师只有细心、细心、再细心，努力、努力、再努力，才能担负起这份责任。别的职业的人离开了岗位，可能也就回避了责任，教师这份职业，人在岗位责任在，人不在岗位，责任依旧在。

好书分享

《超级妈妈的育儿圣经》　【英】乔·弗洛斯特著　韩殿秀译　湖南教育出版社

乔·弗洛斯特，在英国被誉为现代育儿天使，她帮助你通过坚定的爱加具体的要求，成功地教导那些难以管教的孩子。设定规律，设定界线，合理警告，承担责任……还有《超级保姆》电视系列节目中的案例分享，帮助你轻松地如她应对孩子的各种状况。

别以为我长得慢就否定我的发展，五百年太短。

15

画外音

不是每一根弯曲的树枝都能做弓。——伊朗谚语

木小青上电视了。因为参加教育局的新年演出。

木小青从没想过会有这么一天，她也从来没有想过自己还有这样的潜能，看着视频中那个翩翩起舞的美丽女子，她自己都有些飘飘然地佩服起自己了。从小到大，谁也没有发现过自己还有这天分，人的潜能真是无限啊。当初要不是领导下死命令必须上台，打死她也不会主动要求参与演出的。从最初的扭扭捏捏到后来的越跳越快乐，真是心有多大，舞台就有多大。

职场贴士

教师是一种特殊的职业，是用生命去感动生命、用心灵去浇灌心灵的职业。新时代的教师不再只是默默无闻的老黄牛，照亮别人燃烧自己的蜡烛。不仅要会工作，也要会生活，会休闲，会放松，发现身边的美，展现多姿的美，身心健康，人际关系和谐，家庭幸福，学无止境。有质量的生命不仅仅是一种能力，更是一种心态，一种格调、一种情感体验。人的每一个角色都是生活的馈赠。在我们承担责任的同时，我们更要学会享受其中的乐趣。我们在追求有机菜蔬时，更要追求有机的生活方式：健康、阳光、乐观、爱、感恩、美好。

好书分享

《撒哈拉的故事》《梦里花落知多少》等　三毛　哈尔滨出版社

虽然只是描写生活的散文，但文笔平实自然，浪漫而又独具神

韵，语言优美、风趣，充满异国风情，表达了作者热爱人类、热爱生命、热爱自由和大自然的情怀。后集结出版《稻草人手记》和《哭泣的骆驼》等书。这一系列的书大受全世界华人社群读者欢迎，历久不衰。

有时候，成功的脚步来得很慢，需要耐心聆听与等候。

16

画外音

参天的大栎是从一粒小树种长起的。——托·富勒

木小青终于有自己的房子了。

虽说之前为了在哪儿买房颇费周折，他们小两口加上双方父母各执一词。就近买，离谁的单位更近些，多大的空间，是不是一步到位，而且升值空间有多大，文化娱乐氛围好不好？市区买吧，确实每天花费在路上的时间很长，现在两个人跑来跑去还挺浪漫，将来有孩子怎么办。这一切的问题让本来很高兴的好事变得多磨起来。

职场分享

英国著名法学家科克说过，每个人的家对他自己都像是城堡和要塞。家和万事兴。年轻教师在面临工作适应的同时，还会遇到建立小家庭、处理家庭关系等问题。多重角色接踵而来，处理不当，往往造成很大的精神压力。本着爱一个人，爱他的优点也要包容他的缺点；爱一个人，也要爱他的家人；爱一个人，就努力相伴一生的处事原则，大事化小，小事化了，不激化矛盾，不让矛盾过夜，更不向双方父母夸大矛盾，报喜不报忧，夫妻二人的摩擦尽量在小家庭内部解决。有和谐的家庭才能有顺畅的工作，要试着找寻到两者的平衡点。

好书分享

《围城》　钱钟书著　人民文学出版社

钱钟书以他洒脱幽默的文笔，描写了一群知识分子的生活百态。读起来颇为轻松，但对人的触动却是极为深刻的，是难得的著作。小

说的主人公方鸿渐旅欧回国，一踏上阔别四年的故土，就接二连三地陷入了“围城”。它没有提供什么关于社会和人生出路的明确结论，但他描写的生活本身，“深于一切语言，一切啼笑”。

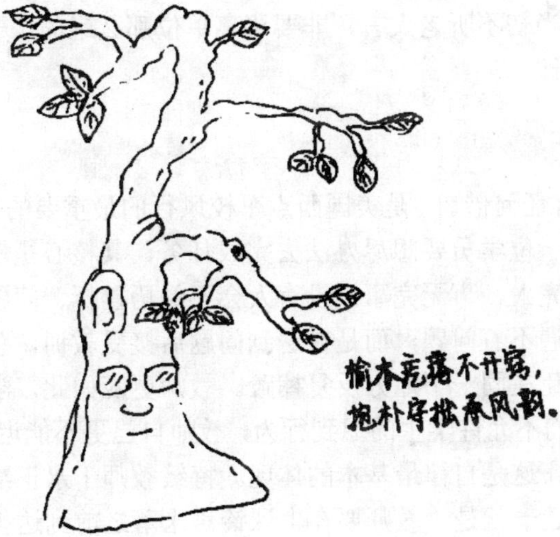

17

画外音

树怕剥皮，人怕揭短。

木小青紧赶慢赶还是迟到了，更倒霉的是，校长还站在门口，虽然没说什么，但她心里还是小小地紧张了一下，幸亏第一节没课。

其实她早晨出门还是挺早的，没想到今天突降大雾，大堵车。哎，谁让自己当初不听老人言，非要买离单位那么远的房子，看来这真不是长久之计。

职场贴士

“没有任何借口”是美国西点军校风行的最重要的行为准则。它强化的是每一位学员要想尽办法去完成任务，其核心是敬业、责任、诚实。人无完人，事无完事。没有人会不经历挫折、问题、困难。聪明的人不是遇不着问题，而是在遇到问题后接受教训，总结得失，寻找对策，避免在同一个地方反复摔跤。教师更应如此，学高为师，身正为范。我们不允许学生的迟到行为，教师自己更不能迟到，不能拖堂，遵守时间，这是自律最基本的体现。特级教师于永正给初为人师的女儿的建议之一就是“教师要在上课铃声未落之前到达教室门口”。

好书分享

《小故事中的大智慧》 张健鹏　胡足青主编　当代世界出版社

智慧无处不在。本书捕捉住了故事中的智慧精髓，慢慢融化在心里，在静静的阅读中为自己点一盏心灯，体验生命的豁然开朗。

18

画外音

十年树木，百年树人：形容培养人才是一个长期、缓慢的过程。每一个孩子都像一棵小树，需要我们不断地精心培育，才能成长，但这是一个漫长的过程。

木小青今天受到了一次很大的触动。事情缘于一个毕业生在教师节回来感谢他小学的老师。

这是个高高大大、侃侃而谈、事业成功的优秀人士。而据说小学的他却是胆小怕事、唯唯诺诺，上课都不敢回答问题的“差等生”，再加上母亲去世，他更是整天邋里邋遢。虽然班主任老师对他关爱有加，时常给他换洗衣服，买些零食，补补学习，但他的变化一直不大。当时大家都猜测他这辈子算是不会有多大出息了。但没想到，不知何时，他突然懂得了大家对他的好，不再在意别人的眼光，高中毕业后虽然只考了个三本，他却变得越来越坚强、自信，积极参与各项活动，不辞辛苦从零开始，终于打拼出自己的事业。

看来不到最后一天，谁也不能给谁定性，木小青觉得自己真的需要重新品评班里那几个让自己头疼的孩子，谁就能保证将来他们不会成功呢。

职场贴士

老师能为孩子做的一件最了不起的事是鼓励他们自尊自强。教育不是一件急功近利的事，包容和爱会让孩子潜移默化地受到滋润，或者在某一天，不经意间，我们忽然发现，身边的这一棵棵不起眼的小树，已经开始抽枝发芽，绿荫一片了。事实证明，如果你不在孩子心灵的花园种下花种下树的种子，那就只能任其荒草萋萋了。

好书分享

《学校的挑战——创建学习共同体》 佐藤学著 钟启全译 华东师范大学出版社

佐藤学是日本东京大学研究生院教育学研究科教师、教育学博士，他认为许多国家、许多地方的课堂正在静悄悄地发生变化。他把这种教育改革称之为“静悄悄的革命”。本书倡导把创建“学习共同体”作为学校改革的哲学，推进新型学校的建设。他提出，“学校和教师的责任不在于‘上好课’，乃在于实现每一位学生的学习权，提供学生挑战高水准学习的机会”。

19

画外音

一叶障目，不见森林：比喻只看到局部，看不到整体或全部。

终于放假了，学校组织教职工外出旅游。木小青觉得松了一大口气。

可能是太兴奋了，离集合时间还挺早，木小青就到校了。一上车，发现几个年轻教师到得更早，大家呼朋唤友地坐在了一起，说说笑笑，分享零食。可是开车不久，师傅就说她不太舒服，木小青赶紧把座位让给了师傅。下车后，师傅提醒她，把前面的座位要留给岁数大的教师，回去一起坐车后面。原来师傅并不是身体不适，只是找了个理由，给她个台阶。这些小事，木小青平时确实没在意。

职场贴士

世事洞明皆学问，人情练达即文章。职场情商胜智商，接人待物显人性。人与人之间的关系是一种最复杂、最微妙的关系，每个人可能都有自己的做人原则和处事技巧，做事先做人，只要处处留心，不说无往而不胜，至少会少犯一些冲动而欠考虑的错误。在办公室里勤快一点儿，嘴甜一点儿，有点“眼力见”，走上前推开门，打打热水，倒倒垃圾，举手之劳的小事，朴实诚恳的言行最能温暖人、感动人，得到大家的认可。

好书分享

《多元智能教育学的策略》 【美】 Linda Campbell Bruce Campbell Dee Dickinson 著 王成全译 中国轻工业出版社

本书对八项智能——语言智能、逻辑-数学智能、空间智能、运动智能、音乐智能、人际关系智能、自我认识智能、自然认识智能的理论进行了充分的阐述，并与教育教学实践密切结合起来，为教师提供了实践方法和崭新的视角，使人的才能得以充分、进行式的发展。

享受生活，让每一刻都美丽绚烂。

20

画外音

炒豆出芽，铁树开花：借喻受本身条件所限，根本不可能，或事出意外，千载难逢。

木小青这段时间觉得自己小日子很滋润。因为班里的管理逐渐理顺了，每周末应个别家长的要求，她都给几个孩子补课。家长们也主动地给了她一些补助，她推辞了几次，家长非要坚持。孩子的成绩确实提高了，自己手头也充裕了，反正她也没什么事，何乐而不为呢。

可惜好景不长，不知怎么的让校长知道了，找她谈了一次心，说这是违反师德的行为，虽再三解释，校长仍让她立即停止补课。可是那些老教师也有这样干的呀，最终木小青没说出来。

职场贴士

有偿家教，系指公办中小学在职教师利用课余或其他时间从事以中小学生为对象，以学科教学为内容的课外辅导、补习并获取经济利益的有偿服务行为。教师不进行有偿家教是一名教师的职业道德底线。很多地方现在都制定了或正在制定禁止有偿家教的规定。不管什么原因或出于怎样的目的，有偿家教都会有损教师形象，影响课堂教学质量，加重学生课业负担。教师要以高尚的师德、规范的行为、优质的教学效果树立良好的教师形象，打造学校办学品牌。

好书分享

《世说新语》　刘墉著　接力出版社

刘墉，画家、作家。有一颗很热的心、一对很冷的眼、一双很勤的手、两条很忙的腿和一种很自由的心境。是一个很认真生活，总希望超越自己的人。创作的原则是，为自己说话，也为时代说话；处事的原则是，不负我心，不负我生。

与其烦恼风雨，
不如学会接受，
静候阳光。

21

画外音

不要一见树皮，就对这样的树下起结论来。——英国谚语

可能是每个人对美的理解不同，木小青一直觉得自己耳朵小，戴上耳环挺好看的，所以戴耳环是她多年的习惯，而且学生们也都夸她戴耳环漂亮。可是就因为这对耳环木小青又挨了批评，说她太“我行我素”。话说她代表学校参加说课比赛，领导提醒她注意着装，不要戴太多饰品，展现教师的庄重美。可是作为青年教师，不也要展现青春的活力吗。就因为戴了一对色彩艳丽的耳环，形象分受了影响，她从稳拿的一等奖落败为二等奖，是不是有些小题大做了？这些评委也太古板了吧。

职场贴士

一般学校对教师的装束没有统一的规定要求，教师有选择自己装束的权利，展现个性的权利。只要衣着得体，把握着装的分寸即可，一般说来忌透、忌露、忌紧、忌短。每个职业都有其对装束约定俗成的要求，特别是在特定的场合有不同的审美标准，因小失大就不划算了。马克吐温说，服装建造一个人，不修边幅的人在社会面前是没有影响力的。没有约束，就没有规范，没有规范，就没有示范。

好书分享

《起来，为自己说句话》【美】Gershen Kaufman 编著 刘国强译 天津科技翻译出版公司

这本书是根据《情感与自尊》这门课程而编写的，希望通过讨论其中的故事、观念和活动，相互了解彼此的感情、需求和对未来的梦想，以健康、积极和有意义的方式坚持自己正确的立场。

22

画外音

吃橘子不忘洞庭山，乘风不忘栽树人。

木小青又犯错误了。

“六一”活动时，木小青从外校借了几身演出服装。用完后她提醒学生及时上交，结果这些孩子你交一件，他交一件，往办公室一扔，过了一个多月想起此事，才发现少了一件，学生却谁也不承认。也怨她没经验，既没让孩子们写名字，也没登记，还没有及时查点，结果只能是自认倒霉，又补做了一件。

职场贴士

成长中的经历不可能是一帆风顺，把每一个小小的失误都当作积累的财富，才会进步得更快。敢于负责任才能担当大任。大风大浪里往往平安无事，因为谨慎；阴沟里翻船，因为大意。机会永远留给有准备的人，包括不为错误找借口，勇于承担责任，积极为解决问题努力尝试。总有一天，你的伤痛会帮助你。

好书分享

《星云大师人生修炼丛书》 星云大师著 上海人民出版社

现代人普遍处在浮躁烦嚣的生活状态中，星云大师以朴实无华的语言道出了返璞归真的大智慧，以幽默含蓄的小故事描摹世间百态，内容涉及处世、幸福、读书、情感等人生重要话题。告诉你，不论遭遇什么境地，山不转路转，路不转人转，人不转境转，境不转心转，宇宙人生穷通祸福，逍遥自在，顺其自然。

23

画外音

小树不剪不长进。

人要是倒霉喝口凉水都塞牙。那天因为买房子的事必须木小青签字，她怕男友找不着她会着急，就把手机带进了班里，就是那么巧，她刚接上电话，校长就巡视到她们班门口，自然少不了对她一番教育，还被扣了奖金。

职场贴士

要成就一番大事业，必须从小事做起。教育是一项大事业，任何的说教都不如教师的言传身教。我们要求学生遵守纪律，不玩学具，不随意说话，教师更要正人先正己。我国著名教育家张伯苓，有一次看到一个学生因抽烟熏黄了手指，对学生提出了批评。这个学生反问道："老师，你不也在抽烟吗?"张伯苓当即和这个学生立下了"君子协定"，率先戒了烟。这个学生见老师决心这么大，很快也戒了烟。教师的影响力是巨大的，教师的影响举动又是微小的，"随风潜入夜，润物细无声"，潜移默化地就让学生发生了改变。

好书分享

《一个真正的女人》【美】巴巴拉·泰勒·布雷著　世界知识出版社

这是一本世界畅销小说，巴巴拉以女作家特有的细腻笔风，描述了艾玛·哈特一生的坎坷经历，充分展现了非凡的艾玛精彩的生命历程，特别是她那坚忍不拔尖创业精神、开拓精神。

24

画外音

大树一倒下，人人持斧来。——英国谚语

木小青没想到今天的课倒得这么顺利。说句老实话，自己都有些不好意思张口了，最近自己参加的活动多，又赶上忙着准备婚礼，总是跟其他学科老师倒课，以前每次张口前都是战战兢兢，生怕被拒绝，可最近老师们怎么变得这么好说话呢。是因为我上次在张老师生病的时候主动给她代课，还顺便把学生的试卷都判了？是因为我最近心情很好，见谁都想分享一下自己的喜悦，笑得很甜吗？还是因为自己勤快多了，经常打扫办公室卫生吗?哈哈，谢谢我亲爱的同事们，你们太可爱了。

职场贴士

教师工作是一项以人为对象的职业，人与人之间交流最重要的是心灵的碰撞，是情感的表达。一个甜美的微笑让人感受到善意，一句真诚的问候让人感到温馨，一份微小的关怀让人感受到支持，当你去付出的时候，不需要我们再做什么，你得到的东西，反而是更多的。记住啊，只有你微笑的时候，全世界才会对你微笑。

好书分享

《生命中最美好的事都是免费的》 【加拿大】尼尔·帕斯理查著 江苏文艺出版社

真正的幸福，不是惊天动地的事，而是懂得发现生命中的小美好，过自己想要的生活。尼尔曾经是一位朝九晚五的上班族，每天面临着巨大的工作压力和生活压力。经历了两次婚姻破裂和最好的朋友自杀后，绝望至极的尼尔决定改变自己，重新认识生活，发现生活之美，在积极乐观的生活态度下变得充实而美满。

25

画外音

枯树开花，告诉我们希望是不能随便丢掉的。

木小青的辉煌时代好像突然就来临了。讲课、培训、参赛、评优，一下子有些措手不及的感觉，每天忙得不亦乐乎。受重视的感觉真不错，上学时的自信又回来了。不过，鱼和熊掌不可兼得，有时忙得让人有些失衡。好在师傅不断鼓励她，趁着年轻，又没有孩子，多积累些成绩，为今后奠定扎实的基础，别等以后后悔。还时常给她说说课、批批作业、改改论文。组里的老师们也尽可能地给她支持，带她回家蹭饭，补些营养，帮她做做课件，完善一下教具。有时她们某一句话的提醒，就让自己豁然开朗，醍醐灌顶，灵感一下子爆发出来。这种忙碌不仅充实，更有些甜蜜。

职场贴士

孔子云：三人行必有我师，高人、贵人就在身边。但只有谦逊的人、努力的人、感恩的人才能得到贵人、高人的指点。不懂感恩，再优秀也难以成功。多与周围的人讨教、交流、沟通，他们总有一方面会比自己强，你将获得更多的资讯、知识、方法，甚至机会。当你学会欣赏别人时，别人才会欣赏你。当你学会帮助别人时，别人也会帮助你。爱不仅存在于师生之间、亲人之间、朋友之间、同事之间，也要在陌生人之间传递，我们才会在生活中、工作中、社会中感受到温暖。

好书分享

《高效能教师的 9 个习惯》 【英】特布尔　中国青年出版社

习惯一：开始独立思考，习惯二：建立自信，习惯三：正确处理压力，习惯四：从容把握时间，习惯五：构建和谐关系，习惯六：用心倾听很有效，习惯七：用行为制造影响，习惯八：扩大影响力，习惯九：深化影响力。

书中列举了很多生活中的例子，使老师能够更好地与自身情况联系在一起，切实可行。

啄木鸟为我捉虫，
黄鹂鸟为我歌唱，
松鼠伴我过冬，
没有什么比跟朋友
在一起更开心的啦。

26

画外音

树高千丈，叶落归根：树长得再高，落叶还是要回到树根。比喻离开故土时间再长，最后还是要回归故土。

木小青从来没有想过身体一直很好的父亲就这样走了。她还没来得及用自己的工资给父亲买一份礼物，还没来得及让他看看自己的小家庭，还没来得及……

对于刚上班第一年的木小青来说，这个打击实在太大了。看着母亲憔悴的脸，她真得有些手足无措。母亲今后怎么办？自己能承担起一个家庭吗？还能像以前那样撒娇，依赖母亲吗？

职场贴士

长大了，独立了，也要面对父母的老去，甚至亲人的离去。子欲养而亲不在，父母的爱因为易得，因为弥漫，因为朴素，常常被我们忽略。这个世界，除了你自己没有人会陪伴你一辈子。因此，以感恩的心珍惜身边的人，接受平凡的爱。回报父母养育之恩不在于取得多大成就，挣多少钱，住多大的房子，而要尽自己最大的可能多陪陪父母，聊聊天，说说话，让他们感受到关怀。不要说“下一次”，不要让“回家”无尽地等待，“工作忙”只是借口，“没时间”就是一种伤害，追悔、遗憾是最无效的事。多些时间陪伴家人，感谢他们的陪伴，并亲口告诉他们，因为有了他们你才感到幸福。拥抱身边人吧，从现在开始！

好书分享

《生命的重建》【美】露易丝·海　中国宇航出版社

她帮助千千万万人改变了健康状态，提升了生命质量，她在书中为我们揭示了疾病背后隐藏的心理模式。她是被称为“圣人”的露易丝·海，她历经坎坷，她说，我们的生命经历完全是我们自己造就的，我们创造了我们身体的每一个称为“疾病”的东西，当我们真正爱自己的时候，我们生活中的一切都会运转正常，在我的世界里一切都很美好。

经济价值与我的幸福值绝不成正比。

27

画外音

树以果子出名，人以劳动出名。

木小青今年给自己定了好几个小计划，因为她真切地感受到书到用时方恨少，上学的时候觉得每天混日子无聊，现在才发现自己缺的知识太多了。前几天她重新去学习了电脑技能，提高自己制作课件的能力。这几天又去报名参加了一个急救模拟演练培训班，利用仿真模拟人体，了解、掌握急救知识，她觉得这太有必要了，上次如果不是一位老教师及时出手将她们班那个男生吞进嗓子的小玩具压挤出来，后果不堪设想。她还准备报考在职研究生，主动要求参与教师技能比武，尝试着把教学反思梳理成文……木小青要用自己的双手为自己打造一所坚实的房子。

职场贴士

人无压力轻飘飘，人无目标乱哄哄。像一棵树，只有根深深扎进泥土里，努力汲取更多的营养，才能成长得坚韧而茂盛。威廉·考伯说，真正的幸福来自于全身心投入我们目标的追求之中。熬日子、混日子，不如享受日子。不管结果如何，享受的是追求的满足感，享受的是敢于尝试的勇气，享受的是青春的活力多彩。学历代表过去，学习能力才代表将来。在学习中成长，在经历后成熟，在吃苦中成就未来。

好书分享

《林清玄经典系列》 林清玄著 人民文学出版社

林清玄说，我的散文只是我生活的笔记，它唯一与生活不同的是，祛除了琐碎杂质，表达心灵中单纯与干净的世界。他以菩提心凝视人生，开启智慧，用岁月在莲上写诗。

28

画外音

别年满坡是石子，栽下茶树变金子。

木小青这几天起得特别早，没干别的，练跳绳呢。这缘于一句赌气的话。前几日，学校运动会报名，给老师们也准备了参赛项目，连环跳绳、踢毽子和接力赛跑，要求各组尽量别重复报名。木小青从小就运动神经不发达，何况80后的她们一直以电子产品作为玩具，电视、电脑、手机玩得得心应手，什么跳皮筋、打篮球等一律与她无缘。踢毽子肯定不行，跑步也不是强项，只有跳绳勉强凑数。可是一练习木小青就有些发憷，不敢往上跟紧，被老教师们好一顿笑话，“你们这些80后啊能干啥，排球联赛上不了场，跳个绳还不行”。木小青很不服气，这有什么难的，她非得练出个样子让她们瞧瞧，80后，怎么了？样样行！

职场贴士

教师可能不是专才，却必须是全才，可能特长不精，却必须全面，兴趣爱好广泛。尤其是小学教师，最好是能唱能跳、能画能演，语数外音体美都拿得起来，缺啥学科代啥课，就算不用包班，也能指导学生们参加各项活动，更能与学生融为一体，受到学生们的喜爱。当然，人无完人，谁也不可能事事精通，关键是有一颗激情活力、热爱生活、充满兴趣的童心。美国成功哲学家金·洛恩说过：“成功不是追求得来的，而是被改变后的自己主动吸引来的。”

好书分享

《遇见未知的自己》 张德芬著 华夏出版社

张德芬的第一本有关身心成长的小说，以故事的形式将自己体悟的成长心得展现出来。

所有的人、事物都是你内在的投射，就像镜子一样反映你的内在。

我们不知道一切的问题都是出在自己身上，只要改变了自己，改变自己的心境，所有的外境，包括人、事、物都会境由心转地随之改变。

痛苦是你创造出来的，因为那个是你对事情的解释。

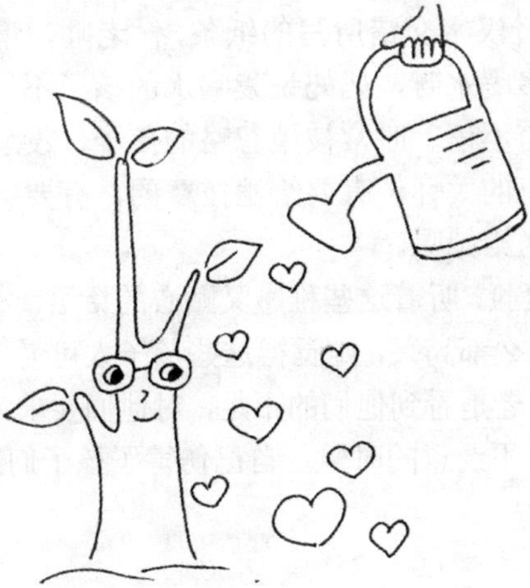

为愿望的种子注入充满期待的关注与爱，努力培育她，让她扎根在你的心中，必将开花、结果。

29

画外音

树上开花："三十六计"之一。亦比喻将本求利，别有收获。

木小青真的感动死了，这就是"老教师"们常说的做教师的快乐吧。

昨天可能穿得有点少，讲课的时候她控制不住地咳嗽了几声。没想到今天一走上讲台，就看见讲桌上放了一个大大的红苹果，还有一行歪歪扭扭、用拼音汉字交错所写的纸条，"老师，请你吃苹果，你就不咳嗽了。你要多喝水呀，妈妈说爱喝水的孩子不得感冒"。她刚一感谢这个平时不言不语、时常被她忽略的孩子，没想到其他的孩子也都纷纷表达了自己的关怀，有要给她按摩的，有要给她带药的，还有人把自己的饮料送给她喝。

看着这一张张笑脸，听着这些稚嫩又贴心的话语，木小青这一天都觉得美滋滋的，看什么都高兴，她觉得这些孩子太可爱了，以前自己怎么就没发现呢。平时老是看到他们的不足，对他们要求太严了，不知道有多少次，在经意、不经意的时候，自己伤害了孩子们纯真的心。

职场贴士

有选择时，选择你所喜欢的；没选择时，喜欢你所选择的。无论是职业的选择、爱人的选择、任务的选择，我们不能确定选择的正确性，却能决定自己选择的态度。不要总觉得得不到的是好的，珍惜你所选择的，把握住的东西才是最好的。

教育的真谛是真爱，成绩不代表成效。当我们对孩子倾注了真爱，孩子们也许不能成为名人、伟人，至少他们能成为一个充满爱心的平凡人。

好书分享

《奇迹课程》 若天著 凤凰出版传媒集团 江苏文艺出版社

这是一部大自然的法则之书，一部具有神奇力量的、能量充溢的课程。请记住，奇迹是爱。真正的奇迹，是引发内在的爱。因此，一切来自爱的都是奇迹。所谓的成长，就是“找到自己的心”，过得更充实些就更能做你自己，生命就会有大收获、大喜悦。

我弯下枝叶，因为我有累累硕果。
有内涵的人往往更谦虚，也更会得到别人的尊重。

30

画外音

柳树虽然柔弱，却能将别的树木缠绕。——欧洲谚语

木小青生活、事业都渐入佳境。

看着一批又一批的新大学生走进校园，看着她们经历着所有自己曾经的历程，她忽然觉得那时的自己有些傻，有些可笑，怎么会那样想，那样做。就连曾经发誓绝不会忘记的事也淡然了，甚至说不清怎样发生的了。不过，年轻本来就是这样的吧，探寻中有些彷徨，执着中有些痴迷，爱恨中有些盲目，固守中有些幼稚。有什么关系呢，像一棵小树苗，不经历风雨，怎能长成大树。不管是果树，是乔木；是针叶树，是阔叶树；还是落叶树，常绿树；不管是高大的、矮小的，总之我成为了自己，一个独一无二的自己，挺立在大地上。木小青不知道，今后还会面临什么；她知道，无论怎样她都会更加坦然地接受，虽然还会哭，还会有泪，但她会让自己更多地笑起来。她记得有人说过，因为我们并不完美，所以我们没有资格要求世界完美，但是我们可以在不完美的世界里取得自己的一份成功快乐。

职场贴士

科利尔说，你的思想编写什么样的人生剧本，社会这个大舞台就会呈现什么样的演出。接受现实才能面对现实，并超越现实。每个人对成功的定义可能会不同，谁也不可能把事情做得尽善尽美，但总要为自己负责，要为自己的工作负责，为自己的家庭负责，为自己的人生负责。就算做一个最普通的人也会有所欲求，也要成长，要为成长找思路，不为错误找借口，就要不断反思，我的优势在哪里，我在哪方面需要提高，我以何种方式促进我的工作、生活得到改善，我能为他人做些什么，我

怎样达成自己的心愿。生活中的变化总是不断发生的，你需要不断调整自己，去适应变化，只要你出发，你就可以改善它。就像《谁动了我的奶酪》一书中所说的：他们总是不断拿走你的奶酪，你必须预见变化——随时做好奶酪被拿走的准备；追踪变化——经常闻一闻你的奶酪，以便知道它们什么时候开始变质；尽快适应变化——越早放弃旧的奶酪，你就会越早享用到新的奶酪；改变——随着奶酪的变化而变化；享受变化——尝试冒险，去享受新奶酪的美味；做好迅速变化的准备，不断地去享受变化，记住，他们仍会不断地拿走你的奶酪！

好书分享

《峰与谷》【美】斯宾塞·约翰逊著　成君忆译　南海出版公司

在我们的工作和生活中，每个人都会遭遇高峰和低谷，这是人生的常态，《谁动了我的奶酪》的作者精心打造《峰与谷》，帮助个人不断地自我超越，理解和规划自己的人生，你的眼睛决定着人生的幸福，看着你所失去的，你就会跌入不幸的谷底，看着你所拥有的，你就会处在幸福的高峰。

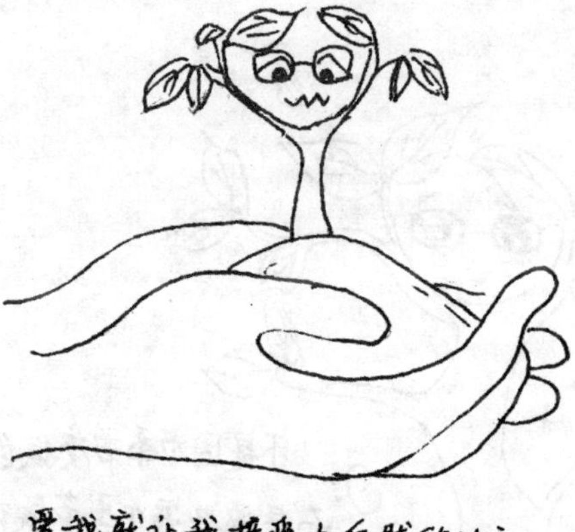

爱我就让我接受大自然的洗礼，
别把我捧在手心里。

第二章　青年教师成长林的故事

一株植物单独生长时，往往长势不旺，甚至枯萎衰败，而众多植物在一起生长时，它们相互依存，相互作用，却长得挺拔茂盛。这就是植物的共生效应。

- 在不确定性中生活
- 青年教师成长林活动例举

不是因为季节变换色彩，
而是要在每个季节展现最美的一面。

在不确定中生活

林清玄

乡下老屋旁，有一块非常大的空地，租给人家种桃花心木树苗。

种桃花心木苗是一个个子很高的人。

树苗种下以后，他常来浇水。奇怪的是他来的并没有规律，总是隔三差五地来，有时十天半个月来一次，浇水的量也不一样，时多时少。

我住在乡下时，每天都来这儿散步，种树苗的人时常也来家里喝茶。他有时早上来有时下午来，时间也不一定。我越来感觉越奇怪。

更好奇的是桃花心木苗有的枯萎了。所以他来的时候，总会带几株树苗来补种。

我起先以为他太懒，但是懒人怎么知道有几棵树会枯萎呢？

后来我以为他太忙，才会做什么事不按规律。但是，忙人怎么做事这么从容？

我忍不住问他，到底什么时间来，多久浇一次水？桃花心木为什么会枯萎？如果你每天来浇水桃花心木该不会枯萎吧？种树人笑啦，他说：种树不是种菜，种树是百年的基业，不像蔬菜几个星期就可以收成。树木要自己学会在土里找水源，我浇水只是模仿老天下雨，老天下雨是算不准的，它几天下一次？上午还是下午？一次下多少？如果无法在这种不确定中吸水成长，树苗自然就枯萎了。但是，在不确定中找到水源拼命扎根，长成百年的大树就不成问题了。

种树人语重心长地说：如果我每天都来浇水，每天定时浇一定的量，树苗就会养成依赖的心，根就会浮在地表上，无法深入地下，一旦我停止浇水树木会枯萎更多。幸而存活下来的树苗，遇到狂风暴雨，也会一吹就倒。

不只是树，人也是一样，在不确定中生活，能比较经得起生活的考验，会锻炼出一颗独立自主的心。

注：林清玄，清而不玄林清玄。笔名秦情、林漓、林大悲等。台湾高雄人，著名散文大家，心灵鸡汤导师。1979年起连续七次获台湾《中国时报》文学奖、散文优秀奖和报导文学优等奖、台湾报纸副刊专栏金鼎奖等。他的散文文笔流畅清新，表现了醇厚、浪漫的情感，在平易中有着感人的力量。作品有散文集《莲花开落》、《冷月钟笛》、《温一壶月光下的酒》、《鸳鸯香炉》、《金色印象》、《白雪少年》等。在家庭教育方面也很有心得，秉承着这样的原则：让孩子像草木一样自己成长，使其本质得以发挥，而父母要做的便是浪漫陪伴，静待花开。他说："做浪漫的父母，就是舍得浪费时间陪孩子慢慢吃饭、散步、旅行和成长，甚至是帮他写情书，却不问他会长成一棵平凡的松树，还是一株国宝级的红豆杉"。

青年教师成长林活动例举

组建青年之家

一、活动目的：使青年教师获得归属感，提早适应学校新环境。

二、活动准备：眼罩。

三、活动过程。

（一）谁是我的家人

1. 蒙眼围坐一圈，依次去握其他人的双手，直观感受自己是否喜欢这样一双手，选择三个家庭成员。

2. 摘下眼罩，猜一猜你选中谁了。

3. 将互选的人员首先确定为家庭成员。

4. 交错选择的人自由决定去哪个家庭。

5. 说说选择的理由和活动过程中的感受。

（二）谁和我一样

每个问题两个答案，分站两队，看看和自己选择一样的是谁，增进了解。

1. 周末：喜欢在家里睡懒觉，听音乐、看书宅着；喜欢户外活动、和朋友聚会

2. 影视剧：悲剧；喜剧

3. 颜色：鲜艳的色彩；素雅的颜色

4. 孩子：男孩；女孩

5. 季节：夏天；冬天；春秋

6. 遇到郁闷的事：自己承受；向朋友加家人倾诉

7. 旅游：爬山；玩水

8. 网络游戏：喜欢；不喜欢

9. 食物：米；面

10. 结婚对象：同龄；相差几岁

11. 穿衣服：休闲；职业

四、活动感受

1. 害怕对方拒绝又害怕选得不好，尽量给对方回复，不想让他失落；猜到选的对方非常开心，但没选到对方不开心，组成新家意外、兴奋、期待。

2. 我是一个比较慢热的人，开始总是找不到所谓的感觉，也许是宁缺毋滥吧，只选了两个人，应该是一男一女。在被选的时候也只选了一个人。和自己的性格有关，以后要积极打开心扉，不要等到错过了再后悔。

3. 自己的标准前后不一，努力将双手送上前给予方便，喜欢一双大手，热乎、肉头儿、舒服；在自己选中而没被对方选中时有失落。家，感觉更需要心与心的碰撞。更希望在日常生活中去感受进而发展。不过，今天也是一个很好的平台，希望发展下去。

4. 在失去方向感、纯粹的黑暗中，注意全部集中在触觉上。当有人用力并且肯定地握向我时，顿时有一种孤岛上遇友人的感觉。在选择别人时，我握到的那双手如果冰冷、无力，我就不会选择，因为家人给我的感觉是温暖让人留恋的。有家的感觉蛮好。

5. 心里很忐忑，被选中的时候很高兴，未被选中时心里其实是很失望的，有一种被遗弃的感觉。在选别人时心里一直在想：一定要选跟自己“臭味相投”的，那样就可以在一起“疯”，整个过程其实很好玩的。有种不可思议，明明就是一双胖乎乎的小手啊！怎么会啊！圆满了，幸福了，有家了！！！

6. 感觉是一种期待，也是一种忐忑。被选的时候似乎自我的主动权少一些，因为要在别人肯定你的前提下你才有机会选择。选择的时候更加掌握了主动权，但却同时也增加了更多的可能性，就像选择一片麦田里最饱满的麦穗，你永远也无法知道你的选择是否正确，是否是最合适的。猜对的时候觉得是对彼此的一种肯定和一种相互了解的兴奋，也是对自己感觉能力的一种认可。建立起来的不仅是一个团体，更是一种心理上的依赖，一种安全感。

7. 手的感觉能感觉一个人身体的强弱，能感觉到一个人内心的强与弱，能感觉到彼此之间的共同点，心有灵犀。当我选择错的时候，心里很失落，空荡荡的。感觉老天是公平的，我很开心。

8. 第一次被别人握到手感觉她只是礼节性的握手，所以我们相互没有形成默契的朋友，感觉在心灵深处没有形成共鸣。接下来轮到我去和别人握手的时候，感觉那个人的手很厚重，所以我们最终形成了共鸣，再接下来的几次中，感觉有几次是真心实意的握手。其实生活中也是这样，要用心去感受。朋友要多次去感受体验才能形成真正的朋友。家和万事兴，希望互帮互助！

9. 希望被别人多次选中。在选择的过程中，希望得到对方的回应。被别人放弃后觉得很不开心，失望。在握手的过程中，当两只手相握时如同找到了失散多年的亲人，很温暖。有家了，圆满了，幸福了，强大了。

10. 很奇怪，同样是手，总有不同的感受，特别是有时握手让我感觉非常亲切！好像平时在我心目中的他，其实和我想象的有一些不同。又多了一个家人，真好！

11. 拒绝过，也被拒绝过，出来混总是要还的！要淡定！找到组织了，珍惜缘分！

12. 别人选中我时，心中有一丝的欣喜，但是当她（他）的手充满凉意，或是太小都不能包住我的手，或是太过僵硬时，我都拒绝了她（他），因为那不是我想要的“手”。当属于我的那只手伸过来时，我真的就像一下子找到了归属一样，十分高兴。但我喜欢的手推开我时，我又有点失落。

13. 选人是一种自由，被选是一种幸福。选与不选是一种心灵的呼应。重新选感到了背叛。落选是一种失落，手与手相握，心与心相通，相识是缘分，有了家，就有依靠，好！今后拜托！

14. 现在的眼睛看世界有一种朦胧的美。在刚才的游戏环节中，最初我选人时范围都放在了前几人中。可能是因为有一种感觉：最初遇到的比较有缘分吧！我选择了一双比较硬气的手，一双宽大的手，一双娇小的手，意识里感觉这是一个完美的“家庭”组合。不过在被选的过程，没被选中心中还是有些小失落。虽然是在蒙着眼的过程中进行的游戏，但是选还是不选 That is a question. We are a family（那是一个问题，我们是一家人呀）。很满意的结果，希望我们都 Happy（开心）！

15. 握着第一个人的手，她紧紧抓住我，开始想再往后看看，结果她还是没有放开，我就选择了她。继续前行，我摸到晶晶的手，一双熟悉的手，当然是选择了，最后是个很有力量的手，决定最后一个名额给了她。不知道后面还有没有有感觉的，但还是没去选择。不知道那双手是谁的，小小的，柔柔的，那到底是谁呢？有了一个新家庭，是平时我接触较少的，不了解的人，希望可以走近她们的心扉，不知道将来我们的生活？……

16. 当第一位走到我眼前的时候，很紧张，我温暖的手握住她冰凉的手，我们相互选择，温暖在传递。别人在选我的时候，有些期待，多次的握手交流一种心情，一份忐忑，一份惊喜。我选别人的时候，期待有一双小手，我选到了，我还握了一双厚实的手。我的家，有需要我去温暖的手，有一双厚实的手，有一双有力的手，我们的家很美，踏实而富有激情。

17. 等人选：时间过得慢，闲得慌，听着人走到哪里了，选了几个，我还有没有机会，到我了，用手感觉一下，带有试探性质的，选中了很高兴，有双手很熟悉啊，一下子好激动啊。选人：忐忑啊，期待啊，不想伤害别人啊，有木有！选上了很高兴啊！还有人我没有摸呢，嘿嘿！往前走很忐忑。

全家福

一、活动目的：确定家庭名称、建设目标，打造和谐之家。

二、活动准备：彩笔；绘图纸。

三、活动过程

（一）确定家庭建设目标

1. 分家庭讨论：以一种植物名命名家庭名称；分析家庭优势、劣势。

2. 互相介绍自己的情况，沟通有无。

3. 绘制家徽，改编家歌。

4. 家庭汇报。

（二）家庭活动方案设计

1. 要求有利于家庭建设，有利于家人成长，工作、生活相结合，承担一定的项目任务。

2. 确定家庭活动日。

（三）照全家福照片，比一比各家创意

四、活动感受（略）

五、附活动记录表

家庭目标计划书
年　月　日至　年　月　日
一、我们的家庭优势：
二、我们的家庭劣势：
三、我们的家庭建设目标：
四、我们能为其他家庭做的事（具体的行为）：
五、在健康、家庭、事业、学识、心灵、人际、感恩等方面我们能做到的是（具体的行动）：
六、以上我们需要提升的是（具体的行动）：
七、我们的家庭活动日准备做的事：

家庭建设个人目标计划书
年　　月　　日至　　年　　月　　日
一、我的优势：
二、我的劣势：
三、我希望的家庭建设目标：
四、我能为家庭其他成员做的事：
五、在健康、家庭、事业、学识、心灵、人际、感恩、欣赏等方面我能积极影响到别人的是：
六、以上我需要提升的是（具体的行为）：
七、我能为学校、社会所做的是：
八、我们的家庭活动日可以做的是：
九、我生命中的贵人是（至少 3 人）：
我能为他们所做的是：

猜猜我是谁——自画像

一、活动目的：增进相互间的了解。

二、活动准备：彩笔，每人半张 A4 纸。

三、活动过程

（一）20 个“我”

用“我是一个什么样的人”的句式来描述自己。

（二）自画像

1. 指导语：画一幅自画像，写出自己的兴趣爱好，平时大家没有注意的特征，生活中最快乐的事，最大的财富，最引以自豪的成就……给别人提供一些找寻你的线索，但不要给太明确的信息。

2. 发纸，画像，放音乐。

3. 挂画像，找朋友。

4. 介绍一下找寻的感受。

（三）请你试着了解我

请你试着了解我
我认为我是
我很遗憾
我认为做人最重要的是
与人相处,我
我理想的学校环境是
目前，我面临的最大的困扰是
在单位最大的收获是
对别人的批评，我
对看不惯的人或事，我
我对未来的期望是

（四）自我肯定：即使是当……我也爱自己

在自画像的正面和反面依次写出喜欢和不喜欢的一面；在句子里面加上“即使是当……我也爱自己”；即使世界上所有的人都抛弃了我，我也不会抛弃我自己。

四、活动感受（略）

如果你今晚刚种下一颗松果，
不要指望第二天就看见一棵松树。

我是一只快乐鸟

一、活动目的：放松身心，体验快乐。

二、活动准备：空场地。

三、活动过程

1. 指导语：请大家围成一个大圈，每个人左手伸出食指，右手为手掌，食指顶在别人手掌下。游戏开始时，我要读一篇文章，当你听到“微笑”这个词时，你的右手去抓别人的左手，同时，自己的左手赶紧移开，躲避被别人抓到。

2. 谈一谈活动感受。

3. 快乐是一种心态，而不是一种状态，试着发现体会你的工作生活中有哪些快乐的事？学会感受这种“小确幸”。

四、活动点评

快乐非常简单，只要我们随时怀着好玩、有趣的心情，看待每一件事。电梯坏了，就爬楼运动；碰上塞车，就趁机欣赏路旁风景；有人想看你的笑话，你就真的好好说个笑话给他听……，用这种趣味和游戏的幽默方式替你自己打气，你就会豁然发现，每天出门那么神清气爽。

五、附：《微笑》

微笑是成功人生的开始
一个微笑
花费很少
价值却很高
给的人幸福
收的人回报

一个微笑仅有几秒
而留下的回忆
终身美好
没有人富

富到对它不需要
也没有人穷
穷到给不出一个微笑

有了它家庭充满幸福
有了它生意兴隆荣耀
它还是朋友间交流的暗号
它使劳累者疲劳顿消
它为失意者重燃希望的火苗
对悲伤者它犹如太阳
要化解烦恼它是良药

它既拿不出来也偷不去
它不出租也买不到
只有做礼品它才有效
人人都需要微笑
而没有人
比一个忘记微笑的人
对它更为需要

应该笑口常开
因为我们无论是奉献还是得到
最好的礼物都是微笑
如果匆忙中我忘记对你微笑
请原谅我
而善良淳厚的你
能否给我一个你的微笑？

永远微笑吧
在人生的旅途上
最好的身份证就是——微笑

个人成长计划

一、活动目的：完善自我，快乐工作，幸福生活，健康成长，和谐人生。

二、活动准备

1. 每人一张纸。

2. 每人一张太极八卦图，一个系着线的螺母。

3.《水知道答案》（ppt）。

三、活动过程

（一）心意相通

1. 将螺母上的线缠绕在食指上，自然下垂一尺左右，螺母对准八卦图的中心点。

2. 按照辅导者的指示，左右、前后晃动，顺时针、逆时针环绕。

3. 分享活动感受。

4.《水知道答案》介绍，积极暗示的作用。

（二）制定个人成长计划的制定原则

1. 共赢互利：你好，我好，大家好。

2. 和谐统一：身心、工作与生活、家庭与学校、师生、教育与教学、孩子与学生……

3. 具体可行。

四、青年教师个人成长计划例举

2013 年张瑞敏个人成长计划

（一）基本功——勤

1. 我要坚持读书，并记读书笔记。

2. 我要坚持练习毛笔字、钢笔字、粉笔字。

3. 注重课前阅读，练习普通话发音和语调。

（二）语文教学——谨

4. 我要继续坚持书写课后反思，写在自己的教学案例本上；及时记录课堂、生活中的点滴发现，为积累论文素材做准备。

5. 本学期我要继续以语文教学为主，因人而异地指导学生学好语文。暂差生以书本字词为主，中等生以字词、课内阅读为主，鼓励优等生把主要精力放在课外阅读上。

6. 继续研究“如何激发学生阅读兴趣”小课题，期末结题，并写出相关论文。

7. 努力做一次成功的公开课，若有机会争取做一次校外公开课。

8. 认真对待滨海新区三项基本功大赛。

（三）德育工作——严

9. 本学期我要培养学生的自主、自立能力，协助并鼓励学生自己管理班级、开队会。

10. 对班里出现的不良现象及时制止，绝不优柔寡断、心慈手软。

11. 做一次成功的班队会课。

（四）自我管理——慎独

12. 与同事相处，要宽容，要换位思考，做一位大气的同事。与家长相处，要理解，要体谅，做一个有办法、无牢骚的老师；与家人相处，要动情，要奉献，打造一个温馨的家。

2013 年王艳艳个人成长计划

忙碌而充实的 2012 年已经结束，面对崭新的 2013 年，我要做出自己的规划，让我的 2013 年不仅充实而且有方向，假如把 2013 年比作我的一个大项目，那项目的主题应该叫做“习惯”吧！

好的习惯会使人受益终身。工作的两年来，我发现自己有些习惯是必须要改的：1. 今日事今日毕——不拖延；2. 做事要有计划有条理——忌杂乱；3. 言必信，行必果——要坚持！

（一）工作着是最美丽的

“工作着是最美丽的”初三时的班主任如是说。虽然这句话对于现在的我来说还为时尚早，但我确实很享受工作的状态。

（二）信息技术教学

学生的第一要务是学习，老师的第一要务当然是教学。两年的教学，我听了很多课，讲了几次课，让我更多地看到了自己的不足，而今其实我最想参与的是评课。

为了夯实教学基础，要认真做好教学计划，落实到每一节课，认真做好课后反思；要坚持每周听师傅一节课并深入听课后的探讨。摆正心态，利用网络和图书，积极寻找和信息技术教学相关的信息，认真学习，做好笔记，适当运用。

关注学生，探寻学生的最近发展区，目标分层，让学生“不害怕课堂”，尽量让每一位学生都能在课堂中找到自己的“成功”。常规练习在面向全体的基础上，每节课专门指导几位学生，真正夯实学生基础。

结合课题、教学等，写2～3篇论文或案例，积累教学经验。

探索：信息技术教室文化特色。

（三）干事工作

每天提前20分钟到办公室，打扫好卫生，做好准备工作。认真完成领导交给的每项任务，做好文件交接记录，切实落实每项工作。

（四）家是我温馨的港湾

幸福是我不竭动力的源泉。对小家来说，在家尽好一个女主人的责任——按时起床保证早餐质量，关注家人身体健康，做好足底按摩；与家人多交流，不论是工作还是生活，打开心胸。筹备尝试我们的西部之旅。

笑对双方父母，经常沟通，并保证沟通质量，在关注老人身体健康的同时，力争让老人的心不孤单。

阳光，是免费的；爱情，是免费的；亲情，是免费的；友情，是免费的；梦想，是免费的；信念，是免费的。造物主早已把最正规的一切免费地赐予了我们每一个人，那么就赶快享受生活的温馨，珍惜拥有的一切，分享每一秒的喜悦，感受每一分的快乐，营造每一刻的精彩，珍惜每一段的美好。

一纸计划是一年，一种习惯为终身。无论是工作还是生活，我亟需的是坚持一种好的习惯，做事理家有条不紊，踏踏实实心里有底。

2013年王耕个人成长计划

自从踏入三小，我便体会到了身上的责任与压力。作为一名青年教师，我深知自己在起步阶段存在的诸多不足，如：业务水平有待提高，教学经验有待丰富，知识领域有待拓宽。和老教师相比，我们有太大的差距，“学高为师，德高为范”，我迫切地期待在老教师们的带领下，尽快成熟、尽快完善。特制定此计划。

一、专业成长目标

为了更好地实现专业上的成长，我会以坚持学习的态度，进行有计划的课外阅读。力求每节课及时记录反思，探索适合自己的教学风格。

二、专业成长途径

1. 认真学习，提高专业理论水平和业务素质

● 积极参加学校组织的各种培训，做好记录，写出反思。

● 认真观摩有经验教师的课堂教学，并向有经验的老师学习，提高课堂教学水平。

● 毕业刚刚两年，发现英语水平有所下滑。温故而知新，2013年要把以前的专业书拿出来看一看，做一做。保持并扩大词汇量。

● 养成良好的反思、写作习惯，在反思中成长、奋进、创新。

2. 认真实践，提高教育教学成绩和水平

● 认真备课，上好每一堂课。

● 力争下学期在学校规定的数量基础上多上公开课，构建自主合作、探究高效理想的课堂效果。

● 坚持尽量多的制作课件，让课堂PPT在三年内形成系统。

● 加强对学困生的辅导工作，在四年级下学期知识难度上升的同时，不让***掉队。

● 坚持上成长林博客并多冒泡，尽量减少潜水的情况。

● 努力优化教法，勇于创新，从而形成自己富有个性的教学风格。

● 多与英语组老师进行专业合作。

三、具体措施

● 养成天天阅读的好习惯。

坚持读懂读透《给教师的建议》这样的教育教学专著，让自己成为一名有素养的教师。2013 年寻找好书。

● 做一个勇于课堂实践的老师。

课堂是老师能力检验的一个大舞台，认认真真地上好每一节课，不仅是学生的需要，也是教育发展的最终目标。通过探索和实践，我的课堂和去年相比就有很大变化，一年的摸索和领悟，让我更明确课堂的重点在哪里，学生的思想在哪里。2013 年我要继续这样的探索，改进自己的懵懂，提高课堂效率。

● 坚持写“教学反思”。

“优秀不是时间的积累，而是反思后的创造”。教学反思是“老师专业发展和自我成长的核心因素”。坚持反思可以总结实践、升华经验，坚持每天写教学反思，可以提升自己的教育能力。

四、关于成长林和生活

● 积极参加成长林的活动，让自己变得主动起来。

● 努力去表达爱，不仅是对学生，也对朋友，对恋人。努力维系好现有的 relationship（人际关系），并积极去扩大它。

● 2013 年第一个冬天去哈尔滨，带着一个全新的自己。第二个冬天计划去海南，享受意外的春天。

● 牵起的手，争取执到白首。

“一步登天不可能，但脚踏实地，一步一个脚印有可能”。人的潜能是无限的。个人专业成长规划的设计与制定是对自我的一种挑战，同时也是对自己事业乃至人生目标追求的系统化、理论化。所以，我一定坚持理论与实际相统一的原则挑战自我，完善自我，发展自我，实现自我。

我相信，在领导的关怀下，在老教师的悉心指导下，年轻的我一定会快速地成长，成熟，成才！

杨芳 2013 年个人成长计划

眨眼间，工作已经 12 年，回顾这段的日子，从初为人师的兴奋与激动到第一次站上讲台的紧张与不安，一切仿佛就发生在昨天，仍然历历在目。虽然在这期间一直能保持一种饱满的激情，但是直到“成长林”才有了“计划”的引导，使得自己的道路更顺畅。为了能让自己更快更好地成长和发展，成为让领导放心、家长承认、学生喜欢的教师，特别制定了2013年成长计划：

认真做好教学反思：对每堂课的成败及时地进行总结和反思，检查与评定自身的教学工作，适时总结经验教训，找出教学中的成功与不足。将在课上所遇到的问题和失误及时记录下来，从主观和客观上去寻找原因，并努力寻找解决的方案，使之成为以后教学中的前车之鉴。并且对自身在教学过程中产生的灵感和好的教学方法记录下来，不断丰富自己的教学方法。

学习开展课题研究，并学会研究经验的积累，学习撰写有质量的研究报告。

加强各种理论学习，广泛阅读各类书籍，以此提高自身理论素养和知识储备，每学期撰写一到二篇教育教学论文。

争取在市级以上比赛中获奖，在学科教学方面有一定的带头作用。

努力使自己成为具有风格的教学能手，对教材的运用能游刃有余，对新课程标准能掌握通透。

虚心地向同行学习，多探讨，勤质疑，在探索中不断完善自我，促进个人专业知识的提升，让每一次的学习都带给自己新的感悟，新的收获，从而提高自身的专业水平。

争取在读书班中提升自己的各方面素质，为今后的发展打基础。

提高运用电子白板的能力，加强对工具条的使用和工具模板的认识。

幸福的老师有三个标准：以丰富的学识激励人、以高尚的道德教化人、以真诚的爱心感染人，能够做到这三点，他一定是世界上最幸福和快乐的人。能够成为一名幸福的老师是我永恒的追求，我也相信在学校的培养下自己一定会成为一名这样幸福的老师！

宗淑艳2013年个人成长计划

2013年发展规划总目标：“多研课”、“多读书”、“多写作”、“多沟通”、“多微笑”，在未来的一年时间中，不断改进自己，和学生共同学习成长，和同事做教育这件乐事，和家人编织幸福生活。

（1）多研课

每学期准备一节汇报课；

每周听师傅一节课或者请资深教师听自己一节课；

写一篇有关教学反思的文章。

（2）多读书

每个学期至少学习一本教育专著；

完成一本力所能及的读书笔记；

每周博客要有至少一篇新文章。

（3）多写作

每学期至少完成一篇有质量的教育教学论文；

做一次有实效的课题研究；

每周练习“三字”各一篇。

（4）多沟通

每周给家人打一个电话；

每周和学生家长做一次充分的沟通；

每个月给班级里的学生过一次生日；

每个月和成长林的同事们小聚一次。

（5）多微笑

每天给身边的人送出一个微笑，传递快乐向上的精神。

每天发现孩子、同事、朋友、家人等身上的优点，给予一个赞美。

我规划自己，让工作有序高效；我成就学生，也一样成就自己。

王彦臻2013年个人成长计划

转眼半个学期已经过去，展眼2013年，我想做一个小小的个人计划，具体如下：

一、音乐及教学方面

1. 每周看一节优质课的视频进行学习；

2. 每天听一首钢琴曲，并且每周给学生听一首钢琴曲，这样可以使我们都得到艺术的熏陶，使学生了解音乐，产生对音乐学习的兴趣；

3. 每周学唱一首歌曲，并且每个月教孩子唱会一首课外的少儿声乐作品，这样可以使学生积累更多的作品，更多的音乐常识，也可以促使自己多涉足少儿音乐的研究；

4. 每个月学会跳一支舞蹈，这样可以为民族舞的活动课积累素材，同时也可以锻炼自己。

二、课外及拓展方面

1. 每天背一句英语常用口语，因为自己的英语较为薄弱，这样可以提高自己；

2. 每周背一首古诗词，并理解其意思，多背诵古诗词可以是自己形成独特的审美能力，可以提高道德修养，同时也可以拓宽知识面，我认为中华文化的历史文化知识都蕴含在古诗文经典中；

3. 每个学期读一本关于教育的书籍，并坚持每天一篇读书笔记。

三、生活及心灵方面

1. 每年一次外出旅行，可以锻炼自己，同时也能开阔眼界；

2. 每星期学着为自己做一次香喷喷的饭；

3. 养成每天早睡早起的习惯，这样可以得到充足的休息时间，而且第二天也有饱满的精力去迎接工作。

计划不是写出来的，是做出来的。有决心——这是最重要的，有了决心一切事情都会变得容易，要培养自己做任何事情都能持之以恒的毅力，这点对于我们的工作或生活都有百利而无一害。按照自己的个人计划，坚持一条条地实施，不能因为任何的困难而放弃，我相信坚持就一定会有回报。

李真 2013 年个人成长计划

一、学习、工作计划

1. 在 2013 年的两个学期里，每个学期至少准备一节语文公开课，如果有机会，准备一节班队会课，尽快提高自己的教学水平和驾驭课堂的能力。

2. 提前准备参加班主任大赛和教师基本功大赛的各个项目，在日常的工作中注重积累，不要想着临阵磨枪。

3. 每学期至少写一篇关于教育教学或者班级管理的论文，提高自身的理论水平，也能够为职称评定做好准备。

4. 坚持每周至少听师傅一节日常课，如果有条件的话，尽量多听其他老教师的随堂课。

5. 坚持每天睡前读至少十页书。

6. 坚持两天练一页字帖。如果时间允许，提高到每天一页。

7. 一个月和班里的孩子做一次深层的交流，写一篇教育随笔，照一张合影。

（二）生活、家庭计划

1. 争取找到那个能理解、宽容我的人。不急不躁，相信命运自有安排。

2. 利用假期进行一次自由行，如果找到合适的同伴，第一个理想的目的地是西藏。备选目的地是泸沽湖。

3. 至少两周回一次家，多抽时间陪陪父母，尽自己的能力让他们生活得更开心。

4. 一个月买三本书。

5. 一个月学会弹一首简单的歌曲。多给自己补充点儿音乐细胞吧！

6. 4 月份开始抽时间去参加瑜伽班，因为自己在家一个人坚持下来比较难。

我的压力我释放

一、活动目的

1. 了解关于压力的心理常识，学习放松的方式。

2. 缓解工作、生活压力。

二、活动准备

1. 轻音乐。

2. 心灵按摩摘录。

三、活动过程

（一）想象放松

自然分开双脚，手掌向上，手指自然弯曲，放在膝头，肩膀放松，下颌保持松弛，这样，你的嘴会微微张开，闭上眼睛，轻松的呼吸，把头脑清空，现在我要带你们起程，开始你心目中美好放松的一天，这是你会感到宁静、舒适、快乐、轻松的一天，没有压力与烦恼的一天。缓慢轻松地呼吸，身体放松。非常好……现在让我们开始。想象你躺在床上，完全的放松，你正在醒来，开始这美好轻松的一天，这是你一整天都会感到平静与充实的日子。从早晨一直到晚上。慢慢地在你想象中睁开了眼睛，现在，环顾四周的房间看起来怎么样？身边有人吗？慢慢地、轻轻地你从床上起来，洗漱完毕开始你今天的行程，在这美好轻松的一天，你要去哪儿？是去工作？还是在家？身边有人吗？环顾一下你的周围，慢慢地你感到轻松而平静。你在哪儿，又在干什么？在这美好的一天你在哪儿吃午饭了，你在哪儿？和谁在一起？吃完了舒适的午饭，你感到很平静，好像这世界上每件事都做得很好。现在是下午你来到了哪里，在干什么？身边都有谁？晚饭时怎么样？夜晚如何度过？周围怎么样？你感到这一天充实、平静。现在该睡觉了，你上了床，闭上眼睛，你感到温暖、困倦与平静，渐渐地，回顾着你在这美好的一天的所见所闻，进入了香甜的梦乡。

（二）压力分解

1. 交流：你怎样调节压力。

2. 分享：你不知道的压力知识。

四、活动延伸

每日心灵按摩操——摘自《奇迹课程》 若天著

1. 至少每日一次，坐下（或躺下）来，什么都不做。

2. 记住：悲伤、恐惧、愤怒一点好处都没有，只会令您及其他人受苦难，所以提醒自己不必如此。

3. 每日记得想一想：自己得到了上天什么祝福。

4. 记得自己是个灵性的存在体，暂时活在一个物质的身体之中。

5. 要求进步，不要求完美。

6. 提醒自己：宇宙是个平安的地方，我的世界绝对平安。

7. 特别出于好心——为某人做一件事。

8. 提醒自己：人人都是流动广播站，此刻我正在发送什么。

9. 与其满足自己的欲求，不如减少自己的需求。

10. 记得：面向阳光，阴影就在背后。

11. 尽已所能保持健康——有健康的身体才有快乐的心情。

12. 充分的休息——别透支了您的体力。

13. 适度的运动——会使您身轻如燕，心情愉快。

14. 再找一个理由欣赏自己："原来此人那么可爱"。

15. 提醒自己：生命不是撞大运，而是选择＋选择＋选择。

16. 合上眼，想象自己身处外层空间下远望地球，看到你所在的城市、地区、工作地点，看到你自己此时正在生活——至少 5 分钟。

17. 想哭就哭。

18. 想笑就笑（无需找理由）。

19. 对人笑一笑——至少每日 3 次（对 3 个不同的人）。

20. 让您个性里面那个顽皮的小朋友多多出来。

21. 记得：凡事随缘皆有乐。

22. 记得：天地间只有一个人可以令您不开心——自己。

23. 种一点东西，或者除草，总之令双手沾满泥土。

24. 漫步雨中，不带雨具。

25. 不要求上天祝福，矢志做上天祝福人间的工具。

26. 记得：天下所有问题你需要知道的答案，都早已藏在您的内心。

27. 喝一杯室温的清水，慢慢呷，觉得自己真幸福，身体又更健康了。

28. 可以改变的就改变，不能改变的就由它那样吧。

29. 提醒自己：世上并无无意义的痛苦——如果现在有病有痛，问问自己："这个病这些痛楚要让我学到什么？"如果现在无病痛，回想上次生病，问问自己："由那个病那些痛楚我学到了什么？"

30. 告诉某人您多么欣赏他，您欣赏他什么。

31. 赤足步行至少 5 分钟（室内外都可以）。

32. 人家成功，为他们庆幸。

33. 原谅自己犯的所有错误，不论多大多小。

34. 记着：天涯沦落人肯定不止您一个。

35. 合上眼：专注数一数自己的心跳——至少 30 下。

36. 找一个人，为他捶捶背，做一点点按摩——在沉默中。

37. 记得：人人都是在按自己预设的程序办事（你也不例外）。

38. 用尽力拍手约 30 下，停下来，感受那种刺激的经验。

39. 享受独处的幸福时光（如果你享受不到，快快去学）。

40. 人家说什么做什么，都尽力找寻其中的善意。

41. 晚上关掉所有灯，点燃一支蜡烛，静静凝望火焰。

42. 记得：争辩胜利是没有用处的，不会令你或令人更快乐。快乐比正确重要得多。

43. 遗忘令你不快乐的事，原谅令你不快乐的人。

44. 献身于你的工作——但别变成它的奴隶。

45. 随时替自己创造一些容易实现的盼望。

46. 每隔一阵子，去过一天和平常不同方式的生活。

47. 多多留意自己身体的信息，好好响应。

48. 找一样食物（例如一粒核桃、一粒大杏、一粒橄榄、一棵芽菜、一棵青草、一小段西芹、一片红萝卜）慢慢咬下咀嚼，达 3～5 分钟之久。

49. 认认真真设身处地想象别人的情况，才好判断批评人。

50. 人生是一支舞，你正在怎样跳这支舞。

51. 合上眼，慢慢呼吸，感觉自己内心在微笑——每次3分钟。

52. 记得：任何情绪感受都是可以理解的，无需为此内疚（不过也要记得第2条）。

53. 追求一些新的兴趣——但不必强迫自己去培养一种习惯。

54. 抓住瞬间的灵感，好好利用。

55. 在生活中制造些有趣的小插曲，制造新鲜感。

56. 如果心中不愉快，找个和平的方式发泄一下。

57. 现在这一刻，您不完美得十分完美。

58. 习惯少开口，多聆听（人家讲话，周围的声音、自己内心的发言）。

59. 用一本特别的记事簿专门记录家人、亲友、同事的生日，不时翻看，在他人生日时致意（打电话、电邮、送礼、为对方祝福）。

60. 将所有过去三年未用过的东西送掉或卖掉。

61. 记得：人人以为对的未必对，专家权威一样可能大错特错（问问伽利略就知道）。

62. 做你内心很想做的事。

63. 凡是心（感受、直觉）与脑（计算）有冲突，追随心的引导。

64. 多多想快乐的事情，多多想生命如何丰盛，心想事成。

65. 提醒自己：要发生的，始终要发生。

66. 找一只动物抚摸拥抱。

67. 做最疼惜你最迷恋你最了解你的那个人。

68. 勿再去追寻成就，因为你已经很有成就。

69. 裸体站在大镜前扮鬼脸，做千奇百怪的姿势，一边做一边开开心心欣赏——至少10分钟。

70. 多多体验日出日落或月夜星空如何神秘、如何令人惊诧感恩。

71. 学习讲“why not”（有何不可）。

72. 记得：神想惩罚谁，就赐谁成功。

73. 神想谁升班，就赐谁挫败考验。

74. 偶尔忘记您的计划或预算，随心所欲吧。

75. 搜集趣闻、笑话，并与您周围的人共享。

76. 重新安排您的生活空间，使人耳目一新。

77. 安排一个休假，和能使您快乐的人共度。

78. 勿再等待奇迹出现，多多留意身边，原来处处都是奇迹。

79. 在家里设立一个神圣的角落，随时到那儿独处或集体静心。

80. 记得：告诉您说“你办不到”的那个声音是在说谎。

81. 找一首最令自己一听就开心的音乐——如果仍未有，快快决定是哪一首。

82. 给心爱的人一个惊喜。

83. 参加志愿服务团体回馈社会。

84. 提醒自己：我只是人生舞台上的演员，不是剧中人。

85. 抬头看一朵云——至少5分钟。

86. 记着：过去的已经永远过去，未来可能永远不会来。

87. 摸一棵树，欣赏它的每一部分（包括上面的小昆虫和其他生物）。

88. 永远不要把自己放在最后。

89. 记得：任何时间您想改变自己之时，您已具备了足够的能力。

90. 合上眼，将一个人的样貌呈现在内心的荧幕上，送给他一份衷心的祝福。

91. 做事无须处处要求人家认同、赞赏，否则您就是将自己变成奴隶。

92. 定期做排毒工夫：按摩、运动、喝茶、饮汤、断食。

93. 人家任何恶意或无意的伤害，一律不接、不反应，只是如常用慈悲心送上祝福。

94. 找一位灵魂伴侣（让缘分安排）。

95. 记着：发生什么事，都是好事。

96. 记得随时可以说“不”。

97. 人家说“不”时，尊重对方。

98. 追随召唤，实现梦想，让故事写您。

99. 提醒自己：快乐只有一个办法可以得到——令别人快乐。

100. 慢下来，享受当下；抓紧每一刻，活出丰盛。

名字的故事

一、活动目的

1. 增进彼此间的了解。

2. 感恩亲情。

3. 体验不同的沟通方式。

二、活动准备

长条矮凳。

三、活动过程

（一）生日列队

1. 报数分组。

2. 活动规则：不许说话，在木凳上按阳历生日的月日排队。

3. 分享感受。

（二）我的名字

1. 互相介绍：说一个跟自己名字相关的故事，如名字的来历或者因为名字发生的趣事。

2. 分享：怎样向父母表达爱意。

四、活动感受

1. 养儿方知父母恩。

2. 亲人的健康是最大的快乐。

3. 父母对自己的寄托，自己对孩子的寄托，平安、健康。

4. 家的味道是最难忘记、最温暖的味道。

5. 一个名字，一段故事，一份浓浓的亲情。

6. 在你出生之初，父母只是希望你健康，后来虽然有很多期望、甚至是不合理的要求，因为他们也是在学着做父母，体谅他们的良苦用心，原谅他们的无心之错，珍惜自己的生命，生命在，机会就在，希望就在。

让生命的每一刻都发光

一、活动目的

1. 回顾生命历程，展望未来生活。

2. 了解彼此的生命故事，加深感情。

二、活动准备

每人一张纸，一支笔。

三、活动过程

（一）生命状态

1. 用一个字概括目前的状态。

2. 分享：忙；值；乐；美；实；新；累；鲜……

（二）生命线

1. 每个人的一生，从生命的起点走到生命的终点，都是一段独特的生命轨迹。你的生命轨迹是怎样的呢？现在让我们来画一下我们每个人自己的“生命线”。

2. 请你在纸上画一个坐标，横坐标轴代表年龄，纵坐标轴代表你的生活满意度。想一想，你自己大概能活多少岁?提出你的预测死亡年龄，在横坐标上标出你的预测死亡年龄，然后在横坐标上的相应位置标出你现在所处的年龄。

3. 如果以 0～100 分的区间范围对生活满意度评分的话，你对于现在的生活的满意度是多少分？在坐标区间内找到一个点，该点以现在的年龄为横坐标，以现在的生活满意度为纵坐标。用同样的方法标出代表你生命终点时生活满意度的点。

4. 现在请你回首自己的过去，在你的生命中曾经有过哪些重要事件（或重要转折点）？在横轴上标出这些事件所在的大致年龄 x；当时你对于生活的满意度能评多少分？在纵轴上找到你对于当时生活满意度的评分 y。现在请你在坐标区间内标出点（x，y），并用线段将这些点依次连接起来。

5. 展望你的未来，在你以后的岁月中，可能存在哪些重要的事件（或重要转折点）？用以上同样的方法标出这些事件的大致年龄 x 和此时的生活满意度 y，在坐标区间内标出点（x，y），并用虚线段将这些点依次连接起来。

这样我们就得到了一条代表你的生命轨迹的“生命线”，它的起点代表你的出生，而终点则代表你生命的终结。

6. 看着你的生命线好好想一想。你有什么感受?你未来最想达成哪些目标？

7. 小组成员讨论，分享。

8. 生命规划线：同时写出实现最近的一个目标所需要的行动策略。

四、活动感受

1. 生命的路很长，目前的挫折、不如意、打击都算不得什么，只要有梦想，就有希望。

2. 未来我用的虚线，因为生活总有变数，但我相信会越来越好。

3. 看看过去，没有过不去的坎儿。

4. 人生苦短，快乐享受每一天。

5. 觉得没找到三十而立的感觉，期待自己找到人生真谛。

6. 年轻时多付出些，别让自己后悔。年老时享受幸福。

7. 人生要有目标，努力实现自我价值。

8. 不快乐的事别在意，好好把握、经营自己的生活。

9. 自己的幸福要靠自己创造。

10. 自己是人生的控股者，自己要把握厚度、增大密度，生命会更有味道。

11. 任何事情在时间面前都是微不足道的，没有什么是过不去的。

金点子会所

一、活动目的

1. 发挥集体智慧，解决工作、生活中的难点、困惑。

2. 情感诉说与宣泄。

二、活动准备

纸条。

三、活动过程

1. 每个人在纸条上写上自己最近比较烦恼或难处理的问题。

2. 收集纸条。

3. 每人任意抽取一张，读读内容。

4. 头脑风暴，大家讨论：如果是你，应该怎样解决。

5. 好书分享《教有妙招》。

6. 你运用过书中哪些教育策略？效果如何？

7. 互相推荐教育教学管理方面的好书。

四、活动反馈

1. 今天，我发现了：
2. 最深刻的活动感受：
3. 今天我学习到了：
4. 希望团队改进的是：

家庭绘画赛——我们的家

一、活动目的

1. 体验家庭的默契度。

2. 进一步感受沟通的重要性。

二、活动准备

1. 彩笔。

2. 四开绘画纸。

3. 彩色报纸。

4. 胶水。

三、活动过程

1. 现在请大家以家庭为单位完成一幅画。主题是“我们的家”。有一个要求就是组内人员，在整个画画的过程中都不能说话。画画的过程可以是笔，也可以用手。彩纸是给大家撕的、贴的。请大家用30分钟完成这个团队任务。

2. 小组讨论：如有违规怎样处置。

3. 小组绘画。

4. 张贴作品，讲解作品，确定主题。

四、活动分享

1. 在不能讲话时，如何进行沟通？

2. 相互之间是否有合作？有无明确的分工？若有，是如何做到这一点的？

3. 画的主题是怎样沟通确定的？谁主导的？

4. 谁是第一个动手画画的人？从哪个地方先画的？

5. 谁既表达自己的观点，同时又关注其他人的需要？

6. 谁是把整幅画整合起来的人？

7. 整幅画可以怎样修改更有统整性？

8. 此项活动给你什么启示？

信任之旅

一、活动目的

1. 增进同事间的信任感。

2. 学习尊重、关爱、表达善意。

二、活动准备

1. 眼罩。

2. 桌椅等障碍物。

三、活动过程

（一）楼道绕行

1. 游戏：听口令人数进行组合，如5人、3人、最后2人。

2. 如两人一组，一人为聋哑人，另一人蒙眼为盲人，两人互相帮助在辅导者的带领下在楼内穿行，在这过程中，不能有言语的交流，引导者用手去帮助被引导者完成这一旅程，要求用心体验在这一过程中的感受。

3. 分享感受：引导者、被引导者各自的感受。

（二）障碍物绕行

1. 角色互换。

2. 加场地障碍物，变换路线。

3. 分享感受。

四、活动感受

1. 请你相信我，跟我一起走吧；我相信你，我们一起出发。

2. 允许拒绝，接受拒绝，双向选择，拒绝时注意别人的感受，有时需要善意的谎言。

3. 在第一次活动中，能看出有人漫不经心，虽然也注意到了帮助盲人行走的安全，但不够细致、贴心；当角色互换时，同时增加了路线的难度，在普通教室的狭小空间，桌椅摆放无规律，又被特别放倒几个椅子，增加了难度，大家比第一次认真很多。

4. 自己给的不见得是他人想要的。

5. 信任不是能随意建立的，没有人能把自己随便托付给别人，除非这个人首先证实自己能让人信服，或者胜任而且适合从事某项工作。

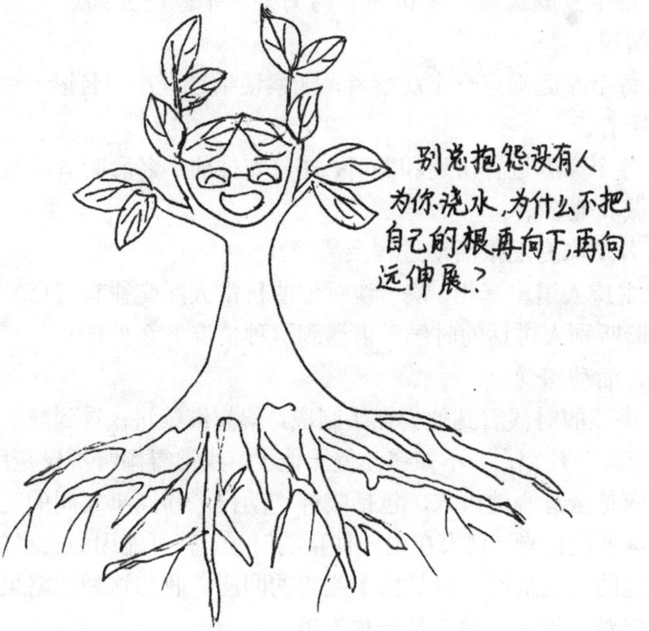

别总抱怨没有人为你浇水，为什么不把自己的根再向下，再向远伸展？

诉说与聆听

一、活动目的

学会倾听，增强沟通能力。

二、活动准备

每个小组悄悄提前安排一个不认真听人讲话的人。

三、活动过程

1. 每个家庭选派一名讲述者向另外一个家庭介绍近期家庭活动日开展情况。

2. 每个家庭确定一个观察者，观察谈话过程；一名记录者；其他人做聆听者。

3. 各个家庭进行讲述和聆听，提前安排的一名聆听者故意走神或插话或做其他事情。

4. 各个家庭汇报活动过程及感受。

5. 主持人道出真相。谈一谈对你的日常人际交往有何启发？有无不认真聆听别人讲话的时候？再遇到这种情况怎么处理？

四、活动感受

1. 讲述的时候看到他们点头回应，就想继续讲；看到**一直玩手机，大脑就一片空白，不知哪儿得罪他了。我觉得倾听不仅是用耳朵，更多的应是全身心地投入，包括眼神、动作。和同事之间的交流也会有这种沟通的问题。别人在说一件事的时候，有可能因为自己的心情，忽略了他的诉说情绪，只是出于礼貌的回应。我想这种忽略虽然无伤大体，但对诉说者来说会是一种失望。

2. 没人听太伤心了。面对老妈每天的关心，因为都是老调子，所以有点儿没进耳朵，只是在母亲节才感恩是不够的。

3. 看到听者开怀大笑，就越讲越开心，觉得辛苦和累都抛开了。

4. 提醒了一次没管用就不理她了，愿意干啥干啥吧。被人忽略的感觉很不爽。以后对于纪律不好的学生应给予更多的关注。

5. 沟通的重要性：据《圣经·创世纪》第 11 章记载，创世之初，普天之下的人同操一种语言，出于骄傲，人们想建一座通天之塔，以证明自身的无所不能。上天知道后，对于人类的骄傲感到非常恼怒，便将人类拆散到世界各地，分化了他们的语言，于是人们无法交流，最后筑塔的梦想成为泡影，而人们也从此不再沟通、交谈与倾听。

6. 没有耐心地听完别人的话或语气，就做出判断，会错“译”别人的意思，引起不必要的麻烦。

7. 一件事的细节能够体现出一个人的成熟和稳重，尊重他人等于尊重自己。

8. 作为男人，我们应该更加细心，关注身边人，关注身边人的举动与感受。

9. 有些时候对学生也有不听完就打断的情况，想想很不礼貌，这对孩子就是一种伤害。当得知自己被安排不去听别人讲话时，觉得很对不住对方，如果能把这种感受带到对学生的教育中，可能他们会觉得自己更被重视。

10. 沟通上出现误会了，要更多地想想自己哪儿做得不好，哪儿做得不够，多问自己些为什么，先解决自己的问题，才能获得更多的沟通快乐。

11. 曾经有过不问青红皂白就批评学生的情况，幸亏及时问清原委，给学生道歉了，否则一定会让学生们对我失去信任。

12. 每个人都有自己认为重要的事，有些事在别人眼中也许根本微不足道。若是没得到别人的回应，也不必太过在意。

13. 我们班的一个学生经常跟我不停地诉说班里情况，我有时会觉得他事多让人烦。有一天我发现他放学自己在打扫班级卫生，累得满头大汗，我突然发现这个孩子是多么地热爱这个集体，他向我反映班级情况，可我却没耐心倾听孩子的心里话，作为班主任感到很愧疚。以后我要让班级管理更人性化。

助人者自助

一、活动目的

1. 学习自助助人。

2. 深刻理解教师的角色。

二、活动准备

每人一支笔，一张纸。

三、活动过程

1. 每个家庭选出其中一位做“班主任”，其他人为“学生”。

2. 给每个“学生”一张白纸，然后，要求“学生”们在培训者的指示下画一个微笑的脸，但在画画的时候要闭上眼睛。而“班主任”在整个的游戏过程中要进行指导和监督，以保证任务完成得又快又好。

3. 绘画指导：用一个大圆表示脑袋，用两条弯线表示眼睛；笔举起来左右手交换；再把笔放回原来的手里继续画，用三角表示鼻子，向上的曲线表示嘴。

4. 欣赏作品：大部分人的画都是错位的，因为“学生”们在画画时不仅闭上了眼睛，更闭上了嘴巴，没有一个人想着在画不准位置时去求助“班主任”。而所有的“班主任”无一例外地认为自己只管监督和控制，确保没违规睁眼就行了。

5. 分享感受：“班主任”在此过程中做了什么？而“学生”们在画画的时候遇到了困难又是怎样做的？为什么会这样？对你的工作生活有什么启发？

6. 增加难度，重新绘画，增加画耳朵。

7. 这次绘画出现了什么问题？怎么解决的？

9. 自由联想“班主任”。听到这个词，你想到了什么？

四、活动感受

1. 当我们在做一件自己不能完美完成的事时，周围有可帮助你的人，一定要寻求有主见、可行的帮助，而不是根据自己的感觉，为了面子勉强完成。我们有时候缺少指导、缺少支持，是因为我们自己没有有效利用资源，缺少主动性。

2. 成功不会向我们走来，我们必须走向胜利；智慧不会向我们走来，我们必须勤奋思索；快乐不会向我们走来，我们必须用心体验。

3. 有了困难能自助当然好，但也要学会向别人求助，互助也是情感沟通的一种方式。

4. 在日常的工作中，我们太注意培养“听话”的学生了，指令性的东西太多了，却很少关注他们的需求，他们的内心，因此也就不能在学生需要时及时地伸出手，给予恰当的帮助。

5. 在传统的“师道尊严”中，师生间和谐、平等的关系并未真正达到，学生们缺乏与人沟通、交流的方法，不知道求助的途径。学生们倾诉的对象更多的是朋友、同伴。

别怕阴影成为你的负担，
为人们遮荫挡阳也是一种幸福。

竞争与合作

一、活动目的

1. 增强团队意识，学习合作。

2. 引导积极的竞争、公平的竞争。

二、活动准备

1. 硬纸壳。

2. 调查问卷。

三、活动过程

（一）团队逃生

1. 设置情境：遇险逃生，但逃生板上有毒液，需要每两分钟翻一次面，否则中毒。中毒者由团队决定，分别是失明、聋哑、腿残。

2. 每张纸板上有 5 个人，通过石头、剪子、布定，哪组输了就撕掉纸的一半，但所有人的脚不能离开纸板着地，身体各部位均不能碰触到纸板以外的物品。

（二）分享

1. 任务完成的关键是什么？

2. 决策如何形成？

3. 关键人物是谁？扮演什么角色？

4. 平时生活工作中是否有这样的角色？有什么异同？

5. 当人与人之间失去了适当的距离时，对人际关系有帮助或影响吗？

6. 活动过程中你所处的位置与参与程度有什么关联性？

7. 团队如何决定中毒者？依据什么判断？

8. 被选中者心情如何？团队是如何对待中毒者的？

（三）问卷与反思

1. 我可以和谁合作完成什么事？你为什么选择他（她）？

2. 你们“家”里你愿意和谁合作完成什么事？为什么？

3. 同一学科内的老师你最愿意和谁合作完成什么事？为什么？

4. 你向同一学科的谁（80 后）学到了什么？或他最让你佩服的是什么？

5. 写下自己希望改变的三件事。

6. 新的一年准备如何做才会改变？

7. 你希望得到哪些方面的什么支持？

四、活动感受

（一）我可以和谁合作完成什么事？你为什么选择他（她）？

1. 我们同进学校，不久之后成为无话不谈的闺蜜，无论是生活、工作，总能默契配合，和她共同成长，彼此帮助。

2. 性格投缘，共同管理班级，配合默契。

3. 她很容易沟通，性格好，好说话。

（二）你们“家”里你愿意和谁合作完成什么事？为什么？

1. 阳光快乐，与人沟通能力强。

2. 做事情的态度和上进心保持一致。

3. 鬼怪精灵，点子多，动手能力强。

（三）同一学科内的老师你最愿意和谁合作完成什么事？为什么？

1. 独立、乐观。

2. 细心踏实，工作勤恳。

3. 思路新颖，做事不拖拉。

（四）你向同一学科的谁（80 后）学到了什么？或他最让你佩服的是什么？

1. 课堂教学语言干脆利落，有概括性。做事稳重，富有钻研精神，令人佩服。

2. 学习她持之以恒的做事态度。

3. 知识广博，经验丰富，对我专业的指导细心严谨。

4.“同甘”是一个共同分享的过程，很重要，但“共苦”更重要。

5. 管理班级的方法和教学思路。

（五）写下自己希望改变的三件事。

1. 工作顺心，身体健康，学习投入。

2. 少说话多做事，勤快不拖拉，提高自身修养。

3. 学会对可以不做或不想做的事和邀请说“不”。

4. 能够很好地表达自己的情感。

5. 学会一些人际交往的方法。

6. 改变自己花钱不经大脑，遇事会着急的缺点。

7. 做事不够积极，得过且过的情绪影响做事效率。

8. 人际交往能力差，待人接物放不开。

9. 有爱就要大声说出口。

10. 改变心态，积极乐观。

（六）新的一年准备如何做才会改变？

1. 学习能让我各方面更顺利。

2. 准备励志语录，时刻提醒自己。

3. 生活中多一些用心和宽容，工作上多一些钻研和刻苦的劲头，学习上多一些耐心、恒心。

4. 做事有计划。

5. 确定一个目标，幸福地坚持下去。

6. 认真思考自己在教学中的特色，争取脱颖而出。

7. 凡事先压一口气再说。

8. 世界只有想不到的事，没有做不到的事。即使做不到，但是我有努力“去做”的愿望和行动。做任何事情都要有自信心，所做的事情要对自己负责，更要对别人负责。

（七）你希望得到哪些方面的什么支持？

1. 信任和机会。

2. 精神和心理上的支持与安慰。

3. 多提供走出去学习和参赛的机会。

4. 领导和我们更多像成长林中这样地沟通和谈心。

5. 师傅多多指正，同事多多批评。

6. 偶尔的鼓励，增加信心；偶尔的批评，保持清醒。

7. 搭建更多的学习和交流平台。

8. “家”里人的支持，多交流，多活动。

我的改变

一、活动目的

1. 分享生活、工作中的经验、智慧。

2. 接受变化，适应变化，改变自己。

二、活动准备

纸张。

三、活动过程

1. 放松活动：前行四步，双脚跳四步，左脚点两下，右脚点两下，双脚跳四步；增大难度，右手绕左臂下，与后面人相抓，左臂与前面人相抓；手绕到胯下。

2. 交流：令我改变的故事、书、电影或一个人、一件事……

3. 给成长林中的某一个人写写心里话，提出改变的建议。可以不留名。

四、活动感受

1.《三傻大闹宝莱坞》 把激情转化为职业动力，选择我所爱的，爱我所选择的。

2.《热血教师》、《放牛娃的春天》 敢于面对困难，当幸福的教师。

3. 上大学学英语的经历：给学生以自信心，永远不放弃。

4. 致**，作为班级管理的一部分，可以更多地将“权力”下放，事必躬亲未必是对学生好，比如……

5. 致亲爱的自己和与我有同样心态的朋友：好好规划一下自己的生活、工作，让它们能有机地结合。疲惫、烦躁换来的是对自己的失望。好的计划、好的心态收获的是工作的顺心、生活的乐趣。

6. 每天给自己身边的人一个微笑，如果可以，也可以是一个小小的拥抱。这样，我们就会收获更多的微笑与快乐。

7. 致**：发现你最近会偶尔心烦，有时是工作上的繁杂，有时是工作外的不必要的困扰，请不要放在心上。能听到你开怀的大笑最好了。支持你！

8. 致**：我是一个极易受人影响的人，在我婚后的这段日子里，从你那里受到了很好的熏陶。尽管姐夫不常在家，但你仍然把自己的日子过得有滋有味，我很佩服你。你影响我去炒菜、去擦地，潜移默化地教会我如何做一个妻子。谢谢你。若姐姐再温柔可亲一点，想必是极好的，姐姐要尽显淑女风范。

9. 致**：我有时也认为，有自己的喜恶，又能无所顾忌地表达，是一种无比痛快的体验。但我也知道，“世故”是人成长必须学会的，不能对不喜欢的人表达得过于明显。一个单位，与人方便，就是与己方便。总是多个朋友多条路。

10. 致**：更好地爱自己，说话时可以再平易近人些，那样更能让人接受，更能让人感受到你对他人的关心。

如果在风雨中
我倒下了，
那是因为我还
不够强壮。

我和你

一、活动目的

1. 用别人的眼光了解自己的日常形象。

2. 用比喻的方式了解自己和别人的内心活动，多角度观察评价人。

二、活动准备

测试纸。

三、活动过程

（一）我眼中的你

1. 围坐。

2. 用一种动植物依次形容右手边的人给你的感受。

（二）我眼中的自己

1. 如果你是（动物，你愿意成为一个什么样的动物，为什么）汽车，歌曲，乐器，名人……

2. 句式：我愿意做……，因为……

（三）MBTI 性格测试

测试指导语：

1. 选项没有“对”与“错”之分。

2. 选择最接近你平时的感受或行为的那项。

3. 请选择你是怎么样做的，而不要选择你想要怎样、以为会怎样、或者认为哪样更好。

4. 性格无好坏，本量表检测你的性格倾向，而不是你的知识、技能、经验。

5. 从每一对词组中选择最能反应你实际情况的选项，四个选项分别表示：更偏向左侧，稍微偏向左侧，稍微偏向右侧，更偏向右侧。

四、活动感受

1. 小豆芽——瘦小但有活力，让人有保护欲。

2. 防护门——只有拿对钥匙的人才能打开我这扇门。

3. 小葱——干干净净，长得快，有干劲，辣中带甜，是男性刚和女性柔的完美结合体。

4. 百合——清纯，容易让人亲近。

5. 松树——严谨、阳刚。

五、MBTI 性格测试题

MBTI 人格共有四个维度，每个维度有两个方向，共计八个方面。分别是：

外向（E） 和 内向（I）

感觉（S） 和 直觉（N）

思考（T） 和 情感（F）

判断（J） 和 知觉（P）

（一）现在开始本测验的第一部分。本部分共 26 题。每题会给出两个陈述。要求从四个选项中选择最符合你自身情况的。

1. 当你要外出一整天，你会：

a. 计划你要做什么和在什么时候做；b. 说去就去

（1）倾向 a （2）较倾向 a （3）较倾向 b （4）倾向 b

2. 我觉得自己更倾向于是一个：

a. 随遇而安的人；b. 做事遵循计划的人

（1）倾向 a （2）较倾向 a （3）较倾向 b （4）倾向 b

3. 如果我是一位老师的话，我更喜欢教：

a. 偏重于事实的课程；b. 偏重于理论的课程

（1）倾向 a （2）较倾向 a （3）较倾向 b （4）倾向 b

4. 我通常是一个：

a. 容易和大家打成一片的人；b. 说话不是很多的人

（1）倾向 a （2）较倾向 a （3）较倾向 b （4）倾向 b

5. 我相处较好的通常是：

a. 爱想象的人；b. 现实的人

（1）倾向 a （2）较倾向 a （3）较倾向 b （4）倾向 b

6. 我觉得自己更是一个：

a. 重情感的人；b. 重理智的人

（1）倾向 a （2）较倾向 a （3）较倾向 b （4）倾向 b

7. 我更喜欢：
a. 按兴致做事情；b. 按计划做事情
（1）倾向 a （2）较倾向 a （3）较倾向 b （4）倾向 b
8. 我：
a. 很容易被别人理解；b. 很难被别人理解
（1）倾向 a （2）较倾向 a （3）较倾向 b （4）倾向 b
9. 按日程表做事：
a. 正合我意；b. 束缚了我
（1）倾向 a （2）较倾向 a （3）较倾向 b （4）倾向 b
10. 当有一件具体的工作要做时我喜欢：
a. 事先就规划好，写下时间表；b. 边做边调整
（1）倾向 a （2）较倾向 a （3）较倾向 b （4）倾向 b
11. 在多数情况下，我更喜欢：
a. 想到哪做到哪；b. 按日程表执行
（1）倾向 a （2）较倾向 a （3）较倾向 b （4）倾向 b
12. 大多数人说我是一个：
a. 不太把事情告诉别人的人；b. 畅所欲言的人
（1）倾向 a （2）较倾向 a （3）较倾向 b （4）倾向 b
13. 我更愿意被别人看成是：
a. 一个注重实际的人；b. 一个足智多谋的人
（1）倾向 a （2）较倾向 a （3）较倾向 b （4）倾向 b
14. 在一群人中，我通常：
a. 容易主动去结识新朋友；b. 更多时候等着别人来认识我
（1）倾向 a （2）较倾向 a （3）较倾向 b （4）倾向 b
15. 我更愿意交的朋友是：
a. 总能有创新想法的人；b. 脚踏实地的人
（1）倾向 a （2）较倾向 a （3）较倾向 b （4）倾向 b
16. 决策时，我更倾向于：
a. 考虑人的因素；b. 考虑事情本身
（1）倾向 a （2）较倾向 a （3）较倾向 b （4）倾向 b

17. 我做事情更喜欢：

a. 先看一看有什么新情况后再作打算；b. 尽早就把事情定下来

（1）倾向 a （2）较倾向 a （3）较倾向 b （4）倾向 b

18. 更多的时候，我喜欢：

a. 自己一个人呆着；b. 和他人在一起

（1）倾向 a （2）较倾向 a （3）较倾向 b （4）倾向 b

19. 身边有很多人：

a. 会令我变得更有精神；b. 会令我感到疲于应付

（1）倾向 a （2）较倾向 a （3）较倾向 b （4）倾向 b

20. 我更喜欢：

a. 早一点就把聚会或活动的时间定下来；b. 到时候再定

（1）倾向 a （2）较倾向 a （3）较倾向 b （4）倾向 b

21. 在旅行时，我更喜欢：

a. 根据情况安排活动；b. 事先就想清楚一整天的活动

（1）倾向 a （2）较倾向 a （3）较倾向 b （4）倾向 b

22. 在聚会活动中，我往往：

a. 会感到厌烦、疲倦；b. 能过得高兴、尽兴

（1）倾向 a （2）较倾向 a （3）较倾向 b （4）倾向 b

23. 我更喜欢：

a. 和他人交往；b. 和自己的内心交流

（1）倾向 a （2）较倾向 a （3）较倾向 b （4）倾向 b

24. 我更喜欢打交道的人是：

a. 想法新奇、思维敏捷的人；b. 讲话有根有据、遵循常理的人

（1）倾向 a （2）较倾向 a （3）较倾向 b （4）倾向 b

25. 在日常工作中，我更喜欢：

a. 在时间紧迫的情况下，争分夺秒地工作；b. 早作计划并尽早完成，以免在压力下工作

（1）倾向 a （2）较倾向 a （3）较倾向 b （4）倾向 b

26. 我觉得别人通常：

a. 要花较长的时间才能和我熟悉起来；b.很快就能和我熟悉起来

（1）倾向 a　（2）较倾向 a　（3）较倾向 b　（4）倾向 b

（二）现在开始本测验的第二部分。本部分共 27 题，每题会给出一组词语或短语。要求从四个选项中选择您更愿意接受或喜欢的一个。请考虑这些词的含义，而不是好听与否。

27. a. 实际的；b. 理论的

（1）倾向 a　（2）较倾向 a　（3）较倾向 b　（4）倾向 b

28. a. 少许朋友；b. 许多朋友

（1）倾向 a　（2）较倾向 a　（3）较倾向 b　（4）倾向 b

29. a. 井井有条；b. 即兴随意

（1）倾向 a　（2）较倾向 a　（3）较倾向 b　（4）倾向 b

30. a. 想象出来的；b. 现实存在的

（1）倾向 a　（2）较倾向 a　（3）较倾向 b　（4）倾向 b

31. a. 温暖的；b. 客观的

（1）倾向 a　（2）较倾向 a　（3）较倾向 b　（4）倾向 b

32. a. 公正的；b. 热情的

（1）倾向 a　（2）较倾向 a　（3）较倾向 b　（4）倾向 b

33. a. 建造；b. 发明

（1）倾向 a　（2）较倾向 a　（3）较倾向 b　（4）倾向 b

34. a. 安静的；b. 好交际的

（1）倾向 a　（2）较倾向 a　（3）较倾向 b　（4）倾向 b

35. a. 理论；b. 事实

（1）倾向 a　（2）较倾向 a　（3）较倾向 b　（4）倾向 b

36. a. 同情怜悯；b. 逻辑法则

（1）倾向 a　（2）较倾向 a　（3）较倾向 b　（4）倾向 b

37. a. 分析；b. 感受

（1）倾向 a　（2）较倾向 a　（3）较倾向 b　（4）倾向 b

38. a. 理智多思；b. 细腻善感

（1）倾向 a　（2）较倾向 a　（3）较倾向 b　（4）倾向 b

39. a. 想象；b. 实际

（1）倾向 a　（2）较倾向 a　（3）较倾向 b　（4）倾向 b

40. a. 慷慨的；b. 坚定的

（1）倾向 a （2）较倾向 a （3）较倾向 b （4）倾向 b

41. a. 一视同仁；b. 体恤照顾

（1）倾向 a （2）较倾向 a （3）较倾向 b （4）倾向 b

42. a. 生产；b. 创作

（1）倾向 a （2）较倾向 a （3）较倾向 b （4）倾向 b

43. a. 可能的；b. 必然的

（1）倾向 a （2）较倾向 a （3）较倾向 b （4）倾向 b

44. a. 关心温暖；b. 坚强有力

（1）倾向 a （2）较倾向 a （3）较倾向 b （4）倾向 b

45. a. 实用价值；b. 情感需要

（1）倾向 a （2）较倾向 a （3）较倾向 b （4）倾向 b

46. a. 制作；b. 设计

（1）倾向 a （2）较倾向 a （3）较倾向 b （4）倾向 b

47. a. 新奇的；b. 已知的

（1）倾向 a （2）较倾向 a （3）较倾向 b （4）倾向 b

48. a. 同情；b. 分析

（1）倾向 a （2）较倾向 a （3）较倾向 b （4）倾向 b

49. a. 坚定的；b. 心肠软的

（1）倾向 a （2）较倾向 a （3）较倾向 b （4）倾向 b

50. a. 直观；b. 抽象

（1）倾向 a （2）较倾向 a （3）较倾向 b （4）倾向 b

51. a. 忠诚；b. 坚定

（1）倾向 a （2）较倾向 a （3）较倾向 b （4）倾向 b

52. a. 竞争性；b. 好心肠

（1）倾向 a （2）较倾向 a （3）较倾向 b （4）倾向 b

53. a. 实用性；b. 创新性

（1）倾向 a （2）较倾向 a （3）较倾向 b （4）倾向 b

（三）现在开始本测验的第三部分。本部分共 20 题，每题会给出两个陈述。要求从四个选项中选择最符合你自身情况的。

54. 当我有一项重要工作需要在一个星期内完成时，我会：
a. 事先写下具体的步骤和时间；b. 直接开始做
（1）倾向 a （2）较倾向 a （3）较倾向 b （4）倾向 b
55. 对我来说，在社交场合主动和别人说话或总能有话说：
a. 是件蛮难的事；b. 是一件很轻松的事
（1）倾向 a （2）较倾向 a （3）较倾向 b （4）倾向 b
56. 做一件很多人都做的事情时，我喜欢：
a. 按常规方法去做；b. 自己想出一种新方法
（1）倾向 a （2）较倾向 a （3）较倾向 b （4）倾向 b
57. 新认识我的人一般：
a. 较快就能知道我的兴趣所在；b. 只有在真正和我熟悉之后才会知道我的兴趣
（1）倾向 a （2）较倾向 a （3）较倾向 b （4）倾向 b
58. 我通常更喜欢上那些：
a. 教原理和理论的课；b. 有具体应用性的课
（1）倾向 a （2）较倾向 a （3）较倾向 b （4）倾向 b
59. 我更欣赏：
a. 一个真情流露的人；b. 一个始终有着理性的人
（1）倾向 a （2）较倾向 a （3）较倾向 b （4）倾向 b
60. 我觉得按日程表做事：
a. 会有好处，但不喜欢；b. 很适合自己
（1）倾向 a （2）较倾向 a （3）较倾向 b （4）倾向 b
61. 当我和一群人在一起时，我更多的时候是：
a. 和认识的人一对一地说话；b. 参加大家的谈话
（1）倾向 a （2）较倾向 a （3）较倾向 b （4）倾向 b
62. 参加聚会时，我：
a. 说的时候多；b. 听别人说的时候多
（1）倾向 a （2）较倾向 a （3）较倾向 b （4）倾向 b
63. 为周末要做的事情定一个日程表：
a. 很合我意；b. 让我感觉很没意思

（1）倾向 a　（2）较倾向 a　（3）较倾向 b　（4）倾向 b

64. 对我来说更高的评价是：

a. 有竞争心；b. 有同情心

（1）倾向 a　（2）较倾向 a　（3）较倾向 b　（4）倾向 b

65. 我通常更喜欢：

a. 提前安排好社交活动；b. 到时候再说

（1）倾向 a　（2）较倾向 a　（3）较倾向 b　（4）倾向 b

66. 当我有一个工作量较大的任务时，我往往是：

a. 先开始做,然后再考虑下一步的任务；b. 事先把它拆成一个个小的任务

（1）倾向 a　（2）较倾向 a　（3）较倾向 b　（4）倾向 b

67. 我觉得自己：

a. 只有和那些志趣相投的人才可以保持长时间交谈；b. 只要愿意，和几乎任何一个人都可以长时间交谈

（1）倾向 a　（2）较倾向 a　（3）较倾向 b　（4）倾向 b

68. 我更喜欢：

a. 按大家常用的、已经行之有效的方法做事；b.分析尚有错误的地方，并攻克尚未解决的问题

（1）倾向 a　（2）较倾向 a　（3）较倾向 b　（4）倾向 b

69. 闲暇读书时，我：

a. 更欣赏作者怪异、独特的表达方式；b. 更愿意接受作者具体明了的表达方式

（1）倾向 a　（2）较倾向 a　（3）较倾向 b　（4）倾向 b

70. 我更愿意有这样的老板：

a. 宽容仁慈但经常多变的；b. 态度严厉但总是讲理的

（1）倾向 a　（2）较倾向 a　（3）较倾向 b　（4）倾向 b

71. 我喜欢工作按：

a. 当天的具体情况来安排；b. 已定好的时间表

（1）倾向 a　（2）较倾向 a　（3）较倾向 b　（4）倾向 b

72. 我通常：

a. 可以轻松地和任何人谈很长时间；b. 只对某些人或在某些情况下，才会畅所欲言

（1）倾向 a　（2）较倾向 a　（3）较倾向 b　（4）倾向 b

73. 在做一个决定时，我会更多的考虑：

a. 客观的因素；b. 他人的感受和建议

（1）倾向 a　（2）较倾向 a　（3）较倾向 b　（4）倾向 b

（四）现在开始本测验的第四部分。本部分共 20 题，每题会给出一组词语或短语。要求从四个选项中选择您更愿意接受或喜欢的一个。请考虑这些词的含义，而不是好听与否。

74. a. 宁静的；b. 活跃的

（1）倾向 a　（2）较倾向 a　（3）较倾向 b　（4）倾向 b

75. a. 有计划的；b. 无计划的

（1）倾向 a　（2）较倾向 a　（3）较倾向 b　（4）倾向 b

76. a. 抽象的；b. 具体的

（1）倾向 a　（2）较倾向 a　（3）较倾向 b　（4）倾向 b

77. a. 温和的；b. 坚定的

（1）倾向 a　（2）较倾向 a　（3）较倾向 b　（4）倾向 b

78. a. 思想；b. 感受

（1）倾向 a　（2）较倾向 a　（3）较倾向 b　（4）倾向 b

79. a. 事实；b. 猜想

（1）倾向 a　（2）较倾向 a　（3）较倾向 b　（4）倾向 b

80. a. 冲动；b. 果断

（1）倾向 a　（2）较倾向 a　（3）较倾向 b　（4）倾向 b

81. a. 热闹；b. 安静

（1）倾向 a　（2）较倾向 a　（3）较倾向 b　（4）倾向 b

82. a. 恬静的；b. 外向的

（1）倾向 a　（2）较倾向 a　（3）较倾向 b　（4）倾向 b

83. a. 系统的；b. 随意的

（1）倾向 a　（2）较倾向 a　（3）较倾向 b　（4）倾向 b

84. a. 理论推测；b. 真凭实据

（1）倾向 a （2）较倾向 a （3）较倾向 b （4）倾向 b

85. a. 敏感细腻；b. 公正合理

（1）倾向 a （2）较倾向 a （3）较倾向 b （4）倾向 b

86. a. 以理服人；b. 以情动人

（1）倾向 a （2）较倾向 a （3）较倾向 b （4）倾向 b

87. a. 阐述事实；b. 表达思想

（1）倾向 a （2）较倾向 a （3）较倾向 b （4）倾向 b

88. a. 不受拘束的；b. 有计划的

（1）倾向 a （2）较倾向 a （3）较倾向 b （4）倾向 b

89. a. 沉默的；b. 健谈的

（1）倾向 a （2）较倾向 a （3）较倾向 b （4）倾向 b

90. a. 井井有条；b. 随意安排

（1）倾向 a （2）较倾向 a （3）较倾向 b （4）倾向 b

91. a. 理想；b. 现状

（1）倾向 a （2）较倾向 a （3）较倾向 b （4）倾向 b

92. a. 善解人意；b. 深谋远虑

（1）倾向 a （2）较倾向 a （3）较倾向 b （4）倾向 b

93. a. 注重利益；b. 注重情感

（1）倾向 a （2）较倾向 a （3）较倾向 b （4）倾向 b

信任椅

一、活动目的

1. 从感性角度理解合作的必要性和价值。

2. 引导体验信任与被信任的情绪，增进彼此的信任。

二、活动准备

四把靠背椅。

三、活动过程

1. 四人分坐在四把摆成正方形的椅子上，躺到后一人的膝盖上，然后撤掉椅子，四人相躺，举手鼓掌示意。

2. 谈一谈活动感受。

四、活动反馈

1. 第一次两组实验均告失败。一次是因为准备不足，笑场，其实也是一种胆怯，因为她们的游戏化使我不敢让他们进行；一次是因为有一人觉得自己胖，压力重，怕连累别人；一人觉得自己太瘦，怕别人摔着。我同意换人。

2. 后来的成功感受分享，一位青年教师说 “实践过了才知道没有想象中那么难”，事实确实如此，借语“见证奇迹的时刻到了”。提醒那个不自信的老师，“重量只是一种借口，只要愿意，没有什么可以阻止你，生活中亦如此”。后来的小组分别活动证明坚持就是胜利。有老师们说：“当我被其他人信任时心里真的很美”，“责任让我选择了坚持”。

解开心结

一、活动目的

1. 改进自己，完善自己。

2. 学习倾听别人的建议、意见。

3. 正确对待工作生活中的冲突、矛盾。

二、活动准备

调查表。

三、活动过程

（一）游戏：解开千千结

1. 分成两组，各自手拉手围成圈。

2. 看清你自己左右是谁。

3. 各组随音乐自由走动。

4. 音乐停，静立。各自左手握住刚才自己左边的人，右手握住右手边的人。

5. 解开环绕的结，手一直不能松开。直到站回原来的圈。

6. 分享解结的过程：谁最先行动的？谁出的主意最好？谁配合得最佳？你还发现了什么？结未解开，问题可能出在哪儿？

7. 所有人合为一组，重复活动。

8. 两次活动哪一次更有趣？为什么？

9. 说说该活动对你工作、生活有什么启发？怎样对待、处理工作生活中出现的问题？

（二）同事的建议

世界上没有完美的人，也没有人有资格这样要求我们，但在小节上不改进，却真的会使我们的魅力大打折扣。因为这一点，可能让同事的心远离你。看一看，在哪一方面应该反思改进。

1. 劳动能力差。

2. 说话不坦诚，言不及心。

3. 有时对人无礼貌，见面不主动打招呼。

4. 把倒课当作“应该的”，不存感恩之心。

5. 对同事与领导的态度不一。

6. 遇事爱找借口。

7. 总认为自己是“对”的，自我评价过高。

8. 不能控制自己的情绪，影响工作。

9. 做事说话太自我，不顾及他人感受。

10. 责任心不够，做事欠考虑。

11. 对别人的劝告不以为然。

12. 做事无计划性。

13. 做事有头无尾。

14. 不注重沟通协作。

15. 业务上的钻研精神不够。

16. 办公环境不够整洁。

17. 光说不做，为人处世不实在。

18. 易受消极心态影响，辨别是非的能力需加强。

（三）心理建设

1. 把看不顺的人看顺；把看不起的人看起；把不想做的事做好；把想不通的事想通；把快骂出的话收回；把咽不下气的咽下；把想放纵的心收住；——你不需每时每刻这样做，但这样多做几回，你就会：情商高了，职位升了，朋友多了，心境宽了，人爽了。加油！

2. 世上没有不平的事，只有不平的心。

3. 看不见自己的缺点和问题，却总看见别人的缺点和问题，这是傲慢之心，是一切痛苦的根源。有时候，闭上嘴，承认自己错了，不是世故，是成长。

4. 我年轻时注意到，我每做十件事就有九件不成功，于是我就十倍努力地干下去。——萧伯纳

我的问题我能解

一、活动目的

1. 学习如何走出困境。

2. 传递生活正能量，树立方法总比困难多的信心。

二、活动准备

调查表。

三、活动过程

（一）学习如何脱困

1. 五步脱困法（根据上次写的缺点说）或目前面临的问题

（1）困境：我做不到××。

（2）改写：到现在为止，我尚未能做到××。

（3）因果：因为过去我不懂得____，所以到现在为止，尚未能做到××。

（4）假设：当我学懂____，我便能做到××。

（5）未来：我要去学____，我将会做到××。

注：第三步因果句式“必须是某些本人能控制或有所行动的事。”

2. 自己尝试用五步脱困法来解决目前一个问题的心理状态。

（二）分享

生命调查表		
性别	年龄	教龄
1. 近一段时间让你最快乐的事是：		
2. 从小学到现在你生命中的转折点是：		
3. 从小学到现在最不顺利的事发生在：		
5. 你记得生命中最开心的一个经验是：		
6. 在你学习或工作中最有满足感的一个经验是：		
7. 生命中你做过的最勇敢的事是：		

续表

生命调查表		
性别	年龄	教龄
8. 你一生中最低潮的时候是：		
9. 说出你做得不好但仍然必须做下去的事：		
10. 你很想停止不做的事：		
11. 你很想好好再做下去的事：		
12. 你极力建立起来的价值体系：		
13. 说出一个你失去的很重要的机会：		
14. 如果危机降临你身上，你的生命只有 10 个小时，你最想做：		
15. 现在是 50 年后，你从空中眺望此处，你的感受是：		
16. 200 年后，你希望别人怎样评价你，记得你？		
17. 如果现在是一个礼物（活在当下），你最想送给自己的一句话是什么？		

四、活动感受（略）

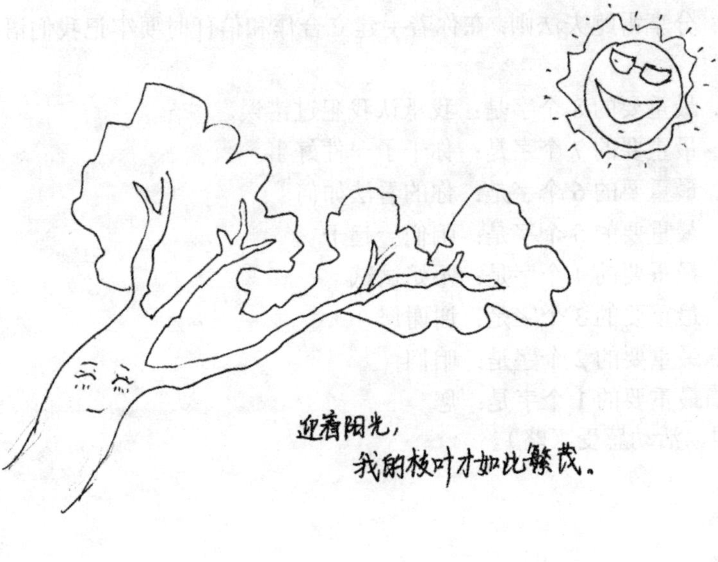

同心杆

一、活动目的

1. 学习沟通讨论，制定方案。

2. 提升团队协调力。

二、活动准备

笔直的竹竿一根。

三、活动过程

1. 伸出食指，拇指竖起，支起竹竿，以最矮人的眉毛为起始高度，一队人一起将其放地下，拇指不许托竿。要求：胳膊不能弯曲；人不能往下蹲；食指必须靠在竹竿上，不能离开。

2. 交流活动过程中的感受：

你们看到了什么？

你们发现了什么？

你们学到了什么？

3. 分享雷鲍夫法则：在你着手建立合作和信任时要牢记我们语言中：

1. 最重要的 8 个字是：我承认我犯过错误

2. 最重要的 7 个字是：你干了一件好事

3. 最重要的 6 个字是：你的看法如何

4. 最重要的 5 个字是：咱们一起干

5. 最重要的 4 个字是：不妨试试

6. 最重要的 3 个字是：谢谢您

7. 最重要的 2 个字是：咱们

8. 最重要的 1 个字是：您

四、活动感受（略）

我在团队很重要

一、活动目的

了解自己的不足，挖掘自己的长处，做团队中重要的人。

二、活动准备

每人一把椅子，半圆围坐。

三、活动过程

（一）点兵将：谁和我一起去战斗

1. 创设情境，组成战斗队，带领队员突围。

2. 组成两个战斗团队；你会选谁做队长，为什么？

3. 被选出来的队长什么感受？

4. 队长挑选突击队员，你为什么选他？

5. 剩下没有被选中的人什么感受？

6. 战斗队员对没被选中的队员说："你对我们很重要，快来吧"。

7. 剩下的队员自由选择战斗团队，为什么选他们？

8. 启迪：生活工作中遇到这样尴尬的事怎么处理？给你什么启发？

9. 小结：每个人的特点不同，天生我才必有用，团队里没有无用的人，只有放错位置的人。也许这次不需要，这件事不需要，但还有其他发挥长处的地方。

（二）你在团队很重要

1. 每人轮流坐在位置上接受别人的优点轰炸，一个都不能少；

2. 全体给坐在位置上的人提优点，要求：①必须要具体的事例；②注视对方的眼睛；③必须以"你"称呼对方，不能用第三人称；④不能重复别人说过的，但可补充；

3. 听完大家的表扬后，坐在位置上的人说自己的三个优点，不能用"假如"、"但是"的字眼，不用推辞、谦逊，全然接受。

四、活动感受

1. 没人选特别担心；听到大家夸自己，从来没有这么开心过，没发现自己原来这么好。

2. 平时要多关注、多鼓励每个学生。平均分配机会，让每个同学都有自己的责任。

3. 赞美让人增强信心。

4. 开始不敢看对方的眼睛，在辅导老师的要求下试着去对视，感觉很舒服，心里暖暖的、甜甜的。

5. 表扬的内容越来具体、越明确，越有激励作用。

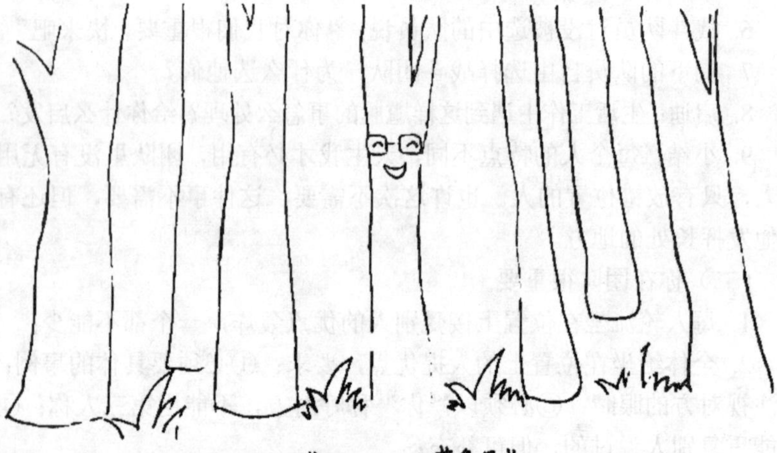

我的胸怀在蓝天，不与小草争尺长。

为梦想努力

一、活动目的

1. 学习沟通的多种方式。

2. 学习制定目标。

二、活动准备

信息条：数字，成语都可以

三、活动过程

1. 按家庭分组，竖排坐。

2. 由最后一名队员开始传递信息至第一名队友，中途不许有任何人说话，或发出任何声音，做手势不许超过前一人肩头。小组比赛谁传递最快。

3. 分享小故事

法国生物学家法布尔曾做过一项有趣的研究。他研究的是巡游毛虫。

这些毛虫在树上排成长长的队伍前进，有一条带头，其余跟着，法布尔把一组毛虫放在一个大花盆的边上，使它们首尾相接，排成一个圆形。这些毛虫开始动了，像一个长长的游行队伍，没有头，也没有尾。法布尔在毛虫队伍旁边摆了一些食物，但这些毛虫要想得到食物就要解散队伍，不再一条接一条前进。

法布尔预料，毛虫很快会厌倦这种毫无用处的爬行，而转向食物，可是毛虫没有这样做。出于纯粹的本能，毛虫沿着花盆边一直以同样的速度走了7天7夜。它们一直会走到饿死为止。

4. 交流：请分析一下毛虫的本能中的缺陷是什么？要改变它们的命运，应该怎样？给你什么启发？

5. 说一说生命中的五个愿望。

四、活动感受（略）

将心比心

一、活动目的

1. 学习换位思考，将心比心。

2. 向优秀教师学习，改变教育教学行为。

二、活动准备

调查表。

三、活动过程

（一）破冰活动

1. 病毒感染：主持人引导打哈欠，你哭我也哭，你愁我也愁，你皱眉我也皱眉……

（二）调查问卷

1. 在你的周围是否具有负能量的人？他们的表现有哪些？

2. 你是如何尽量避免她（他）的负面影响的？

3. 如果你的孩子调皮捣蛋、作业经常不完成，你希望老师怎样对待他？

4. 如果你的孩子、第三代即将入学，你会选择学校的哪些教师任教，为什么？

（三）交流分享

这些回答带给你工作、生活哪些启发？

四、活动感受

1. 负能量人的表现

（1）不停地抱怨。

（2）工作态度不认真，课质量不高。

（3）自己分内的事不好好完成。

（4）晚来早走不遵守劳动纪律。

（5）事不关己高高挂起。

（6）缺少生活的乐趣。

（7）对事消极的态度。

（8）说话阴阳怪气。

（9）经常串岗，该做的不做。

（10）不易满足。

2. 您是如何尽量避免她（他）的负面影响的？

（1）不回应、不参与、少接触。

（2）多读书，汲取正能量。

（3）尽量不激化矛盾。

（4）坚守本心，帮助开解。

（5）不传话、不接话。

3. 如果你的孩子调皮捣蛋、作业经常不完成，你希望孩子的老师怎样对待他？

（1）希望老师及时和家长沟通，做到既严厉又有策略；

（2）希望老师和我一起面对问题，以正确的方式解决问题；

（3）希望有一位有爱心、有耐心的老师来帮助孩子。

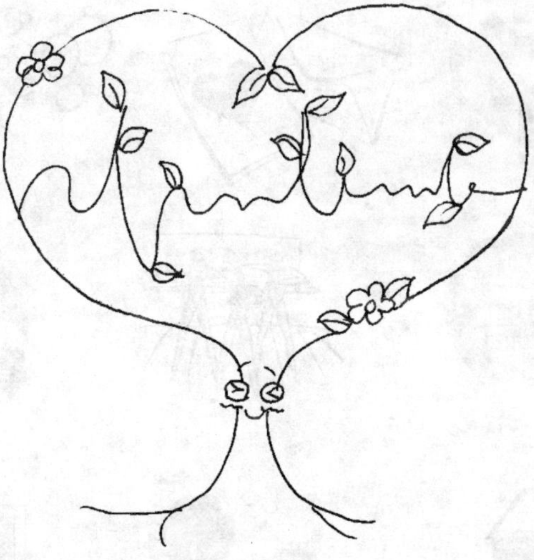

不管别人喜不喜欢，我就是我，顶天立地，独一无二的一棵树。

心灵加油站

一、活动目的

1. 展望生活，规划生活。

2. 年终为心灵加油。

二、活动准备

图片。

三、活动过程

（一）游戏放松：使身体、心灵、头脑都得到休息

1. 听音乐，闭上眼睛，身体随意舞动。

2. 睁开眼睛舞动身体。

（二）联想配图

1. 将以下 9 幅图中的两三幅组合成最佳配图，说一说为什么这样组图？

2. 分享

（1）我选择信件、运动、问号。在以后的日子里，我要经常和旧友联系，对未知的事保持好奇，对自己要爱护，锻炼身体。

（2）健身、阅读和美景。这是我向往的生活。工作之余保持健康、年轻的身体。多读书、养心志，多出去走走，视角有多大，世界就有多大，读万卷书，行万里路。

（3）房子、公园和吹泡泡的小孩。这是我期望的场景，自己的宝宝能健康快乐地成长，我的学生们也都能健康地成长。

（4）房子、公园和电脑。在下班之后，有一个温暖的家可以栖息，夕阳西下，坐在长椅上可以放松，闲暇之时，上上网，看看新闻。

（三）年终总结

年终心灵成长加油站
这一年我要感谢的人：
这一年我要感谢的事：
这一年对我最重要的人、最重要的事是：
这一年我从工作中发现的快乐是：
这一年促我成长的事是：
这一年我最大的变化是：
这一年我坚持最好的事是：
明年我最想达成的事是：

四、活动感受

（一）这一年我要感谢的人

1. 同事们。她们给予我家的温暖，给我正能量，传递爱与快乐。

2. 自己。自己的选择与坚持，因为它成就了快乐的我更加成熟与稳重。

3. 爱人的父母。他们培养了一位优秀的儿子，陪伴我今后的人生。

4. ××。因为你的高傲与不屑，让我深深地认识了自己，激发了我无限的潜能。

（二）这一年我要感谢的事

1. 感谢青研班培训展示的美好经历，因为它让我明白了付出的必要性，也让我体会到了身边人带来的温暖。

2. 我身边的每一个人，都在帮助我去做一些事，尽量让我有更多的时间去照顾孩子。

（三）这一年对我最重要的人、最重要的事

1. 对我最重要的人是我的妈妈。最要的事是提高自己的业务能力，改正自己的小缺点。

2. 不同阶段由不同的最重要的事，不管什么阶段，健康快乐最重要，目前最重要的事是把工作做好。

（四）这一年我从工作中发现的快乐

1. 学生能写出真情实感的作文，作前少指导，作后多夸奖，学生不再讨厌上作文课，自由状态下的创作是充满灵性的。

2. 当自己的理念、想法和教学策略在教学实践中得到实施、验证、成功的时候，那种快乐是无与伦比的。

3. 与同事们一起探讨教育教学，尤其每个班里的学生案例，感觉时间过得快，很多问题迎刃而解，不仅积累了经验，而且收获了快乐。

（五）这一年促我成长的事

1. 准备自己的小家、准备比赛，让我有所进步。

2. 解决学生之间的纷争，学习与家长沟通的技巧 。

3. 孩子的降生、母亲的重病，一年中经历了人生的大喜大悲，生活的态度变得淡然。

（六）这一年我最大的变化

1. 我由一个文艺小愤青逐渐进入语文教师这个角色，会站在学生的角度思考问题，并明白为什么这样做。

2. 是否婚配一栏由“否”改为了“是”，在生活中有了新的牵挂，状态更好，更积极了。

3. 经历的多，没有以前那么敏感了，对于他人的包容心越来越大。

（七）这一年我坚持最好的事

1. 坚持练琴、坚持舞蹈、坚持写读书笔记。

2. 每天抽出一小时陪儿子玩。

（八）明年我最想达成的事

1. 给心找个归宿。

2. 工作得到学生、家长、同事的更多认可。

第三章 树的故事

人是会走的树，树是站立的人，在这个世界上，树与人一起经历风雨，一起感悟炎凉，一起体验生命。生于春、长于夏、落于秋、葬于冬。真可谓：一叶知秋意，一树识菩提。

——摘自网络

- 一棵受伤的树
- 我的成长树

世界上没有两棵完全相同的树，
正因为差异的存在，这个世界才如此美丽。

一棵受伤的树

——摘自《三联阅读》

有一个农场主为了方便拴牛，在庄园的一棵榆树上箍了一个铁圈。

随着榆树的长大，铁圈慢慢嵌进了树身，榆树的表皮留下一道深深的伤痕。

有一年，当地发生了一种奇怪的植物真菌疫病，方圆几十公里的榆树全部死亡，唯独那颗箍了铁圈的榆树却存活下来。

为什么这棵榆树能幸存呢？植物学家对此产生了兴趣，于是组织人员进行研究。结果发现，正是那个给榆树带来伤痕的铁圈拯救了它。因为从锈蚀的铁圈里吸收了大量铁分，所以榆树才对真菌产生了特殊的免疫力。

这是一个真实的故事，发生在上世纪50年代美国的一个农场里。这棵树至今仍生长在美国密歇根州比犹拉县附近的那个农场里，充满生机和活力。

不仅是树，人也是如此。我们也许在生命中受过各种各样的伤害，但这些伤害又成为生命的一道养料，让生命变得更刚毅，更坚强，更充满生机、活力和希望。同时也让伤害成为一个警醒，让我们及时从迷惑中解脱。

没有人会无缘无故在你生命中出现。

每一个在你生命里出现的人，都有甚深的因缘。

爱你的人给了你感动，你爱的人让你学会奉献，你不喜欢的人教会你宽容与接纳，不喜欢你的人，促使你自省与成长。

所以，如果你曾受过伤害，请感谢那些你认为伤害了你的人，因为他们是帮助你成长的菩萨化身。

在人生的修行中，让我们接纳一切因缘，无论是顺缘，还是逆缘，都是我们必修的功课。让我们随缘、惜缘、了缘，历境炼心，自在而行。

树是地球上的一种古老的植物，它生生不息，无所不在，它就是生命的化身，它就是成长的象征。

树傲然挺立在大地上，如同人直立在地球上。树的根从大地汲取生成的营养，人类也从大地母亲那里得到生存物质。

树的枝叶象征着保护、庇护、供养、更新。树木给人荫凉，又自我滋养，从树叶的光合作用，到树根的吸收养分，整个是一座精密运转的工厂，就如同人也是一个精密宇宙一样。

树木从幼苗成长为参天大树的过程．与一个人成长的过程非常相近。树干的疤、节孔是生命生长中的创伤，这也同样适用于人类。

树的根是在地上，树的枝叶伸往天际，这也是生长在地上的人们想与天上世界对话的象征。当人们画树时，从树中可以看出灵性和自我揭示。

正因为人与树之间有这些可比性，所以当人们画出一棵树时，我们从中可以看出人格的某些特性。

不管多贫瘠的土地，多干燥的气候，
无条件地接受、适应、改变，
我才获得生命的能量。

我的成长树

指导语：请你画一棵树。画完后写上一些基本信息：姓名，树名、果实名（如果有果实）、季节、作画时的心情。

1

图 1-1

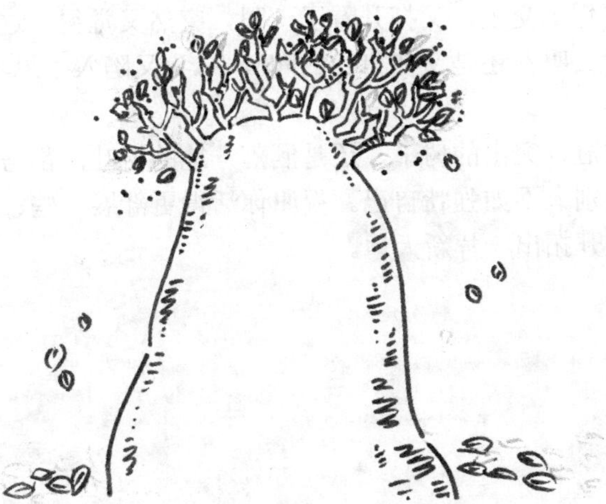

树名：猴面包树；心情词语：成长、回忆；感受：不知不觉一年过去了。

图 1-2

（1）自我回顾：成长树的小感想

翻看成长手册，已有小树两棵，看着自己画的一枝一叶，记忆也像风起叶摇一般涌动了起来，想着画它们时的种种情形，禁不住笑了。

第一棵树（图 1-1），画的时候有些迷糊，也不知道画些什么？但也可能正是因为这样，现在看来，那棵树很好地反映了那时真实的我自己。细细的树干、宽大的树冠，闭着眼睛微微笑着的表情，这些好像在表现着刚刚毕业的自己不够成熟的想法，没有打开的事业局面，有些自以为是的心态，还有沉浸在其中莫名其妙的自大。

看得我的额头有些冒汗。

又看到了一棵树（图 1-2），是在去年的成长活动上画的，我记得画它的时候在家里看过一档自然节目，认识了很美很迷人的“猴面包树”我不加思索地把它画了出来：粗的夸张的树干，为在干旱的土地上更好地保持水分，细细的枝丫、稀疏的树叶能进行必要的光合作用，也能避免过量的水分蒸发，这些不正是现在的我吗？开始有了积淀，有了反思，有了更宽的视野和更明确的目标。也有了成长、有了进步。想到这里，释放了刚才看第一棵树的不安。

能看到自己的进步是一件有成就感的事。

今天要把这份感想上交了，又打开看了一眼，突然又觉得，这些是这两棵树表达的含义吗？还是又在自我的陶醉中，我又陷入了思考。

（2）心灵小语

无论是回旋的树冠，突出的树干，还是洒落一地的树叶，都与情绪、情感有关，依赖别人不如强壮自己。祝愿你活得更舒展一些、自在一些，相信自己能开拓出一片新天地。

图 1-3

2

（1）自我回顾：成长在路上

我喜欢把人生形容成on my way——在路上。成长就是一路的追寻，一路的逡巡和展望，一路的前进、坚持或转身。来到三小半年了，我已经充分感受到来自校领导的关怀及同事们的友爱，同时也为自己能够成为这个大家庭的一员而感到荣幸。在这里的半年，我迅速地蜕变，连自己都惊讶自己的变化。最初的选择变成了最重要的决定。

翻箱倒柜地找出了刚刚工作时在成长林活动中画的大树。粗壮的枝干，繁茂的树冠，还点缀着果实（图 2-1）。可窥见，当初的自己还是充满着自信和期待。画的反面自己写着：第一棵树，望它茁壮，加油！这半年来，业务上我充满着激情与斗志，但缺少有效的教学手段和技巧。但我一直不断地努力着，我告诉自己，我是一直 on my way，没有一时输赢，有的只是人生经验的积累。我要自己不断进步，不断成长。

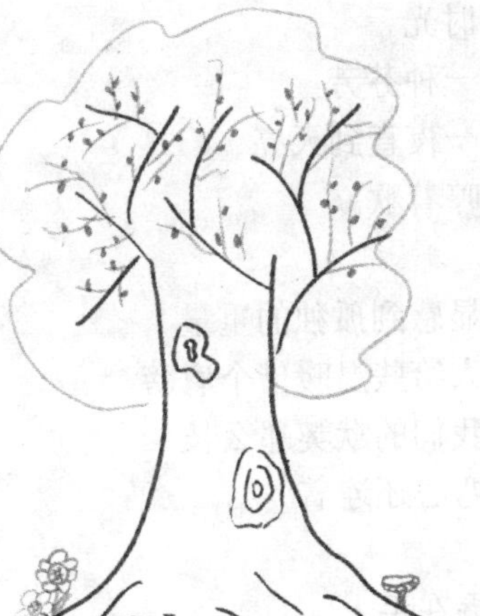

图 2-1

在生活上，我因为来到三小，结识了一群终身受益的朋友。刚刚搬到宿舍时，没有做饭的家伙，也没有工资，我和同事这吃一口，那吃一口，过着很不规律的生活。当时我们还自嘲说，我们每天和民工一起吃炒饼，吃到要吐。后来就被邀请到同样住在宿舍的同事家，每天和她们一起研究菜式，一起吃。半年后的今天，我回到家里也能独自张罗一桌饭菜，并且得到父母的认可。

以非常喜欢的一首范玮琪的歌《最初的梦想》收尾：

如果骄傲没被现实大海冷冷拍下
又怎会懂得要多努力
才走得到远方
如果梦想不曾坠落悬崖
千钧一发
又怎会晓得执着的人
有隐形翅膀
把眼泪装在心上
会开出勇敢的花
可以在疲惫的时光
闭上眼睛闻到一种芬芳
就像好好睡了一夜直到天亮
又能边走着边哼着歌
用轻快的步伐
沮丧时总会明显感到孤独的重量
多渴望懂得的人给些温暖借个肩膀
很高兴一路上我们的默契那么长
穿过风又绕个弯心还连着
像往常一样
最初的梦想紧握在手上
最想要去的地方
怎么能在半路就返航
最初的梦想绝对会到达

实现了真的渴望

才能够算到过了天堂

成长就是长了身体，沉了重量，熟了内心。我继续在路上，勇敢的追逐梦想。

（2）心灵小语

渴求繁花似锦，渴求浪漫满屋，渴求赞美鼓励，青春的主题里除了洋溢快乐，展现活力，还需要不断积淀、丰盈自己，稳扎根基，强壮枝干。

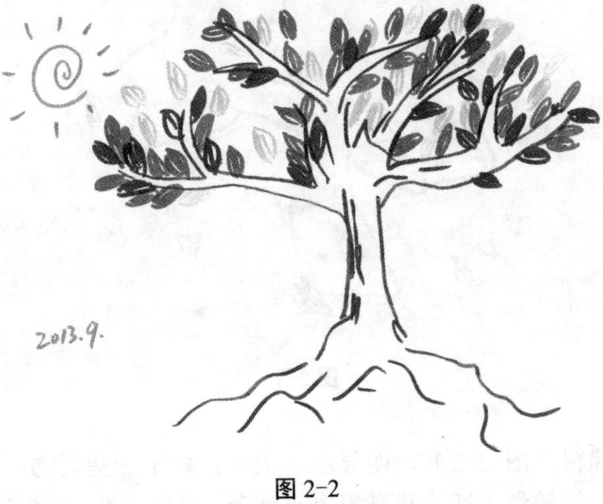

图 2–2

3

（1）自我回顾：三棵树的感受

第一棵树（图 3-1），枝繁叶茂，茁壮粗狂。这是我刚刚来到三小，准备踏上讲台时画的，那时的我胸怀壮志，准备在未来的岗位上有所作为，现在想来，觉得自己有点不知天高地厚。

图 3-1

第二棵树（图 3-2），明显小了很多，多了一些景物：书包，风筝……一年的教学生活让我觉得有点疲惫，觉得压抑，很想释放一下。教学工作并不像我想的那么简单，这里面有着很多的无奈，意识到我的能力远远不足以为学生提供足够的养料，也许更确切的说，我不能把所有的孩子都关注到，我有点望而却步，以致我的树变小了，结出了营养不良的果实。

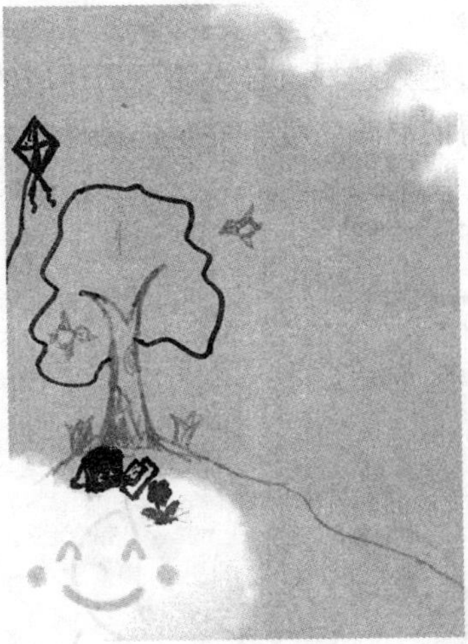

图 3-2

第三棵树（图 3-3），比第二棵树长大了。因为我急切的渴望成长，希望能成为一名优秀的教师，不耽误任何孩子，为他们挡风避雨，提供最有价值的营养。树虽然长得慢，但是会像北方的红松一样坚韧挺拔。

图 3-3

（2）心灵小语

这几棵树成长得越来越好，过去的经历造成的影响在慢慢淡化，小家庭的建立，获得的温暖、爱、安全，让你对未来更有信心。

图 3-4

4

（1）自我回顾：收获点滴，不断成长

2011 年 8 月，我正式的走进了三小的大门。看着已经荒废了两年的专业知识，其实我是很忐忑的。教师这个职业，总是被人赋予极大的光环和赞誉，但是在这背后确实肩负着沉甸甸的责任。

带着些许焦虑和期待，我们参加了学校的青年成长林。第一次，第一棵树（图 4-1），落笔之前自己是没有什么清晰的概念，更何况我真是对绘画没有一点点的擅长。棕色的画笔，画出笔直的树干，因为我希望属于自己的这棵树是能够笔直的站在大地上；蓝色的枝叶，有些奇怪的选择，但是我想人生也许就是这样充满了许多可变因素吧！树上还需要有些果实吧，我真希望自己的孩子们能够像我这棵树上结满的红彤彤的苹果啊！画完了，才觉得整个画面有些太空了，于是，我用黄色的画笔画上微笑的太阳，这微笑，该是最温暖人心的吧！一个小小的人儿，站在树下，我的预想是让他仰望天空的，但由于绘画水平实在有限，所以无法表现了。

经过了一个学期的语文教学和班主任工作，我收获了很多很多。比如如何更好的呈现一堂语文课，如何与家长进行有效沟通等等。尤其是评达标校期间，虽然每天都像在冲锋打仗，每天回到家都觉得筋疲力尽，但是，最后的结果却让我们兴奋了好久好久。因为这种成功里面，有我们每一个人不懈的努力，我为自己能够成为这个团体的一分子而感到骄傲。

新学期开始了，我们的青年成长林又开营了。组建了“小家庭”，共同过着幸福的小日子，看着越来越懂事的孩子们，其实我们的心里充满了满足感。我想，随着自己下一棵树的种植，我也会不断成长的吧！

点滴积累，收获成
长！每一棵大树都要经
历风雨和阳光，慢慢成
长，收获果实。

图 4-1

图 4-2

（2）心灵小语

这两棵树有个共同的特点，太阳从右侧照射在树上，地面上有繁茂的草，祝愿真爱早日来到你的身边，温暖你的心。

5

（1）自我回顾：成长树对比有感

第一棵成长树画于 2011 年 6 月（图 5-1），画面中树占了很大的空间，树干结实挺拔，树上结满了红彤彤的苹果，在树下有一个手里拿着苹果和气球的小女孩。我想这也许就是当时刚刚参加工作时的心情写照吧，有一种丰收的快乐和幸福，苹果象征了四年大学学到的各种知识，高高的气球代表了对自己在工作中比较高的期望。

图 5-1

第二棵成长树有所变化（图 5-2），树占了图画的一半，树上依然有果子，可是却变的稍小了一些，在工作中发现原来学校里学到的很多东西在工作中都是不够用的，很多本领还是需要自己慢慢磨练的，在树下多了一个冒着炊烟的小楼，温馨的粉色窗户，明亮的蓝色大门，是对自己以后生活美好的向往。屋外的山坡上还有各色的花草，颜色丰富，艳丽，相信在画成长树的那段时间工作生活都是很愉快的。

图 5-2

通过两棵树的对比，我看到了自己心路的发展和变化的过程，有些东西在画时没有想到的东西现在却感到那么的真实。回头看了看自己以前画的几棵树，感觉自己随着这棵树一点点的长大了，我从一棵默默无闻的小树，已经俨然成长为了一棵结出果实的大树了，接连送走了几拨五年级毕业生，是他们让我树上的果实愈来愈多。不仅有了果实，我这棵树的旁边也多了许多伙伴：太阳、小溪、连绵不断的群山，没错，他们都是我身边的朋友、伙伴，我不再像从前那样孤独，我的周围充满了阳光，我更加感受到了大家庭的温暖。

（2）心灵小语

充满梦想的小女孩总有一天要长大，学习适应新的环境，建立自己的家庭，追求适度的目标，在繁华的世界中坚守一份纯粹，不躁、不执、不争、不怨。

6

（1）自我回顾：我的成长感悟

翻开成长册，三棵形态迥异的大树展现在了我的眼前。先不去管它绘画的技巧和可观赏性如何，如今的我看来，从中感悟更多的是我已渐渐成长起来。

第一棵（图 6-1）树虽心中充满爱，渴望那累累硕果，却掩饰不住内心的浮躁不安与迷茫。一只小鸟，一棵浮萍，显得是那样的身单影孤，它们不知道在前方等待它们的究竟是什么。一个通往树冠的旋梯是那样的陡直，毅然地矗立在了水的中央，即使想要迎接那丰收的喜悦，却又由于途径不通而在水中不停地摇晃，甚至可以说是飘荡。

图 6-1

回想当初，真是给我一种满心欢喜而又力不从心的感觉。

第二棵（图 6-2）树较之第一棵树而言，树冠大了很多，树干粗了很多，树根扎实了很多。一切都充满了生机。虽说枝头没有那丰收的果实，树旁没有那鸟儿、白云相伴，但那阶梯不再陡峭，可以称为“一步一个台阶”了。而当时的我也坚定地相信一颗平静的心必将引领它硕果满枝头。记得当时我写下了下面这段话：

在稳中求生长，怀着异常平静的心，不用太多的修饰，却执着追求、向上。

我开始变得踏实、不再浮夸。

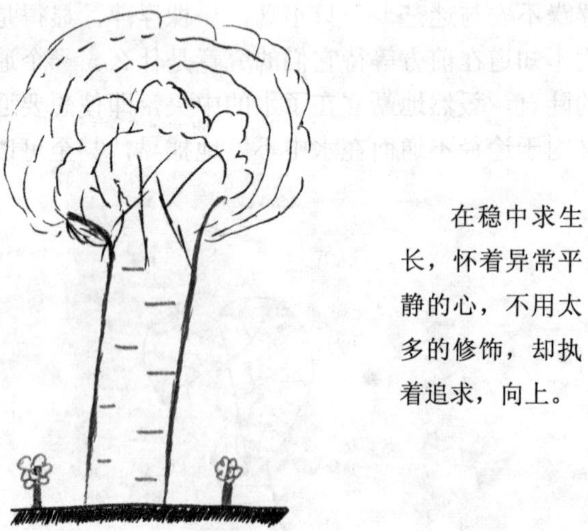
在稳中求生
长，怀着异常平
静的心，不用太
多的修饰，却执
着追求，向上。

图 6-2

第三棵树（图 6-3）的绘画水平得到了很多老师的表扬，至今我也倍感欣慰。那是一棵力争上游的树。它处在上坡路上，周围有了它的温暖，更是长出了许多骄人的小花和绿绿的小草。再看那树冠上早已是一片“硕果压枝头”的景象，虽然有些还没有成熟，但这些果实却是彼此相依，团结在一起，守护着这棵孕育它们的大树。仔细端详了下，我发现这棵树里面隐藏了一些心形。这些心形给我的感悟是爱有时不需要去表达，需要去细心感受。但这些都比不上埋藏在树下的两个盒子引人注意，这是我在那片沃土下埋下的希望。

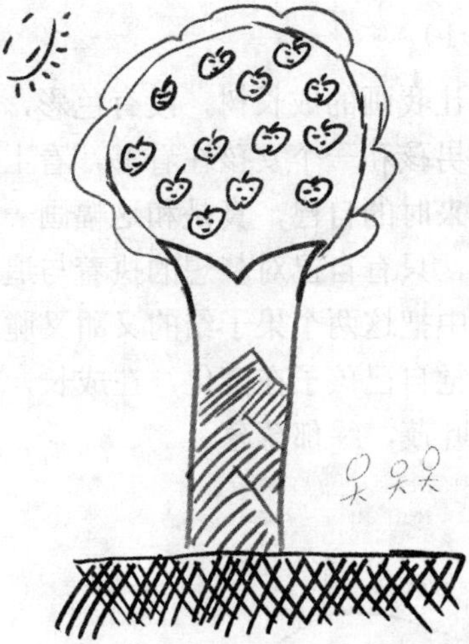

图 6-3

如今，我反复翻看着这三棵树，忽然有一种时光磨练人的感觉。

（2）心灵小语

独特的阶梯型树干，飘摇的树，从波涛汹涌的海面终于到扎根于泥土中安定下来，这种经历会促使人成熟。不要太多地感怀过去的欢乐与忧伤，放开心怀，新的生活、新的起点，脚踏实地，坚定地向前冲吧。

7

（1）自我回顾

第一棵树（图 7-1）

看着第一棵王校让我画的成长树，没有色彩，只有用铅笔勾勒的线条，树下坐着一个男孩和一个女孩在看书，看上去既简单又清澈，看着这棵树，想想刚来时的自己，真是和这幅画一样既简单又平淡，没有色彩，没有纷杂，只有自己对梦想的执着与追求，不渴望有太多的果实，只求在成长中把这两个果子结的又甜又脆。现在已经走上工作岗位快两年了，感觉自己孩子在变化，在成长，在接受现实，慢慢的这棵树也许会枝繁叶茂，绿郁葱葱。

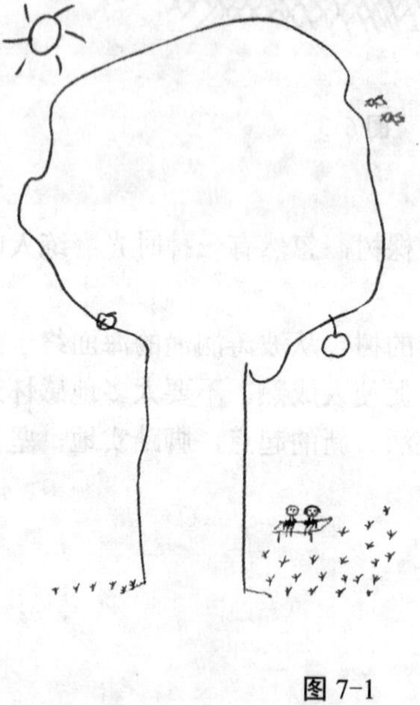

苹果树。喜欢两个人坐在树下看书的感觉，悠闲、愉快、幸福！

图 7-1

第二棵树（图 7-2）

在成长林里又画了第二棵树，对比第一棵树，这棵树多了许多色彩，虽然还是很简单的一棵树，但树绿了，草绿了，苹果红了，和刚参加工作时不一样了，至少内容丰富了，内心也没有刚开始时的简单了，因为看得多了，见得所了，听得多了，经历得多了，理想和现实的差距大了，但梦还在，对梦的追求还在。看着悠闲自在读着书的两个人，羡慕着，向往着这种简单的幸福，希望我自己能像我画的这棵树一样，不复杂，不浮躁，既简单又幸福，即健康又快乐！

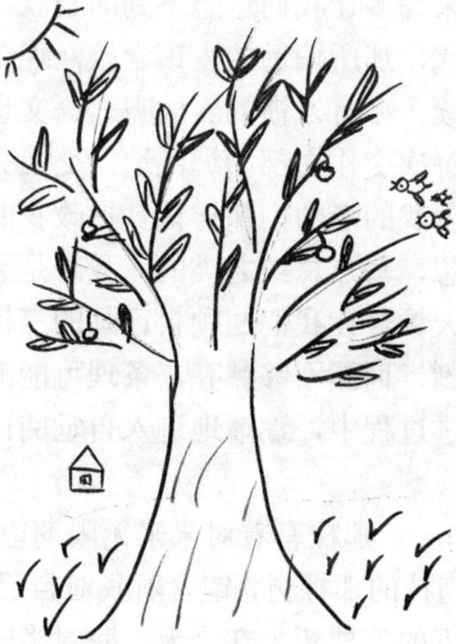

图 7-2

（2）心灵小语

家，一直是你的主题，渴望温暖、渴望依靠。家，不仅仅是父母的味道、父母的惦念，未来更多的会是属于你自己，你的爱人，你的孩子的欢乐。多向远方看看，外面的世界更广阔，善待自己，赏识自己，你自己的田地里也能结出又大又甜的果子。

8

（1）自我回顾：那棵树

最近读了一本关于小孩子家庭教育的书。每读到一个故事，我都会联想一下我自己在那方面的经历。发现自己的成长过程中缺失了许多东西，书里提到关于小孩子阅读的培养，那位妈妈从孩子一岁半就开始培养，读书给孩子听，后来养成孩子非常好的读书习惯。这种优秀的读书习惯让孩子在后来的学习生活中受益匪浅。

阅读给我们带来许多让我们意想不到的收获，而我的阅读从小就差，在我们那个年代，那所偏远的乡镇学校，连个图书角都没有，老师也没要求我们阅读，哪有习惯的养成呢。语文也没学扎实，学习作文的时候也词穷，每次交作文都胡编乱造，交上去的作文现在回想起来跟狗屎一样，辛苦我的老师们那样认真批改我的作文。直到现在，每遇到需要写点感想，写点总结之类的，我总是无法准确地用文字来表达我所想的。今天领导让我们回顾自己画的三棵树，我就简单说两句吧，感想不够深刻，词藻不够漂亮，条理可能混乱。虽然我现状是这样，不过我在改进过程中，逐渐地进入自觉阅读状态。言归正传，我的树回忆……

那棵树（图 8-1），那棵有着对未来无限期望的树，枝干壮硕的、枝叶茂密的、桃李满枝的那棵树，饱含着我对自己工作的理想、热情，怀着激动的心情留下的那棵树。在今天，我对当时的理想仍然坚定着往前进。

那棵树（图 8-2），刚发起两片嫩芽的树，经过阳光的照耀、亲吻，吸收周围的养分渐渐茁壮成长的树，在成长过程中吸收好的、摒弃不理想的，慢慢长大。

那棵树，还不够高壮、不够挺拔。

那棵树，在和谐环境中，正积极吸收养料成长中……

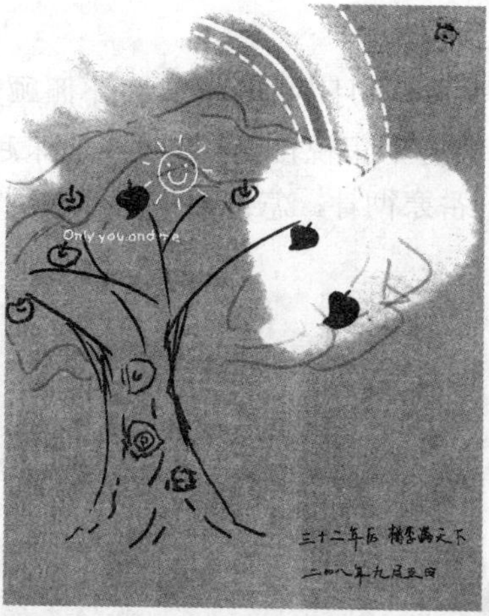
Only you and me
三十二年后 桃李满天下
二〇〇八年九月五日

图 8-1

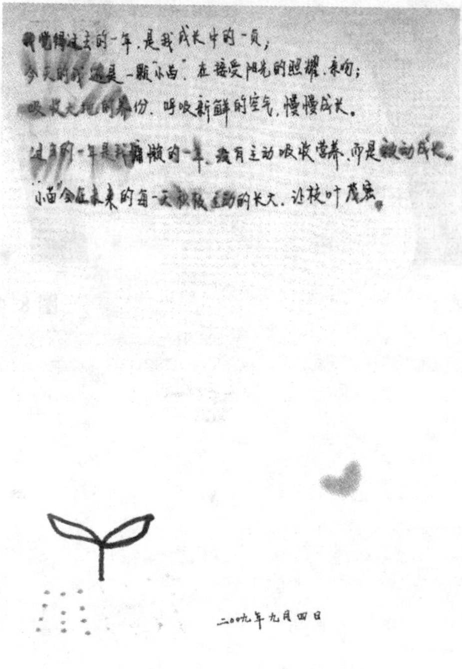
我觉得过去的一年，是我成长中的一页；
今天的我还是一颗"小苗"，在接受阳光的照耀、亲吻；
吸收大地的养份，呼吸新鲜的空气，慢慢成长。
过去的一年是我懒散的一年，没有主动吸收营养，而是被动成长。
"小苗"会在未来的每一天积极主动的长大，让枝叶茂盛。
二〇〇九年九月四日

图 8-2

（2）心灵小语

成长中的疤痕需要在岁月中慢慢抚平，不照顾好自己，怎能滋养他人。不断地充实、调整、审视自己，会变得越来越坚强。坚持梦想，就充满希望，不是一番寒彻骨，怎得梅花扑鼻香。

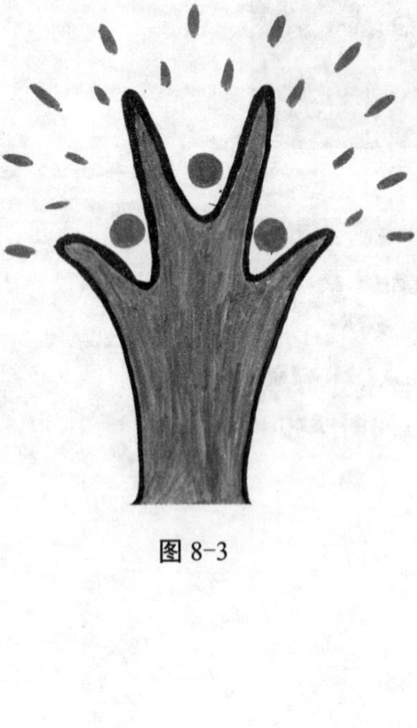

图 8-3

图 8-4

9

（1）自我回顾

看着几年来的这几棵树，我觉得我已经深刻意识到人生要有目标，有目标的人不会迷失方向。平静地做自己，做自己的教育，沉淀自己的思想。任何人都有自己的缺陷，都有自己相对较弱的地方，要不断学习。但事情总是琐琐碎碎，思想也就零零碎碎的。生活中，我们常常在扮演这样一些人：总有做不完的事，忙不完的应酬，打不完的电话；总是行色匆匆，不轻易看一眼路旁的树，身旁的花；忽视了与父母聊天，与爱人散步，与子女交流……因忙碌而忘记休息，因事业而忘记生活，人生渐渐变得了无生气。处在发展的转折期，或者倦怠，或者飞跃。后者，需要精神的刺激，以唤起职业激情,以激活职业状态。这个时候就是《易经》上说的，工作上过了一个高峰，再上升暂时还没有集聚够能量，人生出现拐点了，心理也出现拐点了，这个时候也是最危险的时期，苦闷的时候，说明心理、潜意识还想进步，只是找不到答案，而麻木的时候就无所求了。这个时候如果没有一个契机让麻木的灵魂苏醒，生命恐怕就会在这没有知觉的等待中慢慢泯灭了……如果你老是在自己的舒服区里头打转，你就永远无法扩大你的视野，永远无法学到新的东西。只有当你跨出舒服区以后，你才能使自己人生的圆圈变大，你才能挑战自己的心灵，使之变得更加坚强，最终把自己塑造成一个更优秀的人。渴望早点又一春，这种追求是坚定，这种坚定是信仰！同时抱有一颗感恩的心，因为感恩，你才有爱心，才会爱生活，爱从事的工作；有了爱心，才能长智慧，有了爱心，你才会努力，才会勤奋，才会反思，才会坚持，才会成长……

图 9-1

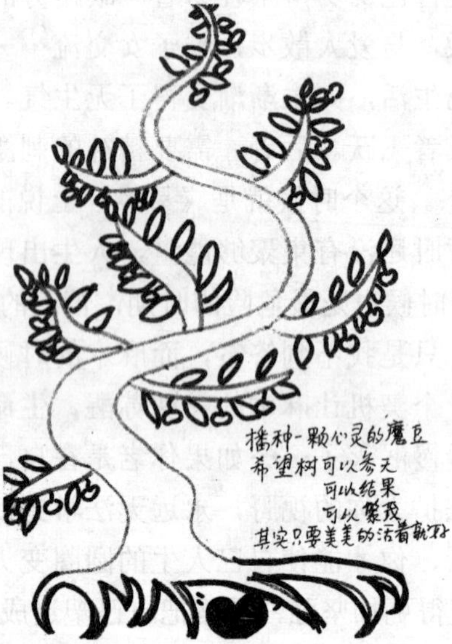

图 9-2

（2）心灵小语

期盼着礼物、期盼着爱，童话的世界，浪漫的情怀，人可以不失童心，又满足成长的需求，怎样做才能得到？心动不如行动，打开心怀，有时让人去猜不如主动去争取，努力打造安全的庇护所。

10

（1）自我回顾：成长感悟

翻开第一次成长林活动时我画的那棵成长树（图 10-1），高高大大的长满了红彤彤的果实。那时我期待着踏上工作岗位以后能够尽快成长，像一位园丁一样早日收获丰硕的果实。那时初出茅庐的我，满怀着信心与期待，走进了我们学校的大门，看到孩子们那一张张可爱的笑脸，听着那一声声稚嫩的童音，我仿佛感受到了童年时的真烂漫，喜爱及快乐之心油然而生。

图 10-1

在学校的这些日子里，我才真正发现时间在飞逝，半年的时间就这样一晃而过。在这半年中，我拜师学艺，参加了新教师培训，经受了学校现代化达标的考验，与同事共同欢庆学校建成三十周年，这使我收获了经验，收获了知识，更重要的是收获了同事间互帮互助，互敬互爱的深厚情谊。感谢能有这样紧张又繁忙，新鲜又快乐的生活，在这半年中让自己成长了许多。对于教师行业来说,我还是一个十足的新人，我十分珍惜这份工作，总是希望自己能够做得更好。

如今我又拿起画笔在画纸上勾勒出了一棵成长树，这一次是一棵枝繁叶茂，高大笔直的杨树，杨树能把根深深地扎在泥土当中，尽管它经历了那么多的风雨，但是仍然在努力地生长着，彰显着生命的本色。我希望我能像一棵杨树一样深深扎根，永远挺直生长，并且枝繁叶茂。

图 10-2

（2）心灵小语

给自己些时间，给自己些空间，给自己些信心，本是青涩的年纪，慢慢耕耘，时机成熟了，自然就会有收获。

11

（1）自我回顾：我的成长树

成长林设立到现在，我已经画了三棵树，三棵不同的树。在画第一棵树的时候，随手画下，没有太多的想法，时间推移，现在回过头来再审视这画下的棵树，蓦然发现它们是我成长经历的象征，代表了迈向成熟的三个不同阶段。

画第一棵树（图 11-1）的时候，我刚刚参加工作，一切都还没有头绪，有努力干好工作的激情和信心，但是缺乏正确的方法和途径，想要做出些成绩，却没有经验和实践的基础。我就像一个处于迷宫中的孩童，想要寻找正确的道路，努力向前行，对未来充满了希望，但是走的却是跌跌撞撞，经常会碰壁，承受碰壁带来的痛和迷茫。那时候，生活中也是自己孤身一个人在天津，初来乍到，形单影只，切身的处境，所以画下的第一棵树是孤零零的立在那儿。虽然孤单，但它是坚强的，深深扎根于地下，独自承担风雨和磨砺，不断地成长。

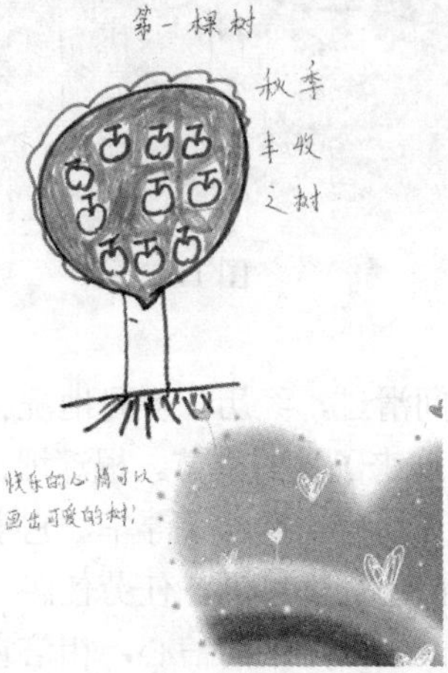

图 11-1

我画的第二棵树（图 11-2），沐浴在温暖阳光里，有飞鸟为伴，有花草为邻有雨露滋养，还有可爱的蝴蝶为它舞蹈，完全告别了孤单与凄凉。这时的我，在领导同事们的关心爱护指导中，工作开始踏上了节奏，也拥有了自己的生活、朋友，所有的事情都变得美好起来。尽管生活和工作中还有很多的磕磕绊绊，甚至有不小的失误，但那只是不和谐的音符，不会影响欢快的主旋律。扎下根的第二棵树，融入了天地之中，努力地从空气和大地之中汲取养分，已经长得枝繁叶茂，并在悄悄地孕育着果实，憧憬着丰收的喜悦。

图 11-2

时光清浅，从指间滑过，经历了岁月地洗礼，锲而不舍孜孜以求的第三棵树（图 11-3）迎来了秋的季节。根深埋在地下，干直而粗壮，枝头挂满了果实。褪去了幼稚，抛却了浮华，它学会了朴实。踏踏实实地做好自己应该做的事情，勤勤恳恳，任劳任怨。它只是立在那里，是一棵树，看到它却能让人生出无限的信心，相信它有足够的担当，无惧风雨；相信它有宽阔的胸怀，和谐共处；相信它有非凡的勇气，创造未来。

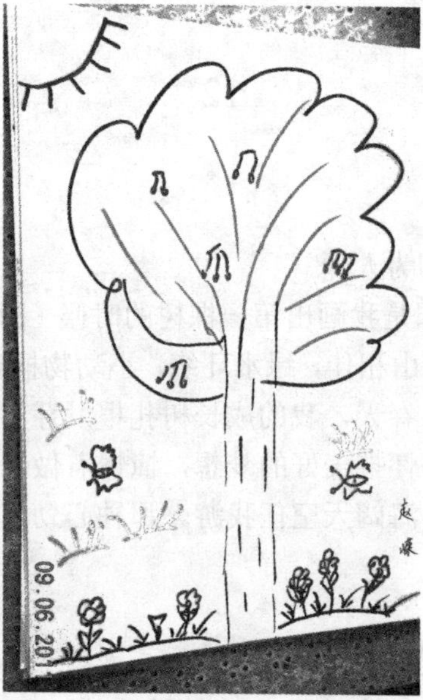

图 11-3

终于松了一口气，忙里偷闲地翻看我的成长册，充满回忆的照片、凝结心血的文章，无不勾起我的回忆。翻到那三棵成长树的时候，我思绪翻滚，仿佛看到了当时的心情，那是三个阶段不同的心情。

（2）心灵小语

理想和现实总是有差距的，别被过去的经验牵绊，从基础做起，向他人学习，不断汲取养料，提高能力，一定会取得更好的成绩。

12

（1）自我回顾

第一棵树——初为人师

2008 年 9 月，那是我画出第一棵树的时候（图 12-1）。小树不仅有阳光照耀，还有青山相伴，绿水环绕，小动物栖息，一派祥和景象。正如我当时的心情：春天，我的成长树扎根发芽了，希望早日见到枝繁叶茂的景象。当日怀揣美好的梦想，憧憬着做老师的种种美好。可谓一腔热血待挥洒，海阔天空任我游。那种心劲儿现在想想，依然挺美好，挺激动的。

图 12-1

第二棵树——面对压力

2010 年 3 月，我画下了第二棵成长树（图 12-2），那是一棵笔直的松树。画这棵树的原因我现在都记得，因为这源自一句诗：大雪压青松，青松挺且直。在曾经一段灰暗的日子里，我被工作压得喘不过气来，新接手的班级虽然才刚上三年级，我却是他们第四个班主任了，这是从孩子评价手册里了解到的，孩子们的行为习惯、班级精神风貌都可想而知。没有经验的我每天扎在班级里，不断发现问题、分析问题、尝试解决问题，然后总结反思，再去践行。教学中不断换思维，因为教的是两个不同的年级，说实在的，真的是强颜欢笑，咬牙坚持着。我内心希望我能是棵压不弯的松树，一直坚持笔挺地接受寒冬的洗礼，准备迎接春的到来。

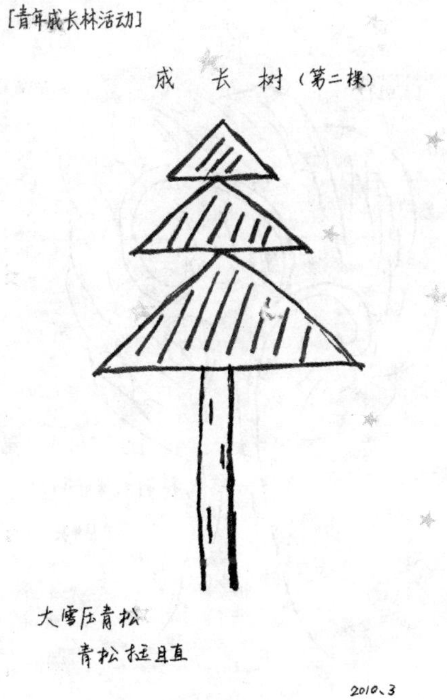
[青年成长林活动]
成 长 树（第二棵）
大雪压青松
青松挺且直
2010、3

图 12-2

第三棵树——渐渐成长

人总是在成长的，至少我感觉自己是这样。2011 年画下第三棵粗壮繁茂之树的时候（图 12-3），我的心境平和了许多，毛躁的性格有了些许的改变，对于处理日常工作和调节工作压力方面，已经有了自己的方法和见解。那时候，我最大的一个感触就是：教育是急不得的，老师不是万能的，一切尽力了就好。因为我总是想把事情做到完美，或许是双鱼座完美主义性格使然。假若结果没有达到我想象中那样高的标准时，我总是气恼，不断归咎于自己无能，抱怨外界的也越来越多，总之就是越来越不幸福。但是，时间是一剂良药，书籍是最好的老师，同事是贴心的开导者，有了这三方面的支持，我渐渐释然，一切又美好起来，因为我知道，我尽最大努力了，一切无愧于心。

[成长树] (第三棵)
待到枝繁叶茂时
我在丛中笑
2011.10

图 12-3

回首往事，留在心里的都是些情绪体验。感觉很美好、很有意义，因为这就是我要的生活，奋斗并快乐着。感谢领导组织这么有意义的活动，感谢同事们给我支持、安慰和鼓励，感谢自己敢于承担，勇于面对，感谢岁月让我成长，催我奋进。

（2）心灵小语

环境与自我的协调是一门学问，一种智慧，有选择，有放下，找对方式，找准方向，找出方法。成功，不在于你赢过多少人，在于你是否赢得了自己。

图 12-4

13

（1）自我回顾

有人说“回忆就代表已经老去”，为什么我这么喜欢回忆呢，也许回忆都是美好的吧！

翻开成长册，看到扉页，感觉除了缺少点儿色彩，我还是很满意的。不过“捕捉教育智慧、记录职业历程”这句话让我觉得给这个成长册带来了太多的理性，不好。

册子中一共就两棵树，第一棵并没有标日期（图 13-1），不过从内容上看应该是 2011 年 5、6 月份吧，记得这是我在机房画的，有阳光照着，略微抽象了一点的树，看上去当时挺开心的。

不过我觉得这不是我的第一棵树……

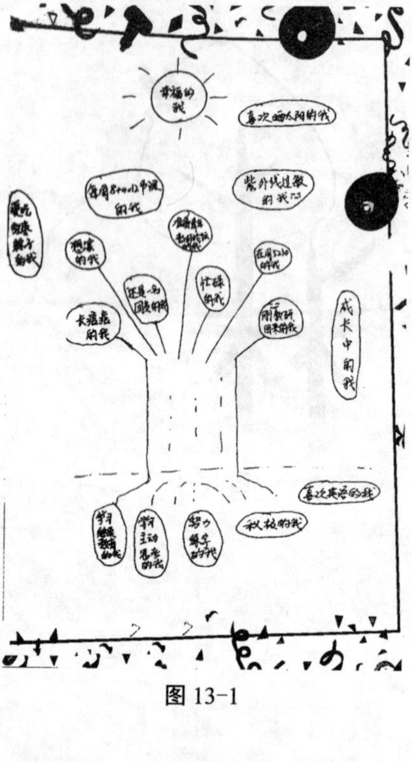

图 13-1

2011 年 9 月 2 日，一棵名为“黑皮”的树诞生了（图 13-2），树的中心有一个笑脸，Happy 嘛！茂密的树冠，褐色的树干，下面还写了“天天开心、茁壮成长，汲取更多丰富的营养，壮大自己！”不过这样的树冠不可能是通过这无力的树干、毫不发达的根系来供给的，树下虽有养分却没有哪怕一个小小的根。

图 13-2

不知道这是否说明理想是美好的，现实中却没有努力地去做。

开心、小忙碌这一直是我的生活，积极向上、奋发图强，我一直这么激励自己，可有时候却莫名的空虚。

很喜欢通过无意识去表达自己，然后去欣赏自己的作品、去揣测自己的内心。西山老师说自己的作品自己看着舒服就行，咨询师得学会聆听……

我以为画一棵树、摆一个沙盘都可以聆听自己的内心。

这两天心里不太舒服，画了一棵树，欣赏着……

（2）心灵小语

过去的已经过去，无论是美好的，还是苦涩的。静下来听听内心的声音，学习释怀，面对现实、面对未来，勇敢的展现自我，散发你的能量小宇宙，相信你能做得更好。

新的计划、新的规划，只希望好的习惯能够养成，能够坚持下来，因为坚持，就会进步。

图 13-3

14

（1）自我回顾

第一次画树时间：2009 年 3 月

第一次画这棵树是在刚毕业上班不久（图 14-1），从一个初出茅庐的大学生走上教师这个工作岗位，一切都显得那么陌生，同时也充满着渴望。接下来面对是家庭、工作、生活的压力。这棵树我画了树干和树枝。也是希望人的一生就像这颗树一样从开始发芽、结果到枝繁叶茂。通过自己不断成长的同时，将来也能为别人遮风避雨，桃李满天下。

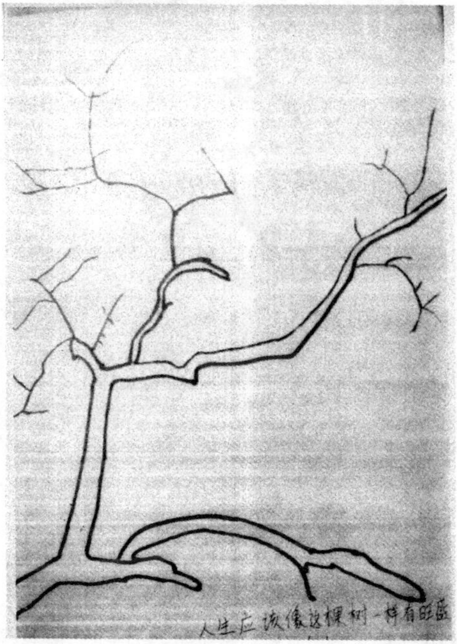

图 14-1

第二次画树时间：2011 年 9 月

再画这棵树的时候心里充满了快乐与收获的心情（图 14–2）。经过两年多的时间通过不断的学习和自己的努力，无论是在教育教学方面还是其他方面都取得了很大进步。所以在画这棵树的时候我给树加上了茂盛的枝叶，并希望通过今后不断的努力学习，收获的更多最终成长成参天大树。

图 14–2

（2）心灵小语

工作、家庭，那么多的波折一股脑地压下来，你挺住了。风雨过后见彩虹，一切会更美好。

图 14-3

一年之计在于春，我喜欢春天的勃勃生机，春天给人以希望，更使人充满了向往，2013 年，只要我们迈着春天的步伐向前，相信一棵棵大树一定会结出丰硕的果实。

图 14-4

15

（1）自我回顾

回头看了看自己以前画的几棵树，感觉自己随着这颗树一点点地长大了，我从一棵默默无闻的小树，已经俨然成长为了一棵结出果实的大树了，接连送走了几拨儿五年级毕业生，是他们让我树上的果实愈来愈多。不仅有了果实，我这棵树的旁边也多了许多伙伴：太阳、小溪、连绵不断的群山，没错，他们都是我身边的朋友、伙伴，我不再像从前那样孤独，我的周围充满了阳光，我更加感受到了大家庭的温暖。

（2）心灵小语

不是每一次付出都能获得回报，不是每一分努力都能收获成功。因为希望，因为梦想，执着追求，微笑着前行。

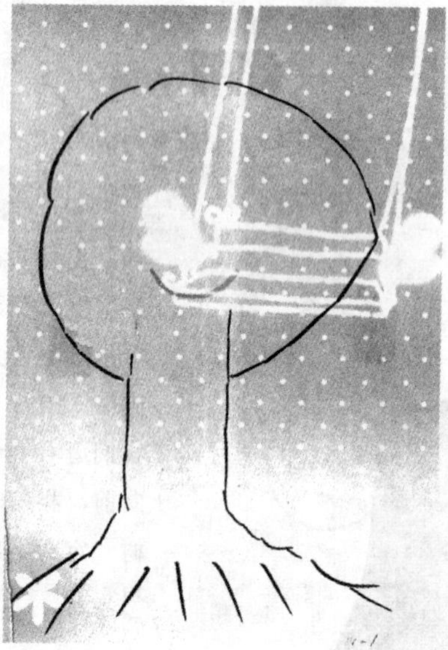

图 15-1

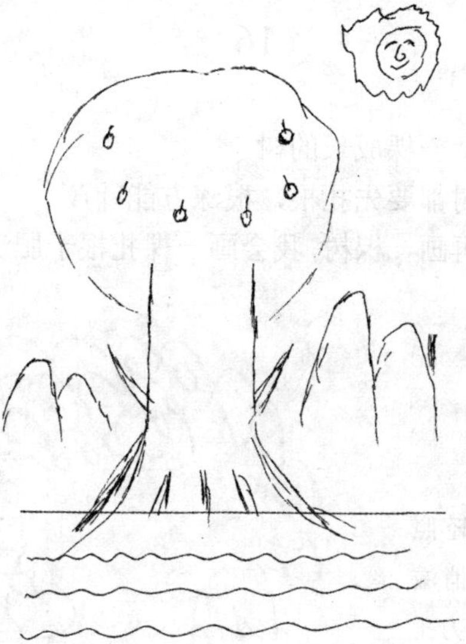

图 15-2

图 15-3

16

（1）自我回顾：一棵成长的树

无论什么样的树都要先扎根，根深方能叶茂。

假如现在让我再画一棵树，我会画一棵扎根于肥沃土壤之中的树。

太阳轻轻照耀，雨水悄悄滋润，一棵树努力扎根，定能够枝繁叶茂，为他人撑开一

图 16-1

无论什么样的树，都曾经是小树，而后才是栋梁。

假如现在让我再画一棵树，我会画一棵吮吸雨露，迎着春风成长的小树。

不知道是当时的自己太骄傲，还是画技太笨拙，当年的我没有扎实的根基竟然能结出一串又一串的果实。从树的成长速度来看，2012年我是思想比较矛盾的一年，各种教学方法、班级管理方法在我脑海中碰撞，把自己撞得焦头烂额，不知所措。一年激烈的碰撞，2013年下半年我把自己归零了，只剩下一棵树，光秃秃的树，陪伴她的只有稀疏的叶子。因为我决定2014年好好成长。

我想，也许人的成长就是这样，不断地否定自己，不停地超越自己。即使曾经做错了，那收获的也是有益的教训。

我曾经想以自己的力量庇护花花草草的成长，努力地为幼苗洒下一片绿荫，几年的工作发现高估了自己的力量。现在，我鼓励自己，联合一切可以联合的力量，给予自身营养的同时引导周围的人给予花草正能量。

我还发现，成长是自己一个人的事情，在真正地成长为一棵有模有样的大树之前没有谁真正地在乎你这棵幼苗。现在，我鼓励自己，既然已经上路了，就要走下去，总有一天你会碰到一个盛典。

我还感觉，成长是一件孤独的事情，否则为什么每一次我总是画一棵树？我应该画一排一排的钻天杨。现在，我反思自己，不是画技太差而是思想太狭隘，我确实应该号召大家一起成长。一起读书，一起交流，一起分享生活中的喜悦与忧愁，你追我赶，共赴前程！

成长不仅仅是学识的增长，还有对琐碎生活的领悟，在日复一日地生活中，我如那棵树一般，增长着年轮，体会着沧桑，相信终有一天我会成长为一棵安安静静的大树，在阳光下笑迎雨露风霜。

图 16-2

（2）心灵小语

追求完美，容易让人心累；纠葛过去，容易让人情伤；主动滋养，让根基更稳；专注目标，让自己的方向更明确；慢慢期待，硕果累累的那一天。

年轻的人
总有一些青涩的思想
总有一两个想起来就欣喜的梦想
偶尔会有忽左忽右的迷茫

成长的人
总会收获自以为狂风暴雨似的夸奖
总有几个被粉碎的幻想
偶尔会有半虚半实的忧伤

因为年轻，总要成长
哪怕浮云蔽日
依然能听到鸟儿的歌唱

因为年轻，总要向上
哪怕自己娇枝嫩叶
依然庇护花儿草儿茁壮！

17

（1）自我回顾：画树有感

在我的成长册当中，总共有三棵树。这三棵树的形状基本相同，不同的地方只有大小。当我在反思这三棵树的时候，我发现 S 号树看起来是那么的渺小而胆怯，M 号树看起来充满了希望，而 L 号树让我感觉到了责任和安全感。

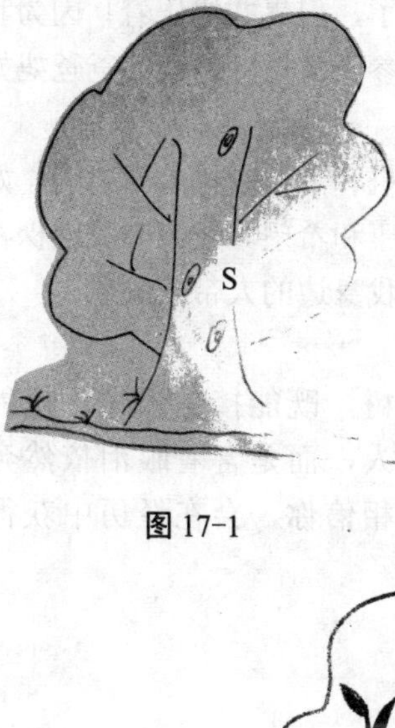

图 17-1

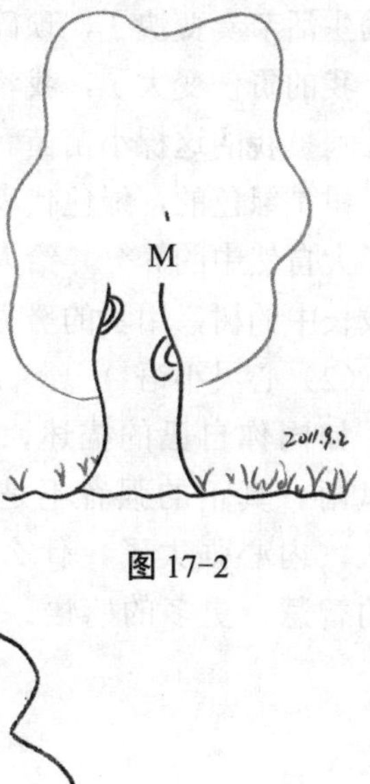

图 17-2

图 17-3

看到这三种不同型号的树，让我想到了我人生中的三种不同生活状态，当我还躲在父母的庇佑下成长时，感觉自己是如此的弱小，没有茂盛的枝叶，也没有坚实的根基，仿佛需要更多阳光和雨露的呵护。在人生的路上，当我走到婚姻的殿堂时，没有了父母无私的付出，两个人的世界里，有欢笑、有摩擦、有争吵。要让自己幸福，不能只靠一个人的付出，只有共同的努力才能建设好一个幸福的家庭。在这里我学会了分享、学会了容忍、学会了宽容。感觉自己长大了！幸福的生活升华后，我们有了可爱的宝宝，这个精灵般的小生命，给了我生活的希望、工作的动力、家庭的责任。仿佛所有的事情都和她有关系，我的生活节奏变快了，琐碎的事情变多了，但累并快乐着！因为我知道，我的责任变大了，我希望成为一棵参天大树，像我的爸爸妈妈那样去呵护我的这棵小苗苗。

树是绿色的，绿色代表了生命、生机和活力。树是感恩的，她汲取了大自然中的养分，给人类送去了健康和希望。我希望我这棵在继续成长中的树，用我的努力和付出，给我身边的人带来快乐。

（2）心灵小语

如同你自己的描述，一棵成长的树，既能接受阳光，也能包容风雨。真正的强者不是没有眼泪的人，而是含着眼泪依然奔跑的人。内心强大了，什么都不怕了。相信你，会在经历中获得更多的智慧，更多的感悟。坚持吧。

笔者综述

重新欣赏着这一棵棵小树，回顾着这些可爱的年轻人的成长，有过忧虑、有过担心、有过困惑，更多的有欣喜、有赞美、有羡慕，更有祝愿。喜欢在微信上看到的一段话：当一棵树不再炫耀自己枝繁叶茂，而是深深扎根泥土，它才真正地拥有深度；当一棵树不再攀比自己与天空的距离，而是强大自己的内径时，它才真正地拥有高度。树的生长需要深度和高度，人的成长同样需要深度和高度。当一个人不再是炫耀，而是照耀的时候，他的生命将变得真正的富有。

无论是怎样的一棵树，都有属于自己的天空、自己的乐土，我们可以做的不是遮风挡雨，而是适时适量地添一些养料、培一些土、浇一些水、播撒一些阳光，让他们舒展得更自在、更顽强。

如果你期待我是棵苹果树，
那请不要种下棉花的种子。

第四章　生活故事

今天扫完今天的落叶，明天的树叶不会在今天掉下来，不要为明天烦恼，要努力地活在今天这一刻。

——林清玄

- 一片树林
- 青年教师婚礼上的致辞
- “独木不成林”博客摘记

一片树林

——摘自网络

一棵树出苗生长了，不久就显得根正苗直，它一门心思地追求进步，给自己设定了一个目标：“俺要成栋梁之才。”

一门心思做事的，往往太专心于自己的理想，难免这方面没应付一点，那方面欠交流一些，周围的树呢，是讲究“人情交往”的，于是，大家都开始不待见它。

在脚下，树们都以纠结的根系缠住这“栋梁之才”；在空中，树们都弯腰扭身，不约而同地遮盖这“栋梁之才”。

很久以后，一位寻“栋梁之才”的木匠来到这片树林，查看一番后，他摇摇头，吩咐跟着的徒弟：“都砍了做柴烧吧，抓紧时间另育一片林子。”

毁掉有能耐的，有时就是毁掉了一个集体。

青年教师婚礼上的致辞

1. 两位信息教师婚礼上的致辞

很高兴又见证一对新人走向婚姻的圣殿。今天只是幸福的开始，希望要“执子之手，与子偕老”，幸福到永远。作为信息老师的你们的结合，我相信你们明白如果把婚姻比作电脑，内存很重要，关爱、道歉、赞美、感谢、理解、宽容等等都是需要储存的内容，小打小闹会导致系统偶而出现死机，这时候只需要重启一下就行了。进家之前把负面情绪扔进回收站，不愉快的争吵该删除的就删除。婚姻更要做保护，时常优化一下系统，提高一下速度，这样你们的家才会越扮越靓丽，工作才能保持更新领跑，最最重要的是，你们别忘了小平同志说的话：（**你知道是什么吗）对计算机要从娃娃抓起。这是我替你们父母询问的。

再次祝愿两位新人生活甜蜜快乐，恭喜双方父母家人添丁进口，合家幸福。

注：两位新人是大学同学，又幸运地应聘到同一地方的两所学校任教，顺利甜蜜地开始了新婚生活。目前又有一位可爱的小公主加入小家庭。“希望、信心、爱情、幸运”——四叶草的梦想实现了。

2. 一位音乐教师婚礼上的致辞

今天，我们的**和**喜结良缘，三小又嫁出了一个姑娘，既高兴又失落，又一块心头肉被挖走了，但为了他们的幸福，我们娘家人还是忍痛割爱，真心祝愿他们。有人说：

相逢是一首歌——《同桌的你》《转角遇到爱》

相爱是一首歌——《牵挂你的人是我》

相知是一首歌——《越单纯越幸福》

相守却是串烧歌——要《一生一世》必须要学会《原谅》，《如果爱下去》《爱你一万年》就要《包容》，《最浪漫的事》当然就是你和她一起慢慢变老，直到老的哪儿也去不了，你还依然把她当成手心里的宝。希望你们用锅碗瓢盆奏出和谐欢快的乐章，将幸福之歌唱到老，永远《甜蜜蜜》，乐陶陶。

注：这又是一对大学就开始交往的幸福恋人。虽然工作后两地分居，好在距离不太远，两人时常驾车在爱的路上奔驰，另有一番浪漫滋味。

3. 一位数学教师婚礼上的致辞

尊敬的各位来宾，各位朋友：

今天我们在这里欢聚一堂，共同见证***和***走进婚姻的殿堂。***是我的学生，***是我的同事，但从某种意义上来说，也算是我的徒弟，因此两个人的结合可谓亲上加亲，情感非同一般。爱情是浪漫的，生活却是平凡的，因此对他们的祝福我想就更实在些。

刚才主持人说他姓和，那我借用他们老祖宗和珅府里的《天下第一福》的“福”字，祝愿两位新人及家人和在座的来宾“多子、多田、多才、多寿、多福”。

有人说婚姻有三重境界：

第一重境界:和一个自己所爱的人结婚。

第二重境界:和一个自己所爱的人及他(她)的习惯结婚。和他(她)的习惯结婚，接纳和包容他（她）的缺点和不足。爱情之花应植根于互敬互爱，互助互谅的土壤中，彼此应该有更多的空间，更多的宽容。

第三重境界:和一个自己所爱的人及他（她）的习惯，还有他的背景结婚。你的另一半不但属于你，他（她）还属于他的父母和朋友，还属于他（她）自己。“谁言寸草心，报得三春晖”，怀有感恩之心，有大家庭的和乐才会有小家的甜蜜，有平平安安的日子，有相扶相助的情感，珍惜已经拥有的，才能成就婚姻之果，当然有了孩子也更能体会为人父母之心，这也是献给长辈们最好的礼物。

祝愿你们肩并肩、手挽手、同心协力，生活、事业双丰收，幸福美满。

注：有缘千里来相会，因为缘分，从迢迢东北来到天津，经媒人介绍成就这一段美满姻缘。如今宝贝儿子的降生，让一切更美好了。

4. 一位语文教师婚礼上的致辞

各位领导，各位来宾：

很高兴今天为两位新人证婚。当我接到他们的结婚请柬，看到***和**的名字（注：两位新人名字含有“颖”“超”两字），不知怎的就想到了我们敬爱的周恩来总理和他的至亲爱人邓颖超的爱情故事了。

不论是战争环境，还是和平年代，因工作需要，经常使周恩来与邓颖超分离，但他们却无论何时，都心心相印，相互关怀，相互思念。

这似乎也与两位新人的状况相似，因此，今天我也摘录了两封周总理和他的挚爱小超的通信，我们请两位新人读给大家听，好吗？不过提醒你们要换成你俩的昵称噢。

两位新人看来是有感而发，因此才如此情真意切呢。就把这两封信当作礼物送给你们。真诚地祝愿你们的婚姻也如此鸿雁传情，伉俪情深，幸福甜蜜，天长地久。

谢谢大家

（附书信摘录，有改动）

来：

你走了三天了，我可想你得很。这回分别不比往回，并非惜别依依，而是思念殷殷，这回我们是在愈益热爱中分别的，何况我还有歉意萦绕心头呢。我真想你得很。

你走了，似乎把我的心情和精神亦带走了。我人在延安，心则向往着重庆，有时感觉在分享你与两党内外敌人相聚之欢。

你走了，好像把舞场的热闹气氛也亦带走了。昨晚的舞厅却是冷淡而减色呢。当舞厅音乐奏起来的时候，照旧还是那些老调子……当音乐声声送入我的耳朵里的时候，亦还照旧觉得那些跳舞的快乐的人们中有个你在。然而当情感透过了理智，环顾眼前的现实，才意味到你已离开了延安，于是我便惘然了！你如何慰远人之念呢？

你走了，兄弟和妹子们都很关心我，频来慰我的寂寥。感谢她、他的友爱情谊，然而却不能减释我对你的想恋！你一有可能与机便，还是争取飞回来吧。我热烈地欢迎你！

……

深深地吻你，轻轻地吻你，代我致意一切相识的朋友。

你的超

一九四四年十一月十二延安

超：

昨天得到你二十三日来信，说我写的是不像情书的情书。确实，两星期前，陆璀答应我带信到江南，我当时曾戏言：俏红娘捎带老情书。结果红娘走了，情书依然未写，想见动笔之难。西湖五多，我独选其茶多，如能将植茶、采茶、制茶的全套生产过程探得，你才称得起“茶王”之名，否则，不过是“茶壶”而已。乒乓之戏，确好，待你归来布置。现时已绿满江南，此间方始发青，你如在四月中北归，桃李海棠均将盛开。我意四月中旬是时候了。病中说错了一句话，内疚无似。忙人想病人，总不及病人念忙人的次数多，但想念谁深切，则留待后证了。

结婚十八载，至友兼爱妻；若云夫妇范，愧我未能齐！

鸾

注：这一对也是学校同事介绍的美满婚姻。现在，有爱人、公婆的悉心呵护，生下女儿的她，更有一番美少妇的韵味。

5. 一位语文教师婚礼上的致辞

今天很高兴站到这里代表来宾们为**和***送上祝福。也十分感谢他俩创造了这个机会让我们在此欢聚。尤其是因为他俩今天开启了咱们学校 2012 年的幸福之门。据不完全统计，今年我们至少还有 8 次这样的喜庆聚会，可谓是好事连连，幸福多多。

在我们分享他们喜悦的同时，也祝愿每一位走进和将要走进婚姻殿堂的人，与你的爱人从舞伴修炼到“老伴”。为什么这么说呢？有人说，婚姻就像探戈，需要有人进，有人退，互相配合，特别强调默契。至于谁进得多，谁退得多，各家有各家的跳法，没有什么标准。但是不管多默契，也免不了被踩到脚。因此，光靠忍让不行，必须还要承担责任、沟通交流，彼此忠诚、信任、宽容、欣赏，这样才能像赵咏华歌曲里唱的那样，你和他最浪漫的事就是两个人一起慢慢变老，直到老得哪儿也去不了，你还依然把我当成手心里的宝。当彼此称为老伴的时候，婚姻才真正进入佳境。俗话说，不吵不闹不到头，虽然，依旧少不了争吵、拌嘴，但那已成为我们平淡生活中不可或缺的调味品，是百炼钢成绕指柔般的家庭情趣。

因此我希望不只是新婚，而是到你们银婚、金婚的时候我们还能被邀请分享你们的幸福与快乐，再次祝愿**先生和**的“天仙配”比翼双飞共偕老，夫妻恩爱比蜜甜。

6. 一位青年教师婚礼上的致辞

各位来宾：

大家好!

在这天地之合的喜庆之日，我们欢聚在此，共同见证**与**喜结良缘。也送上我们的祝福：

希望一对新人不仅将爱的誓言说在嘴上，更要落实在行动上。

铭记父母养育恩，孝敬父母为本分，不仅要做好儿子，好女儿，更要做好女婿、好儿媳。

还要明确责任，做好分工，争做家务能手，莫争财务大权。

希望**在吸烟喝酒问题上安做“妻管严”，有了好身体，才能好好工作挣大钱，努力建设小康家庭。

同时也希望**，松一松，改一改，该出手时就出手，为建设和谐家庭，实现父母的心愿而加油。

作为年轻人，更希望你们爱情、事业双丰收。在享受甜蜜生活的同时比学赶超，争做岗位标兵。

最后，愿你们以责任导航，以爱扬帆，承载着理解、包容、期望，同舟共济，将婚姻的船驶向金婚的庆典！

谢谢大家！

“独木不成林”博客摘记

“独木不成林”是笔者和所有青年教师共同建立的博客，大家共用一个账号、密码、名称，利于更安心、更开放地沟通交流，更自然、更深入地表达情绪情感。

1. 呼吁大校夸夸我们

2012-05-30 21:57:35| 分类： 默认分类 | 标签： |字号大中小 订阅

请家长同志用一句话或者一个词语表扬一下我们每一棵小树，成长那么多天了，也该受到表扬了，哈哈

强烈提议，夸夸我们！

如果真的爱我，就夸夸我……们

如果真的爱我，就抱抱我……们

如果真的爱我，就陪陪我……们

六一节日到了，送我们一份久违的礼物吧，一人发一个小奶瓶，如何？我看行！

哈哈……

我的想法太有创意了!无论发或者不发，我自己先高兴一下，哈哈

独木不成林回复：小树们，记得在每次的职工大会上都表扬我们青年团队的成长进步，但是对每一个人确实没有当面一一表扬，既然大家如此看重我的认可，那今天就不端着了，把我欣赏的眼光投射给你，当作六一的糖果吧：

（1）泉眼无声惜细流，树荫照水爱晴柔。你的沉静里自有一股爆发的力量，冲刺吧

（2）似乎是为了与泉惜字如金的对映，你的浩浩荡荡，风趣随和，自然成为众人捧起的开心果，保持这样宽容开放的心态吧

（3）作为林子中的大姐大，你的平和甜美让人喜欢，别犹疑，该起范时就得让小的们端扶着

（4）人间四月芳菲尽，山寺桃花始盛开。虽是你的写照，却也不尽然，更愿多见桃花笑颜啊

（5）敏捷的才思确实不愧为高学历的高材生，别吝惜自己的智慧，发挥更大的作用吧

（6）静月洒清辉，芳草风中倩。升职当了妈妈后别有风韵，也更能体会孩子们的心了吧

（7）乖巧可爱的你婚后幸福的生活让你心有归属，爱有所依，为你欣慰呢，创造属于你的辉煌吧

（8）朴实厚道的面容下是语不惊人誓不休的冷幽默，谦谦君子下，岂是泛泛庸徒？

（9）缘聚缘散，萍水相逢，因为你的顺其自然，一切都会如愿的

（10）东北人的直率爽朗，性格鲜明尤显，多才多艺，颇有艳冠群芳的架势哦

（11）敏小主在甄嬛身上颇有启发呀，与时俱进的话可也有受益？讷于言而敏于行，在追求完美中享受生活的乐趣，尽情展现你的风姿吧

（12）超颖组合让你愈发美丽，温柔秀气的你气场不可小觑，适时散发魅力吧

（13）下一个埃尔热就是你，把丁丁历险的勇气在工作生活中自由挥洒，成就你的事业吧

（14）懂事有礼、谦以待人，宛若风飞雪，悦如飞燕游龙，保持你的本色千年万年莫变哦

（15）“晶”美绝伦，歌声飞扬，翩翩起舞，“晶”若飞鸿，展翅高飞吧

（16）旧时王谢堂前燕，飞入寻常百姓家，秀外慧中藏于心，燕尔新婚显于情

（17）模特风范，文采斐然，真才实学，望成大家

（18）活泼伶俐，天资聪颖，一分耕耘一分收获，期待你的佳绩

（19）张家有佳楠，美遗世独立，香贵难再得，坚材成大器

我的评价你可认可？是否贴切？可一一对应？这可是瞬间呈现脑海的词句，毫无修饰，你还满意否？祝你们六一快乐，纯真永葆，童颜不老

注：每句话里都含着青年教师的名字。

评论：小树们的心声

2012-06-04 07:54:14| 分类： 默认分类 | 标签： |字号大中小 订阅

致家长：

智慧在思维中跳跃，

才华在文字中绽放。

摇篮在悉心中编织，

青年在呵护中成长。

谱一首青年教师成长曲，

那将是三小明日优美的乐章。

独木不成林：家长之才华真有如烟分顶上三层绿，剑截眸中一寸光。两脸夭桃从镜发，一眸春水照人寒呀！

独木不成林 回复 独木不成林：哈哈，武侠小说的材料呀

独木不成林：感谢您的体贴，佩服您的才华！我很庆幸在这个大家庭中成长。

独木不成林：我的顺其自然经营自己人生有限公司，健康~自信~美丽~一切如愿~~

独木不成林：家长太有才了！真是一份难得的礼物!

独木不成林：心灵的触动

独木不成林：受宠若惊，谢谢我们的大家长。

独木不成林：中肯又不失华丽，很贴切的六一儿童节礼物

独木不成林：看得很美，听得也很美，很贴切，谢谢六一礼物！

独木不成林：最好的节日礼物！致敬！

独木不成林：哈哈，谢谢老大~

独木不成林：家长大人才思敏捷，岂是我等小辈可比肩的，有如此家长，焉能成长缓慢。细细阅读之，喜悦之情溢于言表，愿家长永葆童心，健康快乐！这等美言佳句常常赏赐予我们，可好？

独木不成林：哈哈，很开心

独木不成林：来领赏啦

独木不成林：顺其自然，一切都会如愿~

独木不成林：太给力了

改变不了环境，我就改变自己的形貌，适者生存。

2. 小餐桌之歌

2012-09-19 16:17:06| 分类： 默认分类 | 标签： |字号大中小 订阅

美味的小餐桌是我的爱
绵绵的米饭在饭盒盛开
什么样的味道是最呀最摇摆
什么样的菜肴才是最开怀

弯弯的豆芽是有机菜
流向那万紫千红一片海
健康的午饭呀我们的期待
大家吹着空调吃饭最自在

我们要唱就要唱得最痛快
你是我天边最美的云彩
让我用心把你留下来
悠悠的唱着最炫的小餐桌
让爱卷走所有的尘埃

评论：

独木不成林：餐前歌

独木不成林：还有比我有才的人吗？写的如此得好！小餐桌确实好吃，记得保持身材！

独木不成林：谁这么有才啊

独木不成林：音乐起~

独木不成林：请用最炫民族风曲调演唱

3. 记住他（她）的名字

2012-09-13 08:44:04| 分类： 默认分类 | 标签： |字号大中小 订阅

若干年后，随着学生的长大，我们可以共同期待的、未来某天的场景。同时可以提醒我们，“桃李”的“争妍”需要我们的努力。

评论：

独木不成林：最初来学校上班，一个月能把全年级的孩子记住，现在，两周了，每个班才记住三两个~这是为什么呢？

独木不成林 回复 独木不成林：二呗……

独木不成林 回复 独木不成林：根据记忆曲线要不停地巩固才能记牢，还有一种可能，提问时总关注某几个孩子，其他孩子忽略了，把每个班的名单上课时带着，按名字提问，强化自己与学生的交流。

独木不成林：共同努力吧，根据记忆曲线要不停地巩固才能记牢

独木不成林：记得那年教师节，有个孩子，拿着一个桃和李子，用礼品纸包装好的，要送给我，被同学弄掉地上了，他难过得快哭了，这份小心，这份甜美，记忆犹新。如今我们也桃李满油田了。

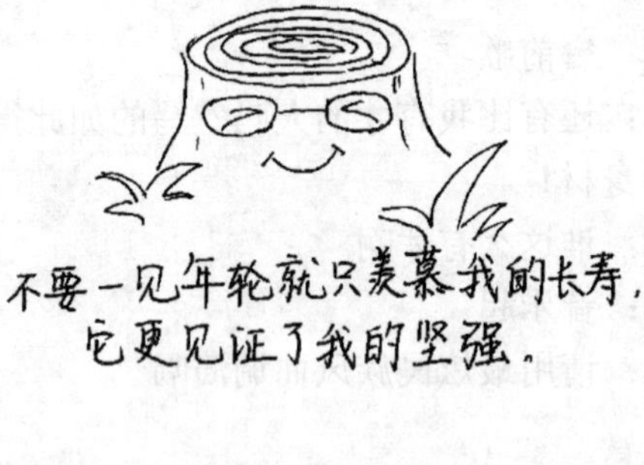

不要一见年轮就只羡慕我的长寿，
它更见证了我的坚强。

4. 林荫更盛

2012-08-31 17:19:38| 分类：默认分类 | 标签：|字号大中小 订阅

一假期蓄势待发，原来是等待新成员加入，只为林子更开阔哈。

欢迎新成员的加入，独木不成林，咱又壮大啦！

不知道这三位又各属谁家呢？

号召一下，同志们列队欢迎吧！

楼下赶快顶起吧！（尤其是只潜水，不留足迹的啊~）

评论：

独木不成林：猩猩携梧桐树之家全体美人向三位新同志发出邀请，期待你们的加入。欢迎欢迎，热烈欢迎~~~

独木不成林 回复 独木不成林：你们梧桐树之家不久的将来就又多两个新成员了哈，我们家也有新成员加入了！！！

独木不成林：梧桐树之家报到。

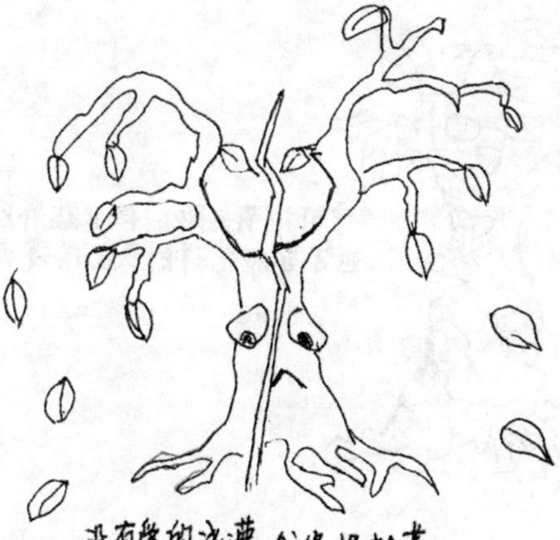

没有爱的浇灌，我终将枯萎。

5. 愤怒的人你现在好吗

2012-06-21 09:30:10| 分类： 默认分类 | 标签： |字号大中小 订阅

为了你当时没有失控，赞赏你；为了你的大度，赞赏你。有了委屈就说出来吧，愿闻其详。或者反映一下吧，总之，凡事皆有三种以上的解决办法，为何不试试？可以忍耐，可以委曲求全，但别让恶性事件循环往复，接受但同时要面对。

评论：

独木不成林：时间是最好的疗伤药。

独木不成林：说这话的肯定是家长，谢谢你！虽然你是领导，但你也有自己的无奈！碰到这样的事，你也没辙，呵呵，都是小事，我都不计较了，你也不要伤身。

宁可拥有丑陋的树皮蕴养内涵，
也不要那光鲜的表面浅薄无知。

6. 我想替你疼

2012-06-11 16:57:04| 分类： 默认分类 | 标签： |字号大中小 订阅

今天她被同学压了，

她很瘦小，35kg 左右，

他很壮硕，75kg 左右。

无心的他压在了她的胳膊上，

她尺骨和桡骨均断裂

……

去医院矫正，大夫不打麻药，直接正骨

……

电话里的消息：医生要边正骨，便拍片，完全正好了才能包扎固定。

听着都叫我心痛~

孩子，我想替你疼……

评论：

独木不成林：你的心意她会感受到的

独木不成林：150 斤的小学生，应该是个大胖子吧！锻炼身体吧，少一些肥胖儿童。

7．夜（私人日志）

2012-06-08 23:35:55| 分类：心情日记 | 标签： |字号大中小 订阅

依旧是一个微风扑面的夏夜，懒洋洋地倚在床头，过惯了一个人的生活，时间长了，若不是每天工作时候说话，我怕自己真的是要变成哑巴了。于是，总想打电话给某人，可是得不到回应。渐渐地，终于明白，精神层面的理解和交流并不是每个人都可以的。一次又一次的争吵，一次又一次没完没了的冷战。厌倦了这样的日子，可却像鸡肋，食之无味，弃之可惜。

人，总是在经历之后才知道后悔当初，只有在放弃之后才会懂得最初的美好，却再也回不去了。

静谧的夜，心里却是无边的喧嚣。海边的那片宁静，是永远也回不去的岁月。

评论：

独木不成林：今天好像心情不太好，想喊几声，憋得慌，也觉得自己快成哑巴了。上楼时忽然想起高二语文老师说过这样一句话：耐得住寂寞的人才能成为伟人。不求成为伟人，但与君共勉还是可以的

独木不成林 回复 独木不成林：就怕最后变成了哑巴伟人~

独木不成林：心疼你~让我抱抱

独木不成林 回复 独木不成林：来吧来吧~嘿嘿，等你呢，亲爱的~

独木不成林：除了给某人打电话，也可以给我们打，在你寂寞时愿意倾听你的心声

独木不成林：不过我猜你现在心情肯定已经是很好了，对不？

独木不成林：这条路你我都曾经走过，一个人怕孤单，两个人怕吵架，三个人又怕寂寞，一男一女恰是正好，可是，要找到这样一个人恐怕要修炼几生几世。茫茫人海，总有那么一个人，恰好，他也在等你。

8. 别样的傍晚

2012-06-04 21:57:58| 分类： 默认分类 | 标签： |字号大中小 订阅

虽然今天下班有点晚，虽然合唱过程中观众听得不是特别认真，但当看着整齐地路队伴着夕阳的余辉迈进教学楼时，忽然产生了一种久违的感觉，也许是一种似曾相识的感觉吧，像是高二会考前的傍晚，虽然身在校园却可以不用上课，和宿舍的姐妹去洗个澡，吃个晚饭，也可以在校园信步游走，而往日奔入自习室的情景却可全然抛之脑后了。正如今天的傍晚，一年、两年或是若干年后，相信定会有哪个小女孩或是小男孩想起这个傍晚，无需多言，但看她（他）那上扬的嘴角便知道回忆中的他是幸福的。

评论：

独木不成林：学生上操时，我看到满树的榕树花，我告诉**，姐姐把这一树的合欢花送与你。**摘下两朵要别在我的头上，我微笑着，半蹲，她轻轻地别上，又左右端详，我小心地配合，生怕破坏了这美好的一瞬，突然，仿佛回到了十七八岁的少女时代。我想，某年某月的某日，我定会想起我与**今日的美好。

独木不成林：榕树花开时，恰是高考日。每当这个季节，我也会想起那个黄昏。那个充满光明却总也走不出去的黄昏。榕树底下，青春的你我……

独木不成林：带给别人幸福的人自己也会幸福。

9. 今天你成长了吗

2012-05-30 05:57:58| 分类： 默认分类 | 标签： |字号大中小 订阅

实实在在的才是生活，今天的小树们成长了。

二月底开学到今天成长林活动了五次，从最初的“建家”、重建、到上次的沟通倾听、今天的相互建言，我感觉自己真的成长了。

不过还是在今天的这次活动中收获最大，但我也知道，只是如今“火候”到了，没有前几次的积淀，也断然达不到今天的效果。

今天的成长让我真真切切地感觉到了自己，大家说得很实在，而且在林子的讨论也让自己实实在在地有所想、有所思、有所悟。

评论：

独木不成林：慢慢成长，扎扎实实

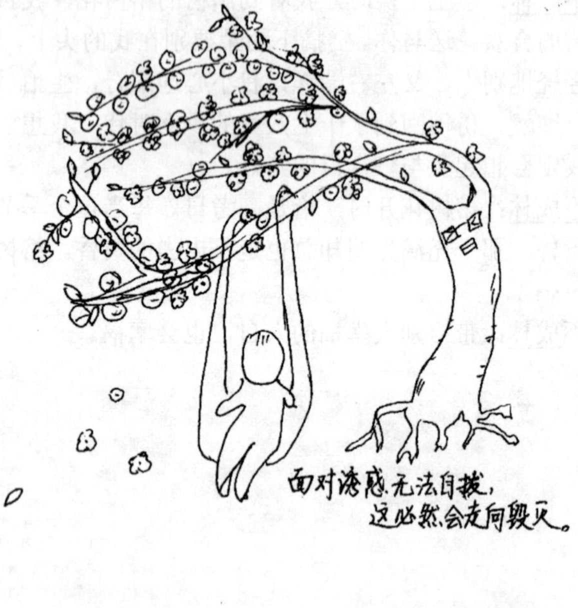

面对诱惑无法自拔，
这必然会走向毁灭。

10. 悲观开始蔓延

2012-05-29 21:36:45| 分类： 默认分类 | 标签： |字号大中小 订阅

今天在成长的过程中，望着大校的面孔，我突然闪过一丝念头，给我们组建家庭，为我们成长搭建平台，又这么耐心地引导我们，时刻抚慰着我们焦躁而不安分的心，假如我们一直这样成长下去也很好，我相信大家会心灵贴近，一旦心灵相通，工作配合得会更默契，我们就会喜欢我们的家庭和工作，可是，假如有一天，大校突然调走了怎么办？把我们扔半路上怎么办？我们还长不长了？这个集体一下子就不存在了吗？

我又开始悲观起来。

我相信只有三小有这样一个集体，一个身心共同成长的集体！有组织的感觉很好，尽管每一次成长活动都会抱怨！可是参加完活动却很开心！

评论：

独木不成林：当自己真正长大了，没有家长也一定会成长得很好的，以后的支撑也许更好呢，我们要充满希望啊

独木不成林 回复 独木不成林：啥意思，哈哈，有点意思，哈哈

独木不成林：是啊……不过我想一旦相互间产生默契，那默契就是我们这 19 人的，如果因为家长的缺席而丧失默契，我想那也便称不上是默契了。长，是必须的，我们得延续香火啊，哈哈！不过，到时候可能会缺少很大动力。

11. 由 17 条建议想到的（私人日志）

2012-05-29 21:28:34| 分类： 默认分类 | 标签： |字号大中小 订阅

今天看到老教师们给我们提的 17 条建议，心中特别复杂。虽说不对号入座，尽管家长也说了这些建议并非针对某一个人，是大家为了更好地促进我们成长而发言的，可是，我要说可是……

青年教师要成长，老教师就可以原地踏步了？为何不调查一下青年教师心目中的老教师呢？七八年以后，我们也会变老，也会成为资深教师，我们有能力振兴三小吗，能使三小长久不衰吗？若老教师用严谨的治学作风和认真的工作态度来影响年轻一代，十年以后的三小又会是什么样子呢？别说十年，就是五年吧，好的生源也会源源不断，三小教师就可以很骄傲地走在大街上！我就可以很骄傲地说：我是三小的一名教师！

真心希望年轻的我们能继承三小老教师的优良传统，摒弃他们的不良作风，让三小越来越辉煌！握紧接力棒，培养接班人，任重道远，我们一起加油！

评论：

独木不成林：对啊，“继承优良，摒弃糟粕”，我眼中的老教师大都是治学严谨的。更何况成长林的重点应该是成长，向积极的一面看呗，17 条中也有拒绝消极啊，人到中年他们家里家外的事自然多了许多，而我们才刚刚起步，像你说的“握紧接力棒”，看我们雄姿英发吧！O(∩_∩)O 哈哈~

独木不成林 回复独木不成林：我们是在成长，成长自然离不开周围的环境，环境影响人，也造就人。我们确实应该看到积极的一面，一起加油！香火延续！

独木不成林：成长中总会有错误，不可避免，有人指出何乐不为呢？

独木不成林：先管好自己，就别管他人啦，从我做起才能改变大的环境啊！

独木不成林：我们谈的是青年教师的成长，所以询问的是对青年教师的看法，如果你觉得不妥可以不接受，就如同你对父母有意见，和父母教导你是不同的，为什么不看到其中的关爱，恨铁不成钢呢。注意心态哦。

如果能做树，我要做一棵苹果树，结满果实从不对繁华羡慕。

12. 累人，累心！（私人日志）

2012-05-04 21:30:56| 分类： 默认分类 | 标签： |字号大中小 订阅

五一回来上了三天班，竟然有一天半在外面忙活，感觉很对不起学生，一直感觉陪他们的时间越来越少，但自己又很无奈。不是不喜欢自己的工作，也不是不愿意干其他的事情，而是分身无术，时间有限，精力有限！

评论：

独木不成林：罢了罢了，在外学习能够丰富充实自己、增长见识和学识，想来对于你今后管理班级和日常教学也必是有益的，对于你的学生也是极好的，所以，即便不在校内也无需徒增愧疚之感。

独木不成林：这个答复就是传说中的“甄嬛体”吗？凡事皆有至少三种解决办法，不找借口找方法。

花的炫丽只是一时的光彩，
根的坚实才是我的立身之本。

13. 要改变也不难（私人日志）

2012-03-09 14:50:05| 分类：默认分类 | 标签： |字号大中小 订阅

通过老师和校长的听课，课前的训练得到了表扬，所下的工夫得到了肯定，可是结合课后的交流和自己的反思，我深感自己的课有很多需要改进和提升的地方，有些许的懊悔，为什么就不能准备得更好、讲得更好呢？然后我又在开导自己：一是好在我也能认识到哪些地方不够好，对进步的方向明确了，二是什么事情都不要太过着急，教育是一个慢慢累积的过程，自己的成长也是。三是我发现，要想改变也不是很难，多用心、多实践、多问。有那么多支持自己的人，进步一定会很快的。

写下这些，给偶尔偷懒的我些许警示，希望本学期，进步多多。

评论：

独木不成林：成长得慢的树不等于成长得不好的树。

14. 浪漫的双节（私人日志）

2012-03-09 14:40:45| 分类：默认分类 | 标签：|字号大中小 订阅

昨天是三八节，二十六年前的三八节，我妈妈没有休息，干了一件我认为最有意义的事情，就是生下了我，感谢妈妈的养育之恩。

清晨，从一中走出来，看到帅气的男老师们有的为上班来的女老师送花，有的照相……和其中的一个老师打了招呼后，感觉特别羡慕，心想：怎么没有人送我一朵呢？算了，我也不是这个学校的老师。

很意外的，到了咱学校门口，丁老师在照相，刘老师送花，感觉幸福极了，心里头的小太阳一下子就升起来了，照亮了一天的心情，美滋滋的……很感谢身边的所有同事，我感觉自己又幸福又幸运，来三小发展的确是明智之选。

和同学联系，她知道了这件事情，感叹道：还是学校的人浪漫！我很诧异，她在大学校园里应该更加浪漫呀，可事实不是这样。反思我们的生活，我认为人就应该活得有意义一些，浪漫一些，生活不仅仅是物质的积累，还要有丰富的精神生活，一种感情的陪伴，的确很温暖。

评论：

独木不成林：好可惜呀，我去开会没收到花。

独木不成林：建议偶尔送一朵花给身边的某一人，给别人一个惊喜，是对别人的一个认可，也是一种鼓励，若发扬下去，社会肯定很美！

15. 心焦&较劲（私人日志）

2012-03-09 14:32:21| 分类：默认分类 | 标签：|字号大中小 订阅

这几天特别干，皮肤和心情都是。每天都忙忙碌碌的，和孩子们较劲。充实的感觉挺好，但累，是因为周五吗？周末要好好休息……

评论：

独木不成林：因为本着较劲的心去做，就已经种下了“恶因”，如果回忆自己小的时候，你会发现孩子的天性本来就是这样，试着接受他们一切的行为，试着为他们的不听话找找借口，或者想想那些比他们表现更差的孩子，你会发现他们比上不足，比下有余，已经很不错了，还是满可爱的。

独木不成林：我们的脸就是学校的风水，不要破坏学校风水哦！调整一段就过来了，咱们做老师的偶尔也会在特定的时刻“犯邪”，总是感觉学生故意找麻烦，其实是咱们的心态问题。加油！

我是一棵秋天的树，时时仰望，等待春风吹拂。

16. 姜是老的辣（私人日志）

2012-03-06 15:38:40| 分类： 默认分类 | 标签： |字号大中小 订阅

依照惯例，今天司老师听我的数学课。在她评课和指导时，只有一个长方体，她就能牵引出很多知识点，而且思路清晰，目的明确，节奏把握恰到好处。我不得不暗自佩服：姜是老的辣。课后交流感觉到自己的课堂还有很多需要提高之处，虽然被推翻很多，但值得庆幸的是自己终于能有些进步之处，主要还是对课堂的分析和评价方面，感觉不错。这学期我要在突出重点、突破难点方面下功夫，上好每节常态课，感谢司老师的不辞辛劳，听一节还得给评一节，感激不尽。

评论：

独木不成林：加油，我们做不成姜，先做一棵葱吧，要不一瓣蒜也行，哈哈！

17. 情绪味道

2012-02-27 20:04:12| 分类： 心情日记 | 标签：情绪 |字号大中小 订阅

2 月 24 日

一推开家门，就看到一捧松子仁静静地躺在洁白的餐巾纸上，那么醒目。心一下子就温暖起来，嘴角不自觉地上扬。为了那份守候，那个小小的惊喜，那个一粒粒剥松子的人。

2 月 26 日

因昨晚的不愉快，今早起来仍旧觉得闷闷的。忽然瞥见那袋稻香村的炒面。拿起水壶冲调了一碗，只想让那份香浓的气息包围着自己，融化心里的结。没有什么大不了的，为什么要破坏自己难得的休闲的周末呢。

2 月 27 日

问女儿想要吃什么水果，她说，草莓。草莓也是我的最爱，鲜嫩欲滴总是那么诱人，那么可爱。记得怀孕时就喜欢吃草莓，尤其是冬天的草莓，明媚鲜亮，看着就让人心情舒畅，就更别提入嘴甜甜的，凉凉的，爽爽的感觉，不经意间就品尝到了生活的美好，某某人说的什么话就大人不计小人过了，还是好好享受这美味比较合算。

评论：

独木不成林：这就是传说中的“小确幸”。

独木不成林：幸福的味道！

独木不成林：猛然间，你闻到了某种熟悉的味道，或是想到了似曾相识的场景，都会让你感到这，就是幸福……

18. 情深深 雨蒙蒙（私人日志）

2012-03-05 15:19:11| 分类：默认分类 | 标签：|字号大中小 订阅

今天心情挺好的，有两大高兴之处：一是今天的天气让我想起了电视剧《情深深 雨蒙蒙》，仿佛置身江南烟雨中，心情好，皮肤也好；吃着喜糖，看着请柬，体味“家人”有情人终成眷属的幸福。二是“凡事预则立”的感悟，提前安排好自己的工作内容和生活，三餐健康美味，学生进步的地方越来越多，越来越懂事，这种一切尽在掌控的感觉真得很好。

学习无止境，成长永不止。只要有一颗要求进步的心，让自己成为更好的人，就会在人生的不同阶段，开出不同的美丽花朵。我一直深感幸运，我碰到的人都对我那么好，感谢这一年来给予我关注和支持的人，感谢那些给我出难题的人，是你们让我的工作和生活更添色彩，是你们让我的生命更加厚重。

评论：

独木不成林：快乐着你的快乐，幸福着你的幸福。

独木不成林：同感，同喜，同贺！

独木不成林：没成家的伙伴们，加油吧！

独木不成林：确实进步不小啊！

19. 心情日记

2012-03-01 9:10:12| 分类： 默认分类 | 标签： |字号大中小 订阅

最近很郁闷，没有工作热情……

评论：

独木不成林：因为家人？因为学生？还是什么也不为？只是生理引起心理变化？如果因为复习烦累，就要改变一下教学方式了。你的情绪会影响孩子们的状态；如果因为爱人就多想想他的好吧；如果什么也不为，那就接受吧，人难免有情绪不好的时候，别在意，过去了就好了。

独木不成林：情绪低谷？

独木不成林：别闷着，晚上来我家聊一聊吧。

从未放弃，从不强求，

种子落在哪里，哪里就是我的家。

第五章　伙伴们的故事

真正的快乐不是你拥有得多，而是你计较得少。

头顶一片天，脚踏一方土，沐浴着阳光我欣喜，穿越风雨我坦然。鸟儿在我身上筑窝，孩子们在我身上攀爬，献上一抹绿荫，送上爱的祝福，发现生活的美，体验生活的趣，我和我的小伙伴们共同成长。这是我——一棵树的情怀，一棵树的快乐。

- 像树一样成长
- 成长故事
- 教育故事
- 师徒故事

分享也是一种快乐

像树一样成长

陶仙法

这是一位民办学校校长在开学典礼上对学生的寄语。这是一位智者与学生的心灵之约。像树一样成长，传递的是一种自然生长的教育理念，追寻的是一种点燃生命的信念。

新东方教育科技集团总裁俞敏洪反复告诫学子，要像树一样成长，我觉得很有道理。像树一样成长，是一种期待、一种理念，更是一种实践。试想，起初只有十几个学生的小培训机构，能成为中国目前规模最大的私人英语培训机构，新东方人能不像树一样成长吗？同样，作为育人机构的书生中学，从 1997 年建校至今，能够取得今日的成就，也是因为我们在长大，并且像树一样地成长！

人的生活有两种方式，第一种是像草一样活着，他们尽管活着，每年也还在成长，但毕竟是一棵草，尽管吸收雨露阳光，但仍旧长不大；第二种是像树一样活着，即使被人踩进泥土中，却依然能够吸收泥土中的养分，让自己成长起来，直至长成参天大树，从而奉献绿荫。

像一棵树一样成长，要先让自己成为一粒优良的种子，也就是让自己具备某些优秀的品质。所谓优秀，有品德方面的优秀，也有学识方面的优秀。我们像一棵树一样成长，就是要做一个有修养的人，与高尚为伍，与积极为友，与勤奋为伴，学会做人，学会学习。

像一棵树一样成长，要吸收营养，养精蓄锐。万物都是从小长到大的，这是生命必然的生长历程。这中间必须不断吸收养分，一棵树成长所需要的养分是通过根系和叶一点点不断地吸收、转化、积蓄，是日积月累所致。它今天的每一次付出，就是为了迎接每一个充满希望的明天。世间万物何其相似：江河不择细流方能成其深，泰山不择土壤方能成其高，一个人的成长也不是一蹴而就，成功源于点滴积累。积蓄养分，才能积淀生命的精华。所以，珍视生命的每一天、每一刻，善待学习中的一句句精彩的词句、一道道奇妙的题目、一个个奇思妙想、一次次文化和品德的考试，积累便与日俱增，总有一天会发现，生存的广度和深度也像这不断长大的树儿一样令人欣喜。

像一棵树一样成长，要顺其自然、从容淡定。无论烈日炎炎的夏天，还是冰天雪地的冬天；无论是温暖的春天，还是和爽的秋天；无论是阳光普照的晴天，还是细雨绵绵的阴天；无论是漆黑的夜晚，还是月色朦胧的晚上；无论是落叶，还是长芽；无论是扎根，还是伸茎；无论是开花，还是结果，它都那么自然、安详。正因如此，它能长成一棵参天大树。在工作和学习，做事和为人中有许多烦事、琐事，有得有失，有苦有乐，如果不直面现实，难免会心烦意乱、意乱神散，到头来一事无成，更谈不上健康成长。因此，在生活中，要学会“于事用心，于心无事”，“不暴不躁，悠悠徐生”，“淡定从容，怡然自得”。

像一棵树一样成长，要遵循“物竞天择，适者生存”的法则。当种子落在北国寒冷的冰雪之中，必然要经历凛冽的寒风和干燥的气候，甚至是突如其来的黄沙。经历恶劣气候的树种，一定是高大粗壮的，人们往往用“伟丈夫”来形容它的风姿，那是令人肃然起敬的！当种子落在南国温和的水乡之畔，经历和风细雨的滋润，看似柔弱纤细，但风采依然。人犹树，不管在怎样的环境中，都可以活出生命的精彩。

书生中学特有的德育工程，“乐真、乐善、乐学、乐恒”的校风，培养了一届又一届优秀的学子，书生中学的校园里留下了他们勤奋的足迹、进取的精神，他们就是能不断改变自我，让自己向着优秀发展的成功学子。

新的学期，新的希望。我们的老师会一如既往地潜心教研，播撒希望的种子。我们的同学们，拥有像一棵树一样成长的生存意识，能顺其自然，养成良好的习惯，形成优秀的品质，积极进取，好学、敏学、博学，像乐真广场的那棵香樟树一样发芽滋长，努力长成枝繁叶茂的参天大树。

（作者单位系浙江省台州市书生中学）

成长故事

1. 生命影响生命

张瑞敏

说到谁对我影响最深，其实也谈不上“最”字，只是在近三十年的生活中，不停地受教育，被熏陶，被感染，一路走来也算开心、幸福。

影响我的人都是最寻常的人，是普通人家的儿女，平凡生活实践者。

小学二年级时，我的成绩一塌糊涂，还偶尔耍小聪明，不好好写作业，我的学生用的招数我都用过，直到一次我去邻居家找同学玩。那位同学长我两岁，成绩优秀，作业工整，但是我认为她是一个笨极了的人，总爱较真。我喊她出去玩，她母亲问：“小敏，你可做完作业了？”我支支吾吾地说，做完了，早做完了。她母亲说：“我家小仙还没有做完，你们老师出去听课留了那么多的作业，明天就回来了，她昨晚写到两点多，现在仍然在写。”我也忘记自己说了什么，就那个“昨晚写到两点多”让我听呆了，回到家我也认真地写作业，从此，再也没有不完成作业。

小学时代一直在姥姥家度过，到初三时才回到母亲身边，那时我已经是一个大姑娘了，母亲是一个要强而高傲的人，她最常说的一句话就是：“作为女孩子，别人能娇惯你，自己可不能娇惯自己”。这句话我一直铭记：高考前的日子尽管一直流鼻血，但没有因为丝毫心疼而放弃努力；大学毕业时找工作，没有因为孤身一人而对大城市却步；如今，班主任工作确实辛苦与辛酸，但从未因为身体之故而懈怠半分。若在母亲的那句话后再添加一句，应该是“不娇惯自己的女子，必然会得到所有人的娇惯与尊重”。

来到三小之后，校长发了文房四宝和硬笔字帖，督促我们练字，我不以为然，直到看到吴惠平老师的读书笔记。那是用黑色钢笔写出的小楷，字与字之间间距相等，行与行之间距离相同，无论横看竖看都是一条直线，好似打印的一般，我受到了震撼。以后，无论我写什么都是一笔一画。吴老师说，不要放过每一次写字的机会，把每一次写字都当作一种享受，能手写的不要电子打印。我一直坚持，直到现在，书写对于我来说已经是一种享受，我旁若无人地书写，横平竖直地书写，尽管与吴老师相比还有很大的差距，但是我会坚持。端端正正地写字，堂堂正正做人！

后来，我结婚了，开始学着做一名妻子。办公室里都是已当人妻的同事，自然我会受到这些妻子的影响，而对我影响最大的仍然是吴老师。吴老师这个女人很幸福，幸福的获得源于她无私的付出。回想自己，有一次爱人喝醉酒，我不仅没有好好照顾，还置之不理，第二天在办公室向师傅控诉，委屈得眼泪直流，并声言晚上不回家。吴老师关上办公室的门，坐在了我对面，说了一大堆话，其中有一句话我记得最清楚：“为人妻，就是要照顾他，照顾他的家人，你疼他，他才会疼你，才会敬你！”尽管很普通的一句话，我听到了心里。后来，再与爱人发生冲突时，我不再吵闹，而是先避开，然后反思自己，站在爱人的角度去想一想。果然，我敬他一尺，他敬我一丈，我疼他一分，他疼我十分。家庭和谐才是真的幸福。每天高高兴兴去上班，下班后迫不及待地回到自己的小窝，原以为婚姻是爱情的坟墓，吴老师的及时提醒让我提前明白了婚姻的真谛：爱他，就不必斤斤计较，爱，就是包容和谦让。

一直想为影响自己的人写一篇文章，也为了时刻提醒自己好好做人，好好工作。我相信影响我的不仅仅是这些人，人生之路还待继续，我的贵人应该还在远方等我，等待影响我，感化我，等待我们一起享受未来美好的生活！

假如我一不小心用好的习惯影响到了你，我将感到无比荣幸。也请你在完善自我的同时将真善美的良好品质传播下去！

2. 困境中的我和你

孙 超

这段时间，出现的事情太多，发现的事情太多，忍受的事情太多，感觉一个人得不到肯定和信任是最恐怖的事情，一个人连最起码的自信都没有是最恐怖的事情，一个人找不到出路是最恐怖的事情。

教学已经整整一年的时间了，以前我还会很自信地对自己说，教小学语文我是绝对没有什么大问题的，但现在看来，问题很大。别说领导了，就连自己也不是很满意。我开始怀疑自己，怀疑自己的能力，怀疑自己是否真的能胜任教师这一职业，我甚至会想我这样真是对不起我的学生。可是我又很委屈，因为我真的在尽力，可我却不知道怎么做。有时我会想，我是一个活生生的个体，我有我的思想，我有我的治学理念，为什么非要按一种教学模式去教学。但从这次来看，我的一切想法都是那么的不现实，我对自己失去了所有的信心，我感觉压力很大。

但是我要感谢你，我亲爱的前辈，当那一碗热乎乎的馄饨放在我面前时，我很感动，我也很惭愧。因为我曾有过那么胆小的想法，因为我曾想过放弃，是您给我讲您过去的事情，是您追忆着自己并不快乐的回忆警示着我前行，是您告诉我不要有压力，往后的路还要一步一个脚印的走下去，谢谢您！望着那热腾腾的馄饨，您说："多吃点，小丫头，工作那么辛苦，要注意身体，工作不要有压力，人都要经历这个阶段。"此时，我在想：自己真的很没用，让你们失望了，可是我很不甘心，我还有这个能量来提高自我吗？吃着馄饨，有种说不出的滋味，自己是不是真的该自我反省了呢。听着您由衷的安慰，我知道我应该坚强，不应再像孩子那样幼稚，不追求上进。回来的路上，我有种想哭的冲动。虽然我不喜欢哭泣，因为我一直认为那是不坚强的表现，可我总要发泄，于是整晚我什么也没做，坐在电视机旁看电视，忘记烦恼，重新启航。

这是我在去年年底写下的心理感想，现在回想起来，这是我工作以来面对的最大压力，而如今我已调整好了心态，上课也已经有了很大的进步，我很知足，也很感恩。面对压力，要先使自己冷静下来，然后多反思，想办法。

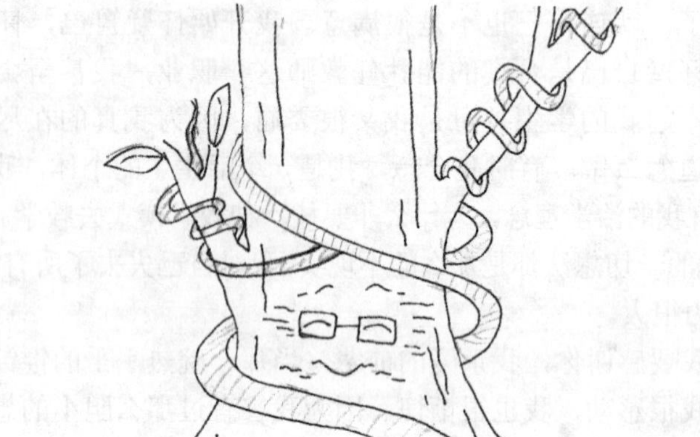

山中只见藤缠树，世上哪见树缠藤。

3. 我的成长

潘晶晶

我的成长，写出这个题目时我有些感慨，什么才算是成长呢？

前些天为了准备三项基本功比赛我准备了五年级音乐课《蝈蝈和蛐蛐》，刚开始选这首歌只是因为我觉得这首京歌体裁的歌曲很好玩儿、好听，可是，试讲后我才发现：这首歌的难度很大。歌曲将近两分钟长，聆听感受、学唱，对于40分钟的课堂来说实在是有些奢侈。但是我觉得，有挑战才会有成长，总拿自己讲得熟练的东西用有什么意思，我毅然决定啃一啃这个硬骨头。备课的那些天里，我努力地练琴，认真地研究教学计划，并在一次次地试讲中吸取教训，不断修改完善。终于，到了讲课的时候了。

进入教室，乌压压一片听课老师，连中学的老师都来了！天啊！我努力地让自己平静下来，按照平时的习惯让学生跟着音乐进入教室，开始上课，导入、聆听、学歌、演唱，一步一步，按照我的设计，好极了，在学生学会歌曲后我带领着学生加入一点表演的表情、身势、语气、表演唱歌曲，随后拓展练习，下课。“啊！终于完成任务！”学生们走后，我不禁感叹道。

“潘老师，我对你的课有些意见。”一位老师走来对我说：“为什么要让学生表演？不该加入表演地成分，应该再多唱唱歌曲，让学生把京歌的京韵唱得更到位才对，那样才是一节好课……”

对呀，什么样的课才是一节好课呢？

我一直认为，在五年级的课堂上如果能在学会歌曲的基础上让学生跟着老师动起来，能够主动地去体验音乐的情绪和感情就应该是一节好课了，可是这位老师说的似乎也是对的，这么长的歌曲，如果有两课时肯定是没有这些问题的，可是赛课只有一课时，我应该怎样展现自己的课堂？或者说，唱出味道和加入表演哪个才应该是我要注重的？我陷入了深深地思考中。

我查阅了所有手头的教学资料，主动和老教师们沟通、学习，又拿出已经讲完的教案，仔细研究、修改，然后再去找其他音乐教师借班上课，验证自己的结论。

但当我真的解决了这个困扰我的教学问题的时候我才发现：曾几何时，我觉得成长是一个目标，是一种依靠外力的改变，等我能拿到某个奖的时候我就算是成长了，亦或是当我能上好一节课时就算是成长了，可是通过这一次的事我改变了这种看法。拿奖、上一节好课，只能说明我进步了，却不能够证明我成长了。成长是一个过程，而不是一个目标，真正的成长应该是发自内心的动力，而不是被动地接受和学习。当我真的发自内心的去研究教学，研究学生的时候，我想那才是我的成长。而现在，我就在这成长之中。

年轮不是一蹴而就，

而是日积月累，在时光荏苒中逐渐形成的。

4. 成长的足迹

徐静芳

“燕子去了，有再来的时候；杨柳枯了，有再青的时候；桃花谢了，有再开的时候。但是，聪明的，你告诉我，我们的日子为什么一去不复返呢？——是有人偷了他们罢：那是谁？又藏在何处呢？是他们自己逃走了罢：现在又到了哪里呢？”

朱自清的《匆匆》读起来让人总是觉得心中十分忐忑，仿佛眼前就能看到：洗手的时候，日子从水盆里过去；吃饭的时候，日子从饭碗里过去；默默时，便从凝然的双眼前过去。

时间过得飞快，冬去春又来，一年又悄然而逝了。回首踏上教师这一工作岗位以来，累并快乐着。值得庆幸的是自己的教育教学水平还在不断地提高，但距离自己预定的标准，还需要继续努力。

这五年来，我的教育之路有苦有甜，有喜有忧，有跌倒有爬起，有迷茫有清晰。

忘不了初次见到孩子们时那澄澈的眼睛，渴望的眼神，一瞬间，有种被幸福包围的感觉，这感觉，真好！

忘不了人生中的第一个教师节，孩子们亲手制作的贺卡，橡皮泥作品，小花瓶……这像是丰收的季节，很感动，甚至有种想落泪的冲动。

忘不了第一次上公开课。第一次面临如此盛大的场面，二十多位经验丰富的老教师坐在台下，想不紧张都难。

……

打开记忆的匣子，这一幕幕，仿佛过电影似的在眼前浮现……

自2008年毕业于重庆师范大学中文系后，我有幸加入了三号院小学这个大家庭，更十分荣幸地被分配到了我目前工作的这个和谐的办公室。作为一名新教师，工作伊始，我就勤勤恳恳、脚踏实地地做好教师的本职工作，认真完成学校领导交给我的每一项任务。

这五年来，我十分荣幸地参加了学校、中心、新区和天津市组织的各种活动，各类比赛。我所执教的公开课《雷雨》受到与会领导和老师的好评。在不断的摸索实践中我发现，听公开课、讲公开课是提高自身教学能力的一个好方法，尤其是像我们这样的年轻老师，只有多听课、多讲课才能够逐渐积累经验，所以每一次听课、讲课的机会我都十分珍惜。无论是学校组织的，还是市区组织的公开课、观摩课，只要有机会，我都会积极主动地去听课。每一次我都非常认真做好记录，做好反思并脚踏实地地付之实践。平时我也经常向其他老师请教教学上的问题，这些老师都非常热情地帮我解答，使我受益匪浅。从中我也明白了，知识和经验不会自己从天上掉下来，必须发扬勤学好问的精神，把自己当成学生一样，积极吸取周围其他老师一切先进的东西，才能提高自己的水平。

我还有幸参与了“小学教育教学中实施民族传统文化教育的实践研究”课题研究。在课题研究的过程中，我认真思考如何将语文教育和中国传统文化有效地结合，为此，我阅读了大量有关书籍，查阅相关资料，并积极向有经验的优秀教师请教和学习，认真完成了校领导交给我的任务。

我一直觉着一个好老师应该是一个读书人，应该树立终身学习的观念并付诸实践。有空的时候，我都会去书店淘书。每次听到领导为我们年轻教师介绍的好书，我也总会记录下来，有空的时候抓紧时间翻阅，以充实自己。读书让我收获了许多，无论是在个人修养上，还是在业务水平上，我都在不断的读书中得到了提高。《给新教师的50个忠告》使我走出了初为人师的迷茫期；《怎样当好班主任》让我找到了做好班主任的自信；《教有妙招》让我找到了解决工作中的实际问题的好法子；《窦桂梅教学艺术》让我对语文主题教学有了更深入的了解；《礼记·学记》使我对教育有了更深刻的领悟……在读书的过程中，我深感自己知识的不足，我会抓住每一次机会好好地用知识武装自己，让自己成长进步！

记得窦桂梅老师说过，“一名优秀的教师应该是一个善于反思的教师”。于是我在教学之余，每天给自己一个反省的机会和时间，坚持独立地思考。及时做好教学后记，反思自己这堂课上得怎样，哪些能力得到了提高，或是哪个问题没有讲透，怎样才能将课上得更好。

现在，我已在我的师傅赵滨华老师的教育下成长了五年，赵老师无论是在业务上还是在为人处事上都教给了我很多很多，她对待工作认真的态度和干脆利落的办事能力都为我树立了榜样。组里的其他老师也对我照顾有加，让我在这个和谐的大家庭里快乐地成长。在这里，请允许我向我们敬爱的师傅们和尊敬的领导们致以最崇高的敬意和最诚挚的感谢！

班主任工作是琐碎、繁忙的，然而做好班主任工作，也能从中体验到做教师的快乐。一个良好的班集体对每个学生的健康发展有着巨大的教育作用。形成一个良好的班集体，需要每一位班主任做大量深入细致的工作。我觉得自己要学习的地方还有很多，在与学生相处的时间里，我深切地感到老师必须是一个有心人：是一个有爱心的人，是一个有耐心的人，更是一个有恒心的人。因为只有有心人才能时时注意、处处留心学生的一举一动，才能及时发现问题；教师得有爱心，才能与学生的心灵沟通；教师没有耐心就不能担负起教育学生的重任；对学生的教育是一个长期的过程，只有有恒心的教师才能胜任这一长期性的工作。

除了教学外，作为班主任的青年教师，更要注意对学生的德育工作体现创造性，因为教育是一门科学，也是一门艺术，且由于其工作对象的动态特征，把握和操作难度都很大。虽然经过广大教育工作者的不懈努力，在理论和实践上都有了许多行之有效的成果。但是，时代在变，学生的心理和所处的外部环境都在变，已有的教育成果并不能代替一线教育工作者在实践中的深入探索；所以，要根据每个学年学生的不同特点，认真研究有针对性的教育方法，结合教育教学目标，创造性地完成好班级的教育教学任务。这件事，说起来轻松，实际操作起来可不是件容易的事情，需要我们时时事事的创新、实践、总结和反思。伟大的教育家陶行知说过，“处处是创造之地，天天是创造之时，人人是创造之人。”只要我们做个有心人，勇于努力，善于学习。敢于实践，我们就一定能够在自己的教学教育中，不断突破自己，走出一条属于自己的无悔青春之路。

五年多的时间，匆匆而过，在人生的旅途中，在我的事业岗位上，我才刚刚起航，但是，我相信只要自己踏实肯干，明天将会更加的美好。我将以饱满的热情和加倍的努力投入到未来的工作之中，无愧于学校对我的培养。

作为青年教师的我深知自己的责任重大，更深知自己存在很多的不足：教学理念有待更新，业务水平有待提高，教学经验有待丰富，这一切还有太多太多的差距。我一定会严格要求自己，勤学多问、多听课、多讨论、多总结、多反思，同时虚心学习和借鉴师傅们多年积累的丰富教学经验。此外我们还会结合自身特点制定好计划，明确发展方向，抓住机遇，向着目标一步一个脚印，争取迅速成长、成熟、成才，在“三尺讲台”上，担当起属于我们的责任，实现我们人生的价值。

花开无悔，叶落无怨，顺其自然，从容相待。

5. 一直在路上

严　萍

（1）成长林的鼓励

有这样一句话：“少走弯路就是走捷径。”成长林团队给我一路关心和支持，生活中的关心，业务上的支持，机会的呈现，一步一步托起我们的梦想。大家长很理解我们，当我们在工作中有些茫然，失去方向的时候，她会及时的进行心理辅导，告诉我们，“你不是一个人在战斗”，周围有很多可以帮助你、给予你力量和建议意见的同事，不妨试一试。当我们生活中出现不太快乐的事的时候，她帮我们组建了成长林家庭，让每个家庭有能代表自己的家庭名字。我家有**、**和**，我们家庭名为 Ivy Garden，中文为“常青藤”。组内充满活力，**和**是英语老师，**学英语专业，他们接受外国文化，思维活跃。**教音乐，每天的工作都在优美动听的旋律中度过。我是体育老师，我运动，我健康，我快乐。我们这个家庭充满年轻的激情，希望像常青藤这种植物一样，永远生机勃勃。我是小组长，实话说，不太称职，活动组织得不多，但是我们每个成员之间相处和谐融洽。与别的家庭之间，时常交流，组织活动，增进感情。在这种分组形式下，让每个远离家乡的人有亲人的关怀，不至于寂寞孤单，生活上有相互鼓励的同伴，提升我们的幸福感。

（2）阅读的习惯

成长林中一项最常态化的活动——阅读。为了鼓励我们读书，大家长还设置了读书奖励——购书卡。我们这些小朋友，有的喜爱读书，早已养成了读书的习惯，有的则是在工作以后慢慢培养的习惯。前些日子看到一则博文《人生经典，经典人生》，文中的几句话，让我对阅读有了大角度的转变，“看的是文章，读的却是成长。看的是书，读的却是世界；沏的是茶，尝的却是生活；斟的是酒，品的却是艰辛；

人生就像一张有去无回的单程票，没有彩排……”这个世界有两样东西是别人抢不走的：一是藏在心中的梦想，二是读进大脑的书。逐渐养成的阅读习惯，量的积累也让我学会在生活、工作、学习中的技巧知识。有时候读到优美的词句，我还会大声朗读，这样还可以提高我的表达能力。口吐莲花不是一朝一夕能做到的，心中美词句万千，才能有舞台上的自信满满。感谢古人留下的美诗，感谢成长林的读书训练营。文字知识的深入，才让我们思想得到滋养，像甘甜的泉水一样滋养我们的心灵。

（3）老于的无私奉献

工作中给予我帮助最大的还是我的师傅于老师，他是我来到三小学校指派工作中的师傅，其实更像生活中的父亲。跟师傅在一起很有安全感，师傅生活中细致，工作中严谨，是我学习的榜样。在我五年的教学生涯中，给予我诸多指点。记得第一次的公开课，很难忘。认真准备了，可是最后的结果却不尽如人意，不知道如何处理突发事件，当时上课天气热，孩子们小，离下课还有五分钟，没水喝，渴了，怎么哄都不配合我上课了，最后把孩子们带回教室了，当时脑袋空白，如果把孩子们带到荫凉地方休息一会儿，做做放松，这节课还是比较完美的。5 分钟的空当，是这节课最大的缺憾。后来，忐忑地面对听课的领导，手足无措，明白再充足的准备，展示出来也会有瑕疵。第一次的课，是工作中宝贵的第一次经验，在后来的公开课中逐渐成长。有人曾说：“人生的舞台没有彩排，每一刻都是现场直播。”但是现场直播的精彩也是从开始的青涩历练到逐渐成熟的。

6. 成长的路上要善于发挥自己的特长

刘洪泉

成长，是一个色彩斑斓的字眼，在这成长的过程中，喜悦与烦恼不经意间烙上了一个又一个的脚印，可谓是“让我欢喜让我忧”。成长是一个过程，在这期间我们会得到一些，当然也会失去一些，成长的路上总会有磕磕绊绊，但我们必须相信，风雨过后总会见彩虹。

现在的我感觉在成长的路上，就像一颗刚发芽的小苗，我不会幻想一天长成参天大树，但我会努力让我的根先在这片土地上扎实、扎稳。我的根就是我的特长，我会利用我的特长先打造出一片属于我自己的天地。

身为体育教师的我，从一开始便把自己的专项——武术，定为了我自己的特色教学。原因有二：其一，武术是我的专长，在专业理论知识和专项技能方面，我对自己有信心，这样我在武术教学时才能做到游刃有余；其二，武术能抓住小学生的身心特点，激发起学生的学习兴趣，这样我们才能更好地投入教学当中。

武术，乃中华民族传统体育项目，因其具有强身健体、修身养性之功效，所以长期以来一直为人们所喜爱。在学校，武术也是一项非常好的体育健身活动，所以我在平时的体育课上，安排了更多的武术教学，我和学生一起学习，一起练习，一起探讨，一起切磋，逐步形成了属于我自己的武术特色课。

还记得第一次给学生上武术课，在学习动作之前，我先给学生露了两手，只是做了几个简单、但学生看来很厉害的动作，包括鲤鱼打挺、腾空飞脚等，学生的学习兴趣一下就被点燃了，只听见下面掌声一片，“老师快教给我们，我们太想学了”、“你表演得太棒了”。结果可想而知，这节课上得非常成功。从那时起，我就意识到了特色教学的重要性，我很庆幸，我还在一直沿着自己特色道路前行着，虽然有些缓慢，路上也有些荆棘，但是我不会放弃，我一定会努力沿着自己的特色之路走下去，和我的学生一起朝着美好的明天，前进！

（1）一次“意外”的成长

还记得那是去年周三上午的一节体育课，本来这是一节普通的五年级立定跳远考核课。但是一次意外，让我对这节课终身难忘。

按照计划，这节课男生先测试立定跳远，女生在一旁练习仰卧起坐，待男生测试完毕后，男女生交换练习内容。测试进展得很顺利，男生表现得非常棒，成绩也很理想。男生测试完毕，按照计划女生测试，男生练习仰卧起坐。可是，就在我准备下达命令的时候，突然一名男生对我说：“老师，我们今天表现得这么好，你就别让我们做仰卧起坐了。”我定睛一看，原来是体委，这孩子平时表现非常好，也很懂事，我不好直接拒绝他，“那你想干什么？”我随口问道，“我想踢足球”，那孩子用恳求的目光看着我说道，“求求你了老师，都快欧洲杯了，你也让我们感受一下足球的魅力吧！”这时，其他的男生也跟着一起呼应，“老师，求求你了，就让我们踢会儿足球吧？”看着孩子们恳求的目光，我实在无法拒绝。“那好吧，看在你们今天表现这么好的份上，就让你们踢会儿足球，不过我可提前说好了，一定要注意安全，不要受伤！”“老师万岁！！！”我话音刚落，男生欢呼声一片，接着迅速以百米赛跑的速度奔向操场中间去了。我没有顾及他们，接着给女生测试。测试进展得非常顺利，可就在快下课的时候，意外发生了。一名男生飞快地向我跑来，边跑边喊道：“老师，不，不好了，小苗摔到了，站不起来了。”我一听，脑袋“嗡”的一声，坏了，肯定出事了，我立刻飞奔过去。小苗坐在地上，双手捂着右脚脚踝。我仔细看了看，脚踝上部已经有轻微的突起部位，坏了，我的经验告诉我，肯定是骨折了。这时，下课铃也响了，我让体委组织好学生，把其他人带回了班，赶紧给我们主任和校车司机打电话，一起把他抬上车送去医院检查。在去医院的路上，小苗告诉我是他铲球的时候自己弄的，跟别的同学没有关系。到医院经X光检查为严重骨折，需动手术矫正，确诊后待小苗的家长来到，经商量后又转院到了市骨科医院进行治疗。小苗同学休学一学期在家养伤。这事已经过去很久了，虽然家长和学校都没有追究我的责任和过失，但这件事却给了我深深地震撼！分析这件事的前前后后，我知道，作为教师的我对此事有不可推卸的责任。

事后，我认真总结了这次意外事故的发生，我认为我有以下几点责任与过失：①在没有任何事先准备的情况下，因为学生的要求我临时改变了原定的教学计划，为意外事故的发生埋下了伏笔。②对于改变后的教学内容，我没有让学生针对性地做准备活动，导致学生准备活动不充分。③对学生安全教育不够。我只是简单泛泛地告诉学生注意安全，没有明确告诉学生应该注意什么，比如不许铲球等。④分组轮换教学时，对另外一组的关注度不够，踢足球的男生组几乎是在完全失控的状态下活动的，这为意外事故的发生留下了隐患。

这件事情以后，我也进行了深刻的反思。为防止安全事故的再发生，我在以后的教学中要坚持做到以下几点：①不受学生的影响，在没有特殊情况下，坚决按照原定教学计划上课。②加强体育课上安全教育，必要的提示必不可少，对体育活动中可能出现的问题要做到未雨绸缪、心中有数，同时把这些可能的隐患告诉学生，让学生注意。③在教学形式的选取时，要考虑时刻能照顾到全体学生，不让学生在失控状态下活动。④安排的教学内容，对身体素质较差的学生和个性特别突出的学生一定要特别关注。

这节“意外”的课着实让我担心了一阵子，当然这次“意外”也让我成长了许多。这件事虽然过去了，但在我心里却留下了深深的烙印。直到今天，这件事还在时刻提醒我，体育课上安全教育来不得半点马虎和疏忽，对不同的教材内容采取不同的防范措施，充分做好准备活动，做到积极的预见与防范，不受学生的影响，坚定的进行教学计划。至今，在我的课堂上再也没有发生过类似的意外事故。

（2）“一句话”让我成长

发生在我身边的一件事，让我更加深刻地领悟到一个道理：作为教师，你必须懂得关爱每一名学生！

第一节武术训练课上，我无意间表扬了一名平时默默无闻的学生，但让我意想不到的是，这名学生居然一下子像变了一个人似的，训练中特别、特别、特别地积极。训练后，我把他单独留了下来，我问他，今天你有什么高兴事吗？为什么今天的你不太像以往的你了。学生的回答让我为之一振："老师，你知道吗，这是你第一次表扬我，我可激动了！原来我在老师心中也是很棒的，所以我更爱武术了！"

原来一句表扬的话可以改变这么多！

看来，我要好好反思一下了……

坚持梦想，
希望的种子就会在春天发芽。

7. 我的成长我做主

杨 芳

我已经工作了12个春秋，一直没有时间梳理自己走过的路。在参加成长林之后，我开始静心沉思，透过历历往事，看看自己成长的路，做过的事。

（1）执着让我在教学中成长

循着成长的轨迹，回首刚参加工作的那段日子，说实话那时我对教育事业根本谈不上什么热爱，所有付出的努力只是出于一种朴素的执着，我认为只有努力了才能对得起自己的良心，才能无愧于心。从踏上讲台的第一天起，我就下定决心干好工作。假期我拿到教材就赶紧通读一遍，计划好这学期的课时安排，然后在上课之前，认真及时地请教有经验的老师，如何掌控课堂，如何把知识讲透，力求扎扎实实上好每一节课。

我牺牲自己的休息时间在课后辅导学生，班级成绩稳步上升，曾有的年轻气盛的躁动、屡遭挫折的痛楚，还有那不眠不休的焦虑都逐一化解，我也渐渐地喜欢上了这份工作，这种精神上的财富值得我守望一生。

（2）钻研引我在学习中成长

当了教师以后，我才发现自己有太多要努力的理由。只能通过自己不断地学习钻研，去缔造一种拥有丰富内涵的美丽，一种真正而永恒的美丽来吸引学生。教师知识积累丰富了，在课堂上就能做到旁征博引、运用自如，只有这样才能成为一名受学生欢迎的教师。

可以说在参加成长林之前，我是在单纯、盲目地执着中度过的，从没有给自己一个正确的定位。参加成长林之后，我注重在做好教学工作的同时不断完善自己，学会“时刻归零”。在教学中，我虚心地吸取他人的经验，有意识地研究语言艺术、组织的有效性和教学的技巧性，逐渐摸索适合自己的教学风格。我的课的标准是：不有趣不行，仅仅有趣更不行，得让我的课在学生心里保留下来，很多年以后还能记住一部分。

作为一名英语教师，生活在这样一个快速、多变和充满危机感的时代，我深深地感到不读书，无以知，无以教。领导为了提高我们的教学水平，督促我们拜读教育名家的书籍，进一步夯实理论基础，开阔知识视野，完善知识结构。至今，几年的沉潜，读过的各种各样的书已经慢慢融入我生命的每一根血管，每一个细胞。严寒酷暑中，我放弃宝贵的休息时间，不遗余力地积极参加各类培训学习，及时改进自己的教学方法，提高自己的教学水平，以更快的速度运用到教学工作中。通过各项活动，我的教学日趋成熟，业务能力逐渐提升。在全国、市级各项比赛中捷报频传。

（3）创新促我在科研中成长

我要感谢我们生活的这个时代，可以拥有更多的学习机会、学习途径，我很珍惜和“家人”学习在一起、研究在一起的时光，虽然伴随而来的有忙忙碌碌的辛苦，但也一定会有前行的快乐与丰富。如果说学习是汲取营养，那么成长林更为我的成长铺设了阶梯，使我能够一步一个脚印地向更高的水平迈进。

领导经常要求大家争做骨干教师，不要单纯做一名教书匠，要完成向学者型教师的转变。学校对教师严格要求、精益求精，而我也不敢有丝毫懈怠。作为一名教师，我清楚地认识到，绝对不能“只知埋头赶路，不知抬头看路”。通过学习，我了解到，其实科研离我们并不遥远，就是把教学实践中的成功做法联系理论总结出来。于是我在课后积极撰写教学反思、论文与教学案例。根本不需要编排，我只需坐下来，课堂中精彩的片段、成功的教法以及学生创新的思维等无数生动的场景就争先恐后要涌出笔端，有一种欲罢不能的酣畅。我由衷地体会到了，“教学并辛苦，教学并思想”。要成为一个科研型的教师，就必须经常反思，不断总结，而这些记录我的学生和我的故事也引领我在个人成长的道路上疾走。

以教研带动教学是提高教学改革水平的必然途径，可以说成长林是我生命中的一个转折点，之前虽然我很努力，但是总感觉茫然无序，成长林揭开了我职业生涯新的篇章，我更加明晰了自己的成长方向，让我把埋着苦干的头抬了起来，让我深刻地认识到“我的成长其实应该我自己做主”。教学工作需要远见卓识，我的视野延伸了，拓宽了，我的教育观点也由此提升了。

一步步走来，一天天褪去青涩，一点点成熟起来，收获了自身素质和教学能力的提高。我获得了……

（4）感恩伴我在工作中成长

年少时，觉得很多精彩的故事都是靠个人的努力去谱写的，可是随着年龄的增长，随着经历的事情、结识的人越来越多，就会领悟到除了自己的努力之外，最难能可贵的是，在我的身后，我的人生故事里，一直有那么多关心我的人，是他们让我每天的故事都更温暖、更精彩。

在工作的12年中，我的生命历程中有了许许多多的第一次：第一次编撰国家级教辅书籍；第一次讲公开课；第一次发挥骨干教师作用带动青年教师……这无数次的第一次都让我记忆犹新，心怀感激与感动。经历是一种财富，我很庆幸，在我生命中是成长林提供给我这笔财富和向上不竭的动力。其中所获取的知识的增补，人情的感悟，心理素质的锤炼，必将使我终身受用不尽。12年我一路跌跌撞撞走来，哭过、笑过、气馁过、放弃过，洒下一路汗水，只是一心想干好本职工作，乐观看事，淡薄名利，可是得到的，却比我想象的多得多。如果不是跟着身边那么多优秀无私的老师亦步亦趋地学习，我不知道会在什么地方倒下；如果不是领导同事们对我的严格要求，我不会在专业素质上提高；如果不是我的家人，我也不能“义无返顾”地投身于工作中。我深深感谢所有帮助过我的良师益友，感谢成长林。因为，当我走向你们的时候，我原想撷取一片树叶，你们却给了我整片树林。

8. 心灵的“鸡汤”

严 萍

假期，我们去景色宜人的雾灵山学习，给我们进行培训的是南开大学心理学教授袁辛，题目是“应对压力 愉悦人生”。

刚到雾灵山，下车不久袁教授就来了，有的同事看见袁教授很高兴，他们之前听过袁教授讲课。而我，顺着同事们的视线方向追过去，黑色衣衫、披肩长发、小个子、成熟知性美女，这是我对袁教授的第一感觉。陌生感始终萦绕在心里，我没有过去打招呼。简单收拾后，我们去晚餐了。

车行半小时路程，来到晚餐地点，端上桌的是农家特色菜。经过一路的颠簸，大家都累了、饿了，谈笑间一张张盘碟见底。席间，滨华姐带着我们这桌的年轻人去敬酒了，这是第一次与袁教授正面接触，隔着桌子只有眼神的交流，很快离开了。饭后听曹伯说教授是我的老乡，心里想过去多聊聊，可是那种陌生感和袁教授那种知性气势，仿佛中间隔着一道沟，使我无法跨越。还是等到学习的时候再交流吧。

我们一行 60 人，分成两组进行学习。在宾馆二楼多动能厅，五六张桌子摆在厅内，我们陆续入座，讲座开始，教授做一个游戏“我的新家”，我们每人一至五依次报数，最后按报数从新分组，组成新的小家庭。

有句话让我很迷惑“跟我一起听讲座是您的荣幸！”，她让我们把这句话对我们的“新家”成员说，我们最开始不知道她的用意，都觉得很纳闷。“这不找乐吗？”，“这是哪跟哪啊？”等等的话语飘进我的耳朵。在“新家”里，我是年纪最小的，这句话无论如何也说不出口呀。后来袁教授解释道：“说这句话，是让你把自信放到内心；跟我在一起你会很快乐。”袁教授把我们听讲座的老师分成三类：40岁以上是资深美女，30～39 岁是经典美女，20～29 岁是时尚美女，这一番顺其自然的交流，增进了我们和袁教授的感情，增强了我们的自信。她很谦和地把这次讲座说成是“交流”，这也使我们在和袁教授的互动中更加和谐，交流环境显得轻松不拘束，感受到了一种自由，她谈到：“自由的心灵，才拥有无限的创造力。我付出了，没有收获，我是很难过的。”这些话，听起来是那么自然，触动了我的内心，我在上体育课的时候，有的孩子就是不听课，自己不听，还捣乱，让我的课程进行困难，反复地教育，都没有成效，就感觉自己的付出没有收获，真的很难过的。在听袁教授讲课的过程中，心中突然会想到一些妙法，对那些顽皮孩子没准就有感化作用呀。例如：让那个孩子把自己的优点写出来，有的孩子听惯了老师的批评，会觉得自己一无是处，就在班里捣乱，影响其他同学上课。跟某些孩子单独交流，他们犯错了，让他们用正向的词去夸自己，用不同的词夸自己。我觉得这在教学中应该会有效果吧。

“对抗的背后是爱的渴望”，现在的小孩子与父母对抗，与老师对抗，他们这些行为，我到今天才明白，从心理学角度讲，他们是对爱的渴望。我们跟孩子直接沟通，去解决问题，问题本身不是问题，总会有解决的办法的。袁教授在讲投射和认同的关系时，给我们讲到苏东坡和佛印的故事，很生动地让我们正确理解这两个词。

这次的学习让我感触很多，以前觉得自己对事情看得不太重要，经过这样心理交流，发现自己确实遇到来自在生活工作中的一些压力，袁教授谈到这些压力是可以管理的，我们积极地高兴每一天；笑对每个人，平静每件事，健康幸福，平淡一生。这样的态度可以缓解来自外界的压力，让我们拥有健康，拥有强壮体魄，健全的心智和良好的社会适应能力。我们的愤怒是来自他人和社会跟我的价值观不匹配，学习心理学知识会让我在这些情况下，更理智地处理，展现一种美好的状态，不给他人带来不愉快。

袁教授跟我们分享了许多小故事，从故事中引出应对压力的办法，生动有趣。这种心理学学习很有收获，听她讲课对我自己的影响挺多的。上大学时就喜欢心理学课，现在听袁教授的交流，让我很想去参加类似的学习，更多地去沉淀自己，充实自己，完善自己。在学习过程中，我自己的发言交流、语言表达不太好，总感觉词穷，袁教授不留痕迹地帮我把说话的意思做一个发散，很感谢她。她之前知道我是她的老乡，今天认识了，多一些交流，她真诚地赞美我，使我对自己有更多的自信。听袁教授的课很亲切、很温馨，她为我们考虑很多，非常感谢她，这一次的学习收获很大，使我对自己工作目标、要求更清晰明确。再大的压力，我也会愉悦面对，幸福生活。

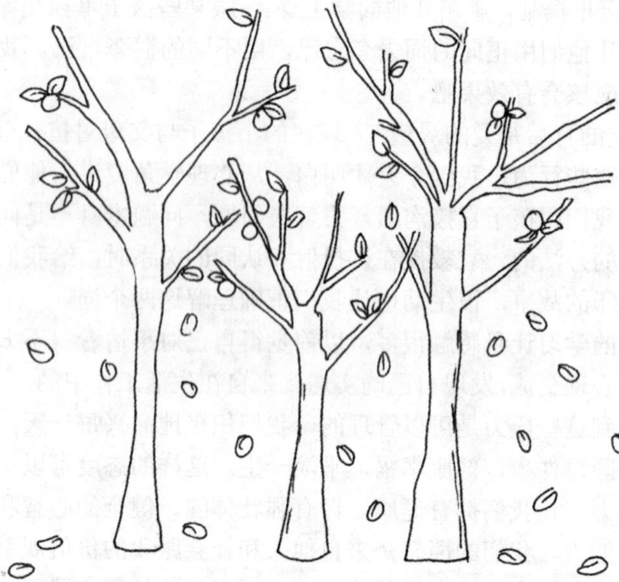

你想要证明什么？没有一棵树需要证明它是树。

9. 成长故事

杨明法

人生如轨迹，没有重复，只有不断地变化。一生中我们总在经历这样那样的挑战，有的对我们来说是机遇，有的对我们来说则可能是挫折。积极的人在挑战中都能看到一个机会，而消极的人则在挑战中能看到某种忧患，一如浏览风景的人，只要健康的心态，每每看到的都是不一样的新奇与惊喜，反之，则会索然无味。所谓“登山则情满于山，观海则意溢于海”。既然这是我们成长的历程，那么为什不怀着一颗享受的心去体会其中的酸甜苦辣咸呢。

励志的成长是健康的、积极向上的，当我们努力挣扎向上的时候请不要忘记回头看看我们走过的路，那是我们健康成长积累的财富，它会为我们的未来指明方向。成长就像是一次次的蜕变，有痛苦，要流血，有风险，会失败，但也是对未来的憧憬和期待，会变得成熟与美丽；成长是跌跌撞撞还依然向前的勇气，是历经磨难却心怀感恩的沉着，是经历失败还傲然挺立的霸气，是面对困难却坦然微笑的信心；成长是无尽的阶梯，一步一步地攀登，回望来时路，会心一笑，转过头，面对前方，无言而努力地继续攀登。经历的成长过程虽然不同，但最终想要到达的不都是要在孤苦与压抑中吐露芬芳么。

作为一名人民教师，我的成长路上自然要有学生的身影，满足学生学习的需求就是老师成长的目标。一名老师不仅要传授给学生相应的学科知识，还要通过全面的教育促进学生的健康成长，因此只关注本学科知识的做法是行不通的。“业精于勤而荒于嬉，行成于思而毁于随”，一名老师必须不断读书，从各方面充实自身，才能潇洒地应对学生成长中的各种烦恼，做好传道授业解惑的本分。

（1）读书了

书籍是人类进步的阶梯，勤勤恳恳读书的态度，既是武装自身的手段也是教育学生的目标。

读书者与不读书者，最大的区别在于看问题的高度不同。通过课外培训，我深入地学习了《弟子规》，“读书百遍，其义自现”，我被中国古典文学中蕴含的深刻人生哲理所震撼，明白了许多做人、做事的道理。《弟子规》中“百善孝为先”，让我常常担心现在的孩子长大后是否懂得孝敬父母。优越的生活环境养成了他们唯我独尊、我行我素的性格，从父母那儿，他们习惯于轻而易举地获得，却很少考虑基本的付出，很多时候我们忘记了教他们如何去感恩。我并不怀疑孩子对父母的爱，也许他们都有一颗诚挚的孝心，可是他们知道如何去表达吗？“冬则温，夏则清；晨则省，昏则定。”“身有伤，贻亲忧；德有伤，贻亲羞。”这是《弟子规·入则孝》的描述，它不光教导我们如何教育子女，对于一名老师教育自己的学生又何尝不是这样呢。“出则弟”是教育孩子如何处理与同胞、同辈之间的伦理关系，学会恰当处理同学间的人际关系既能保证班级团结增进班级凝聚力，又能影响孩子将来应对各种人际关系的能力，对孩子们的健康成长至关重要。

（2）职业感增强了

做一名教师首先必须对自己的职业特点与性质有一个准确的认识，只有当自己的职业成就感与教师的职业特性相吻合，才能成为一名合格的教师。“丹青不知老将至，富贵于我如浮云”，这是我作为一名教师的职业追求。“人生在勤，不索何获”，做一名教师必须看淡名利，教学也不会带给我们名利。“欲求贤才栋梁，天空陆地海洋。半世东。奔西忙，今又远航，路遥山高水长。”正是因为有这样的付出，教师才被称为“人类灵魂的工程师”、“太阳底下最光辉的职业”。“勤劳一日，可得一夜安眠；勤劳一生，可得幸福长眠。”想一想我们带给孩子未来的帮助，想一想我们的一个微小疏忽可能带给孩子的迷茫，名利又岂能撼动我们辛勤付出的决心。“鹤发银丝映日月，丹心热血沃新花”，这才是一名合格的人民教师的伟大的职业操守。

（3）拜师了

新学期伊始，全体教职工大会上学校给新入职的年轻教师安排了一个简单而隆重的拜师仪式，因为事前没有得到通知说要拜师也不知道要拜的师傅是何方高人，所以感觉有点惊讶又有点期待。

师傅名单一公布，有种哭笑不得的感觉，因为学校给我安排了一位年龄与我相仿，甚至比我还要小几个月的师傅，这下称呼上可就犯难了，管一个比自己年龄小的同事叫师傅，怎么开的了这个口啊，喊完自己都觉得别扭，还怎么交流沟通啊，但反过来一想，谁让自己参加工作晚呢，于是硬着头皮开始以“师傅”称呼对方。一个月下来，虽然还会感觉有点别扭，但心理上总算能够勉强适应了。

克服了称谓上的困难，我开始认真观察这位“小师傅”，长相还算潇洒，个头比我略高，做事态度相当认真，是我们这个科目的学科带头人，为人处事与同事相处都很恰当，做事积极又有计划，教学能力强，专业特长突出，所有这些都是我身上缺少的。慢慢地，心里开始有点佩服这个“小师傅”了。尤其是第一次上公开课师傅给了我好几条建设性的意见，一下使我克服了恐惧心理，专业教学水平有了很大的提高。

生活中师傅给了我很多帮助，无论什么时候，只要有需要，他总会第一时间赶到，抛开师徒的名分，他的做法很够义气。长时间积累下来，我与小师傅之间积累了更多的哥们友情，彼此之间的距离越来越近了。

（4）“被”听课了

年轻教师的成长离不开老教师的指点，听课是老教师了解新教师教学情况的重要手段。公开课是学校安排的增进教师间相互了解的重要途径。第一次面对这么多老师，讲好一节课对自己是一个重大的挑战，精心的备课必不可少，通过试讲、组内交流、师傅指导，公开课的框架总算出来了，剩下的就是些添枝加叶的工作了，当然教学过程也是必须提前规划的。

11 月 22 日，第一次公开课如约而至，听课的教师比预期的到得少，可能是因为天气的缘故吧。学生们很配合，积极完成了安排的各项内容，没有因为旁观的老师而显得拘谨，除了两个学生在后排偷偷打闹之外，整堂课的纪律还算规范。因为课前经过了周密地准备，讲课的过程中总有一种尽在掌握之中的感觉。想到旁边观课的老师，不仅没有想象的紧张反而有种洋洋得意的感觉，很好地满足了一下自己的虚荣心。

评课反馈的教学效果还算理想，终于顺利地迈出了第一步，自己的自信心一下就足了起来，面对挑战的心态也变得更积极了，第一堂公开课获益匪浅。

“路漫漫其修远兮，吾将上下而求索”，成长的路程还很长，还会有很多生动的成长故事发生，小心收藏这些美丽的回忆，等到能在教师的道路上有所成就的时候，我们会感念那些曾经带给我们感动或激情的瞬间。

10. “第一次”旅程

张盛楠

2011年7月1日我大学毕业，2011年8月13日我便有幸第一次跟着我的第一批同事去学习去爬山，我是多么的幸运，仅仅43天的时间，就找到了归属，找到了我的第一个“家”。于是一系列的“第一次”就接连发生了。

第一次加入另一个集体。这个集体中的每一位成员间彼此都很熟悉，他们亲密无间，唯独我对于他们来说暂时还有些陌生，所以刚开始时我还真有些不适应，不知道该做些什么该说些什么。但是渐渐地我体会到了老师们的热情和热心。面对我这个新成员，他们用微笑鼓励着我，用话语支持着我，用行动感染着我，仅仅两天的时间我就不知不觉地融入了这个大家庭。从出发时的忐忑不安到返程时的谈笑自如，从刚刚见面时的紧张到渐渐熟悉后的坦然，我要感谢这么多可爱的老师们，你们是孩子们的老师，也是我的老师，在我人生第一份工作开始的时候，教会我友善与团结。

第一次心理辅导。真的很幸运能在我遇到人生的一个转折点时，听到袁辛教授的讲座“应对压力，愉悦人生”。工作初始，面临着新的挑战与机遇，我真切体会到学会如何应对压力的重要性。“最美的风景都是那些难以到达的地方”，袁教授的话依稀还在耳畔。每当在工作或生活中遇到挫折和困难，我都会用这句话来激励自己坚持下来，通过努力度过了难关，泪水和汗水一定都会积淀下来成为我们人生中最宝贵的经历。“智者务实，愚者争鸣”，这是袁教授讲座中我记忆最深的一句话，它教会我无论在工作或生活中，都要踏踏实实，一步一个脚印，一点一滴地武装自己，完善自己。尽心尽力、尽职尽责、实实在在地做事，才能从中积累经验，得到别人肯定，也充实自己内心。

心理辅导中袁教授还教授了一些对待孩子的方法,我也受益匪浅。对淘气的孩子，给他责任担当，让孩子自己的力量来约束他。要懂得孩子真正的渴望，在乎孩子，就在乎他们所在乎的事，爱孩子，就给他们真正想要的东西。每种性格都能成功,每个孩子都应该受到关爱,努力寻找孩子的长处。淘气的孩子不要惩罚他,活跃的孩子有活力,我们应该公平公正地对待每一个可爱的孩子，无愧于心。

第一次和领导吃饭。王校优待我们这些80后的年轻老师,中午与王校、袁教授一同进餐。午饭吃了很长时间，但我相信王校和袁教授一定没吃饱，因为大部分时间她们都在细心地倾听我们的谈话，并且耐心地解答着我们的一个个问题。很高兴袁教授记住了我的姓名，并且在下午的讲座中提到，这让我很感动，同时也思考如果我能像袁教授一样关注到我的每一位学生，那么孩子们一定也会很感动。

第一次联欢。还没吃完晚饭，KTV里就传来了阵阵歌声，这是我第一次与新同事一起联欢。我真是大开眼界，老师们个个多才多艺，身怀绝技，唱歌跳舞样样都行。王校的歌声豪放嘹亮，舞蹈优美多姿，她在我心目中严肃高大的形象彻底“颠覆”。说实话，唱歌跳舞可真是我的软肋，但是在老师们热情的感染下我也投入其中，这可真是个欢乐的大家庭！

第一次户外活动。蒙蒙细雨中，老师们登上了两千多米的山峰，大家相互帮助，相互搀扶，走过了一个个景观，也在相机中留下了一张张笑脸。一个鸡蛋分两半，一把伞三个人一起撑，一瓶水大家喝，真是个和谐友爱的集体！

这段旅程结束，我结识了新朋友，感受到了新气氛，融入了新的集体，经历了人生中许多的“第一次”，这些将成为我新生活的开始。感谢老师们用友善的微笑给了我鼓励与支持，让我在这么短的时间里便融入这个温暖的大家庭中，感谢这次旅程，我将永远不忘！

11. 走好脚下的路，但不错过路边的风景

王　耕

八月，是一个难忘的开端。

在没有正式开始在三小的工作前，非常幸运有机会参加这样一个心理培训课程。拖着行李箱，和一同来到三小工作的同事一起，走进了一群陌生但活力四射的教师同仁。在分不清你我他的情况下，我总结出了第一条心得：真诚微笑面对所有人。不管熟悉与陌生，这一定是你迈出第一步的最大助力。可能在面对一群崭新的年轻稚嫩的面孔时，对他们真诚地微笑，是师生间建立起的最迅速的纽带吧。

在这里，我很想好好描述一下袁辛教授。这是一个温婉如水的小女人，美丽、自信、知性、果敢。她身上外柔内刚的气质很是吸引我。她的眼睛明亮、有神，偶尔眼神会凝聚在一个地方，停顿几秒，这定是她在深思。教授的声音柔软轻快，娓娓道来。我很好奇，什么样的女子，可以在接近不惑时仍然美得这么惊艳。她总是随身携带一个尼康的单反相机，经常举着拍摄。拍风景、拍气氛，拍人物，当然，也拍自己。在演示的 PPT 中，教授会时常插入一些自己拍摄的风景作品。回来后我登录了她的博客，里面很多的照片，记录生活，展现美景。不禁惊叹，这需要一双多么善于发现美的眼睛啊！是的，这是我此行的第二条心得：要保持着爱美的、发现美的心，对生活，亦是对工作、对孩子们。一直坚信，哪怕再不成功的人，都有他绚丽的一面。缺点再多的孩子，都有他优于常人的特点。作为老师，能迅速发现每个孩子的长处，并鼓励他扬长避短，优势能力带动劣势能力，肯定会尽快帮助孩子树立自信，健康成长的。我是个天枰座女孩，“臭美”似乎像天性一样伴随着我，但此行归来，我发现，很多成功的人，包括教授和领导们，对美都有着很高的要求，所以，我开心地把追求美当作了自己的骄傲。

培训日程的第三天，一件小事让我触动颇深。在六里坪景区，有很多崎岖又蜿蜒的山间小路。正赶上是一个神清气爽的天气，和老师们也渐渐地熟悉起来，天时地利人和，我犹如神助般地随着第一梯队上上下下。当我擦着汗原路返回时，碰到了刚刚上山的教授和领导。两位美女走走停停，边欣赏边拍照。我呆呆地停在那里，痴痴地望着她们的背影，忽然发现，忙于赶路已然让我忽略了路边的风景。走马观花一般，真正留于心底的美景，寥寥无几。

人生苦短，走好脚下的路，但不要错过路边的风景——这是我悟出的第三条道理。这也将成为我毕生追求的目标。希望我年逾古稀之时，能感慨着此生未曾虚度。

环境能改变人生。三小的教师团队，虽然规模不算庞大，但融洽和谐、温暖积极。在没有开始工作前，我就已经爱上这个队伍了。心底有一种小迫切，总想此刻就融入进去。在这样一个环境下，我十分期待自己的成长。这个八月，我职业生涯的开端。环境为我铺好了画纸，我会用自己的努力和智慧绘好蓝图的！

雾灵山之行，让我在思想上满载而归。

若日后有更多这样的培训机会就更好了。

教育故事

1. 在学生的陪伴下成长

路亚辉

2008 年 7 月我踏出大学的校门，来到油田三号院小学，完成了人生角色的第一次蜕变，由一名学生成长为一名小学数学教师。我还清晰地记着当我第一次站到班级讲台上时，那激动不已的心情，还有那种初来乍到的不知所措。望着一双双充满疑惑的眼睛，我知道自己面临着一个巨大的挑战，我得使出浑身解数去“征服”这些孩子们。此刻自己正站在人生最重要的一条起跑线上，怎样前进只有靠自己去把握。

有学生陪伴的成长，是一件让人感动的事。喜欢看他们活泼可爱的笑脸，听他们问单纯而有趣的问题，喜欢在课间跟他们“谈天说地”，慢慢地竟然发现自己喜欢并享受这种单纯和简单。但有时这班小天使，也会变成调皮捣蛋的小恶魔。在起初的一个月内，我深感自己举步维艰。上课的时候，有些学生就会在边上嘀嘀咕咕的，有说话声，有唱歌声，怎么说都不听，也不收敛。我火了，第一次在班里发了好大的火。回到宿舍后泪水满眶，我迷茫了，我打电话给我的老师诉苦，我说我感到委屈、感到无助，我怀念学生时代的日子。老师说人不可能只活在过去，你需要成长，需要完成一个从学生到教师的蜕变，这种蜕变是要付出代价的，那就是虚心学习，学会尊重、理解、宽容、沟通，赏识孩子。我又打电话向爸爸倾诉，爸爸说，自己的事要学会自己慢慢地去处理，学做一个有心的人，多听、多看、多学习，别怕干得多，那是一种福气。

哭过喊过，问题还在那里，还得自己去解决，凭着一股子的执着，和满腔的热血，我坚信我会把我的工作做好。我开始处处留心身边的每一件小事，老教师是怎样处理学生在学习上遇到的问题，怎样联系家长，跟家长沟通，怎样化解学生矛盾等等，我模仿着去做，一点一点地反复实践，效果真的很不错。我还利用课余时间向学校的老教师学习教学工作中的点点滴滴，到处听课，在他们身上我看不到一丝紧张与无措，取而代之的是和学生融为一体的轻松。原来课堂真的很讲究技巧，不能呆板地将课本知识输进学生的大脑，而应采取一些辅助方式来活跃课堂气氛，以利于他们更好地吸收并学以致用。比如游戏、歌谣、表演等等。老师一个手势一个微笑都有可能调动他们学习的积极性，同时孩子们最喜欢奖励教学，一个粘贴、一朵红花都能让他们感受到被赏识的喜悦。知道自己的引导有多重要，“看谁最慢”真的不如“看谁最快”。老教师对我的建议让我收获了很多教学方面的方法，进步了很多。我的课堂也可以充满活力，可以吸引学生，褪去了紧张与羞涩，我变得自信起来。

学生越来越喜欢我的课，跟我也越来越亲近。有一天下午，我像往常一样走进教室准备上课，突然有个孩子从门后面出来给我戴了个东西，全班齐声说“老师生日快乐”。科代表李婧欣端上一只蛋糕。对啊，今天是我生日，我自已都忘了。看着这些可爱的孩子们，我含着眼泪笑了，我感到欣慰和幸福，顿时觉得自己所做的一切都是值得的，在学生的欢呼中，我把蛋糕吃了，那个甜一直到我心底深处，至今记忆犹新。

参加工作几年来，我和孩子们互相陪伴着共同成长，但很多时候我不能控制自己的心，陷入泥沼的困境，在工作中哭过，懊悔过，但谁不是一边受伤一边成长？现在我要说的是我喜爱和孩子们共同度过的岁月，有孩子们陪伴的成长，是一件幸福的事，我愿意在这种幸福的包围下一天一天地“长大”！

2. 一路青春

李　真

（1）人生中的第一次

每个人在一生中，都会经历各种各样的第一次。第一次，在记忆中总是那样清晰，那样深刻。这种回忆或者带着喜悦，也可能掺杂着些许痛楚，却历历在目。总是有人说，青春中的许多第一次，都是痛并快乐着的。因为青春，我们有无限的潜力和可能，我们有勇往直前的勇气。但更因为青春，我们简单懵懂，可能因此而犯下了无心的过错。也因为青春气盛，错过了许多生命中原本很重要的东西。但，生命没有重来，青春更加短暂，于是，这诸多的第一次也更加弥足珍贵。

第一次踏上三尺讲台，第一次解决孩子之间的小矛盾，第一次和家长单独沟通，第一次讲公开课，第一次组织孩子们参加比赛，第一次开家长会……许许多多个第一次，组成了我们踏上工作岗位的第一个年头。虽有无比的信心，但也有些许的忐忑不安。面对全新的生活和工作，一时间仿佛不知道该从而做起。其实，成长就是这样一个跌跌撞撞的过程，又有谁不曾经历过失败、彷徨，就获得了可贵的成功呢！五味杂陈的滋味，第一次最难忘。若不是第一次曾有过失败的痛苦，就不能深刻地体会成功来临时的喜悦；不曾有面临困难时的迷茫，就不能迈开大步坚定地前行。

终有一天，我们会带着这些青涩的回忆，踏上鲜花盛开的田野，和我们亲爱的孩子一起，快乐成长。

（2）收获感动

成为一名老师，是我一直没有想到的一生。31个孩子，各式各样，或开朗活泼，或安静内向。有时候乖的像一只温柔的小白兔，有时候调皮的像一只刚下山的小猴子。很多人说，每个孩子都是一个天使。但不得不说，有时候他们也可以变成让人牙根痒痒的“小恶魔”。两年下来，我和孩子们互相了解，渐渐成为了朋友。虽然在孩子眼中，老师很严厉，但是他们也知道，这一切都是为了他们的成长。

总会有孩子在冬季容易感冒的时候，悄悄地给我放一张温馨的小卡片；在各种节日来临的时候，偷偷地递给我自己心爱的糖果和巧克力。那种小小的甜蜜，一直让我甜到了心里。那一颗颗晶莹剔透的玲珑心啊，我该怎样回报你们呢。真恨不得把我知道的所有一切都告诉你们，教给你们，希望你们能比我懂得更多，学得更棒。这算不算一个年轻的教师对你们满怀的期待呢！

日子总是很长，但又总是很短。成长总是很漫长，但又忽然而至。故事总是很多，数也数不完。

这是属于我们自己的故事，一路青春，一路欢笑。

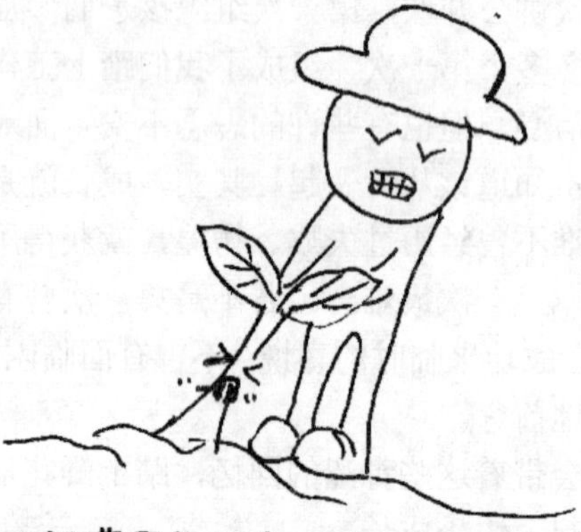

拔苗助长只会让我失去根基。

3. 我的第一堂课

邵　军

弹指间，我从教 5 年了。朋友见面，有时爱问一句，你上了那么多的课，哪一节课最难忘?不管什么时候，我都会不假思索地告诉他——那节课——5 年前我第一次站上讲台的那节课。

2008 年秋，我从大学毕业，来到三号院小学教书。走进课堂，第一次走上了属于我自己的舞台，望着讲台下那一张张纯朴的脸，那一双双好奇的眼睛，我突然感觉到自己有些眩晕了，突然感觉到“竟无语凝噎”。定了定神，心里忐忑不安，不知道学生们是否看出我的紧张与窘迫，还好教室里没有领导和其他老师，这里只有我是年龄最大的，虽然我是一名刚刚毕业的大学生，但是我现在已经是一名光荣的人民教师了。我使劲捏了一下自己的大腿，告诉自己要讲课了！抬起头，看到讲台下那么多眼睛在注视着我，我感觉到脸一下子红了，定了定神，终于对孩子们说出我人生的第一次“同学们好”。然后是一次简短的自我介绍，之后步入正题，开始讲我人生的第一堂课。也许是因为紧张的原因吧，也许是时间太久的原因吧，我竟然连我的第一堂课的题目都没有记住，反正只知道虽然自己之前备了很久的课，但是课堂上总是感到不能得心应手，总是有那么多的不知道，总是有那么多的后悔，总是有那么多的无知。伴着紧张，第一堂课就这么匆匆而过，我的脸上都是汗水。脑海里第一个反应出的就是毛主席经常说的那句话，“理论要联系实际”。看来实践真是一个大学校，我需要学习的太多太多，我也真正体会到“活到老学到老”的内涵。

4.“战”前“战”后

王艳艳

若把我的教师生涯看作一场自我提升的持久战，那么“首届三项基本功”大赛便是我职业生涯的重要一役，这战前准备，战后反思，着实让我成长了不少，甚至有一种“柳暗花明又一村”的感觉。

滨海新区首届教师基本功大赛在2011年11月举行，三项基本功分两次进行，持续了半月有余。而学校迎接达标校检查是在11月1日，这为我基本功大赛讲课奠定了基础。

基本功大赛的第一天：早上六点五十出发，八点半参加了第一场考试。笔试分为两部分，通识加专业，拿到通识试卷，第一眼就看到了“《教育规划纲要》提出，建立统一的中小学教师职务（职称）系列，在中小学设置____教师职务（职称）。（正高级）”哈哈，暗自窃喜中，结果再看前面的19道题面熟的就不是太多了，不过应该也还行吧，就这样吧。

接下来的专业知识对我还说比较顺利，一边答题一边看临座的进度，哈哈，比我慢。不过由于长时间没接触，有些小知识点还是有点忘了，ASCII码、双声道采样频率与文件大小的关系得复习一下，还有就是以后得经常复习几种常见的小程序，要烂熟于心啊！总的来说专业知识这里还是比较顺利的。

好啦，接着准备叙事演讲吧……怀着紧张的心情等待。终于轮到我了，抽到了这样一道题：结合教育学、心理学分析案例，并结合自己的教学实践叙事演讲。

案例是这样的：某市在1万多名中小学生中进行了关于“遇到不开心的事你会向谁倾诉”的调查。调查结果为仅有1.26%的学生选择向班主任倾诉，而选择“班主任、心理辅导教师、任课教师”三者的总数仅为0.82%（本人一直觉得这两个数据不太对头）。调查结果排在前三位的依次为“爸爸妈妈”、“同学朋友”、“自己藏在心里”。

下面是我的演讲要点：

拟定的题目：《大爱有痕》

开头：苏霍姆林斯基说过：“如果教育学要从一切方面去教学孩子，那么就必须首先从一切方面去了解孩子。”

现代生活节奏快，心理问题凸显。

分析案例得出结论：教师要关心孩子。素质教育推进，要求孩子全面发展的同时更要求教师关注孩子内心、还可以注重家校合作创建和谐的育人环境。

列举自己课堂上真实经历的案例……

结尾：作为一名教师，要用爱心来对待孩子；要用诚心来打动孩子；用热心去帮助孩子；用微笑去面对孩子；用人格去影响孩子。教师用爱影响孩子，孩子的改变是对教师爱的回报，大爱——有痕！

这十五分钟准备的思路自我感觉还可以，可五分钟的演讲就有些心口不一了。

需要锻炼！！！案例还需要平时积累，笔头该再勤快一些啊。

第二天：在实验小学借班上课，准备的是五年级第三单元第三课《我们的街道》，赛前，师傅、教研员李老师、教学校长都来听我的课，帮我把关，为我指导，不胜感激。我的课被安排在下午，在等待上课的过程中看到了博友“yong 言”最新发表的博文，感触颇深。他说“教学最终，要将教师隐藏于后，最好是学生学到最后都‘忘’了老师。”公开课，似乎所有的一切，包括电脑设置、课堂氛围、教学安排，甚至学生，都是为了衬托这位老师表演的道具。用欣赏艺术品的话来说，所聚焦的视觉中心是在教师，在教师的表演，而不是在学生！！！我们的老师总是那么在乎自己，在乎到把教学的主体——学生都做成了自己的教学道具。这让我觉得，今天在李老师指导下我的这堂课是十分有意义的，或者说这种以学生为主体，教师为主导的模式下，通过学生的自学，提出质疑，再去解决问题的过程是十分正确的。像信息技术课若仍旧以老师讲、学生学的教学模式意义就不大了。这样的模式只是“授之以鱼”，而信息技术是前沿学科，每一位信息技术老师都明白，我们拿到课本的那一瞬间，知识已经是落后的了。信息技术高速发展，信息技术学科是一门工具学科，而且它并不像语文数学那样是基础学科，我们信息技术老师应该教学生面对一款软件如何从认识到使用，教的是方法，而不是使用这款软件本身。

三项基本功大赛终于结束了。持续了将近一学期，保持忙碌、紧绷着的弦终于可以稍微松一下了。可除了精神可以稍微放松一下之外，每天的生活照样会是相当的充实。

或许现在总结有点早，不过这个学期真的收获不小。

今天回到单位，不，应该是从下课开始，就不断地有人问我结果怎么样，我笑着……结果已经确定，结束了就是结束了。

我知道结果可能并不是我预期的那样好，不过我尽力了。在准备达标校过关课和今天的三项基本功课的过程中，我有很多的收获。甚至远比我上班一年的收获要多。我知道课应该怎么上了，不过或许我还不知道真正的一堂好课的评判标准是什么。

除了上课之外，我明白积累在于平时，时间是挤出来的，就像一点点的个性签名中写的一样“必须非常努力，才能看起来毫不费力”，而我除了要非常努力之外，还需要一个词——“细致”。

树有春夏秋冬，人有悲欢离合，此事古难全。

5. 用真心　换真情

宗淑艳

人生道路上会遇到很多挫折，在青年教师的成长之路上，会遇到更多。刚刚送走的毕业班里，有那么一个文静可爱的小女孩儿，在和她父母的沟通中，我曾经受到了深深的打击。然而，生活向你挥拳，你不幸倒下了，是该继续带着伤痛躺在那里呻吟和回忆痛苦，还是该反思如何避免下一记拳头，重新站起来继续前行呢？对于我的人生来说，答案明显是后者。

2008年刚参加工作，我就有幸做了班主任。由于工作需要，第二年我重新接手了一个新的班级。曾经教他们的老师们和我讲这些孩子的如何如何，家长们的形形色色，我听着、记着，给自己打着预防针。有一次看到孩子们素质教育评价手册上写着，“我们已经经历了三位班主任，这学期又迎来第四位班主任是____”，哑然失笑的我对这些可爱的孩子深表同情，因为他们才刚上三年级啊！同时，更多的是，责任感和使命感压在了心头。我知道，只有我的坚持和努力，才能弥补一二年级本该打好的基础，才能把这些孩子锻炼出来，才能让这些孩子在小学时光里留下的是幸运而不是遗憾。从此，学校里多了一个既是学生又是老师的大孩子。说我是学生有两个原因，一是班级里有任何活动，我都试想自己为班级一员，去参与、去努力。我带领大家一起做卫生、为运动会锻炼、一起制作手抄报、自费为孩子准备六一礼物、一起做课间操、参加班级排练的合唱、晚上像个孩子一样写着作业……二是身为年轻班主任，不懂的地方实在太多太多，一遇到问题就会听到办公室里有个大孩子请教其他老师、倾诉遇到的困难、罗列自己计划的步骤，或是探讨孩子的教育问题。作为学生，我像一颗小树苗，拼命汲取阳光雨露，昼夜生长，收获很多。

岁月流逝，转眼孩子们都到了五年级，一路上我们师生之间各有成长。无论是我个人和班级在学校、在滨海新区获得的荣誉，还是整个班级风貌的转变和家长们的反馈，都让我感觉到自己的努力付出是值得的。为了让大家在小学生涯里画上圆满的句号，最后的这个学期我更是严格要求自己，严格要求学生，引领成长。“人生走得太急，就会错过许多风景。”现在回想那时候，的确是的。工作量的增加，让我不堪重负；年轻气盛的心态，令我缺失沉稳。在一个本来美好的晚上，我深深遇到一个挫折。

五年级作业量增加，为了让孩子们的数学成绩有提升，晚上我草草吃过饭，给自己下命令，去单位加班批改作业、设计下周的测试卷。工作刚完成一半，一个电话打来，是那个女孩子的爸爸，我暂时称她为 H 的爸爸。电话里，刚开始好端端的聊天，忽然转变为质问，我更听见 H 的妈妈在电话那头没有好气的连续追问：“你就问老师现在在哪儿？”得知我在办公室，十几分钟后，他们来了。本以为有问题要说，没想到的是，两个人轮番指着我的鼻子，怒斥我。对，绝对是怒斥。“我家孩子现在都不和我们说话，什么事情都不说，为什么？我们家孩子有问题？我们家孩子有什么问题？有什么问题？我看你老师才有问题！……”从来没有见到这阵势的我，吓傻了，惊呆了，委屈的泪水就像泉涌似地夺眶而出。这个晚上我本可以选择过自己的生活，我本可以不告诉他们我在哪里，我本可以在我的私人时间里做自己更喜欢的事情，为什么我却在单位一个人苦兮兮地加班？为什么我要在这里听两个像我父母那样年龄的人大吼大叫？为什么我为了他们的孩子付出和牺牲了很多很多，这两口子却在我的真诚的心上狠狠地插了一刀？为什么？

场面完全失控，我害怕，更多是委屈。我打电话求助搭班的语文老师，没人接电话，情急之下我打给了住在附近、平易近人的王校长。做事干练、做人厚道的她在电话里安慰言语不清的我，说马上过来，让我等她。后来的事情都是王校长处理的，我已经没有心情继续工作了，我委屈得恨不得辞职不干了。我当时就在想，去找搭班的语文老师，澄清这对父母口中的不实之词，然后就回东北老家，离开这个没有半个亲人朋友的地方，离开这个让我如此伤心的班级。两位家长还在连珠炮似地控诉着，当着王校长的面儿，我实在插不进去嘴澄清什么，也实在伤心得不愿意再说什么，我走了，真的就去找搭班语文老师了。她家没有人，在她平时锻炼的小广场也没有找到。我失望了，在广场的一角独自徘徊、暗自思忖、伤心落泪。

不知道过了多久，我依稀看到我办公室的灯还亮着，我知道，他们还没有结束。这时候的我鼓起勇气，想起了帮我解决问题的王校，她腿不太好，这会儿一定把她折腾坏了，打个电话问问怎么样了吧，毕竟最后办公室的门我还得去锁呢（想想自己当初怎么那么傻，还想着办公室的门）。重返单位，只剩下王校在打电话说着什么，她把我叫到隔壁的班级里，语重心长地开始了一段教诲，对，我衷心地承认这是一段教诲，并深深感激。首先，她安慰了我，也提出对这样反映问题的方式不赞成，毕竟两个人都四十多岁，来指着一个二十几岁的未婚年轻女教师的鼻子，大吼大叫，而且是晚上老师一个人在办公室。然后，她劝我别急，把刚才他们说的几个问题记下来，去核对一下到底是不是那样，第二天再根据调查的事实去处理问题。我的情绪好了很多。最后，她的话提醒了我，我毕竟是年轻的班主任，难免有做得不周到的地方，所以这事情不能全都责怪家长。如果自己工作做得特别细致，就不会出现这样的误解，那些反映的小问题就不存在，孩子的不开心和不正常情绪我就会发现并及时处理。所以，作为班主任，我应该心有歉疚，承认工作上的不周到，理解这两位冲动的父母。

回到家我没有睡，也睡不着，反复思考自己做的到底对不对。的确啊，假如自己都做到位了，怎么会有这样的事情发生呢？假如家校之间的沟通频繁，孩子在家中出现这样的情况我怎么会不知道呢？说一千，道一万，自己也还是有问题的。对，事实上就是自己做得还不够好，我应该做得更好，证明给他们看，也证明给自己看。想到这里，我已经不流泪了，心里就像有颗种子一样，在生根、在发芽，仿佛有了重生的力量。我暗自下决心，对待这件事情我要做到八个字“反思改进，以德报怨”。

大约两三天之后，孩子的父亲找我道歉。他很诚恳地讲，自己做事情的方式的确不对，我也向他们解释了那天反应问题中我调查到的细节，承认了自己做工作的不周全。在消除误会后，我们彼此之间的情绪障碍已经扫清。后来在我们的共同努力下，这个女孩儿和父母的关系变得更加融洽了，因为她自己的心结也打开了，在班级表现得比别人更加积极向上，拥有了更多的自信。

事情过去一年多了，想想前几天三八节，毕业的好多学生回来看我，H 也回来了，没有想到是她妈妈跟我打电话约的时间，说孩子特别想我，想看看我。我欣然答应了，并挽留 H 和其他几个孩子在我家吃晚饭。更没想到的是，H 的爸爸特别嘱托孩子给我带了一套清新的茶具，还贴心地放了一袋铁观音。这次的礼物我没有拒绝，因为我感觉到了一种“用真心换真情”的幸福。家里的沙发上坐着好几个像 H 这样的孩子，我们之间都写满了故事，回忆起来特别温情。看着他们朝气蓬勃、长大了，更加懂事了，听着他们更加有思想的谈论和充满活力的嬉闹，我情不自禁的留下了照片，想永久记住孩子们回来看我的这一幕一幕。也想着，如果当初我不能放下委屈和伤心，或许就收获不到这么多孩子和家长的真心。从此，我也更加坚定了继续做班主任的信心，坚定了继续做个更好的班主任的信心，来带好新一届的小宝贝。

就算陷入污泥里，
我也会洁身自好，
依旧挺拔。

6. 今天，你读书了吗？

王艳艳

作为一名信息技术老师，平时跟学生的接触相对较少，更是很少看到学生的日常状态、表现。有幸今天我看到了，有了一些触动。副班主任这个角色给了我这个机会，感谢学校。

今天上午间操时间，我所在年级语文老师有一个小活动，作为副班主任的我自然带领学生跑操锻炼，结束之后带回班级，因为怕课间学生出状况，我就跟进班里打算坚守好班主任A老师的阵地。进班后我就看着那些出出进进去卫生间的学生，还有几个学生在班里走动，有的学生在喝水……

两分钟之后，我猛然意识到一个问题，环顾教室，所有的同学都在看书！！大部分学生都是把书端起来放在书桌上，身体端正后背挺直的在认真读，一会儿皱起眉头，一会儿嘴角微微上翘，绝对认真！有的是两人共看一本书，或站着，或挤在一张椅子上坐着，还有的是三四个在一起拿着一本书讨论书中的一个问题……

走近一个小女孩，跟她搭讪，这书都是班里图书角的吗？女孩兴致勃勃地跟我介绍说是从图书馆借的，她正在看的是《笨蛋老师一团糟》，又翻开书的封皮把这一系列的书指给我看，现在她看的是这本，之前读了那本，这本读完后打算要去借这本、这本、再去借这本……她说每借一本书她都会看好几遍，还说不看白不看，反正借了看得越多越值。我不断地点头表示赞同，心里感触颇深，好习惯要从小培养。但或多或少都和环境条件有关系，小时候的我也只知道傻玩儿、傻闹罢了。

看着大家都在津津有味地看书，我也不忍打扰他们了。来到窗前若有所思，无意地翻着作业本，这时A老师回来了，我迫不及待地把自己看到孩子回到教室读书的情景告诉她。她笑着说，这就是习惯，看书的习惯是她从一年级就开始培养的，至于看的是什么书，这不一定要和学习有关，开卷有益嘛，看了就会有收获，家长也都很支持等等。

习惯要从小养成，读书，开卷有益。A老师也是用心良苦啊！

此时，再回忆起王校提出的“四个意识、四个习惯”，值得老师们细细体味。

注：教师的四个意识：责任意识，学习意识，高效意识，科研意识

学生的四个习惯：读书习惯、卫生习惯、锻炼习惯、讲文明习惯

7. 我和他们的秘密

王　林

第一次细致地思考孩子的“秘密”问题。说实话，无论是对自己的孩子还是对班里的孩子，我可以从理论的角度承认孩子有自己的秘密，有自己秘密的空间，但是在实际的过程中却从未把孩子的秘密当做一回事来对待。而今天看来，我静下心来开始思考和学习这个问题，我懂得要尊重孩子的秘密和隐私，要更全面地了解孩子的心理，才能把握好这些问题。再美丽的花园也需要辛勤的园丁来整理，当花园里的小花小草出现了生长问题，也许缺水了，也许缺少肥料了，再也许缺少了阳光的照料等等，这些诸多的问题都需要园丁来帮助。

在我们每周的会议当中，我知道了一个秘密，同时也是这朵小花的烦恼。她是一朵清高、洁身自好、成绩优秀的小兰花。她一直不愿意敞开心扉把自己的烦恼说出来，她一直固守着自己的小秘密。在班里举行的捐赠图书的活动中，她一直不肯捐赠图书放在班里的图书角，因此，她受到了同学们的排挤、不谅解，“一本书都不肯捐出来，也太抠了”，“她真不热爱集体”，“她肯定怕咱们把她的书看坏了，真小气”等等的流言蜚语让她实在难以承受了，于是她想到了组里的心灵天使，她找到了心灵天使，并给她讲了一个关于自己的故事：“我是在爸爸妈妈爱的抚慰中长大的孩子，他们从小就教育我作为一个女孩要自尊、自爱、自强，不能把自己的烦恼和麻烦带给其他人。我们家并不富裕，爸爸买断了，自己又找了一份工作，每个月只有一千多块钱。妈妈身体不好，没有工作，只能靠帮助裁缝店的阿姨做衣服来挣点微薄的工资。除了平时的吃穿，还要负担我上学的费用，老家的奶奶还需要他们每月寄钱回家。所以他们真的很辛苦。也许一本书对于其他的同学来说是小菜一碟的事情，但是对于我来说真的很困难，我不想给爸爸妈妈增添额外的负担，不希望他们为了我再去辛苦的工作。我和心灵天使说这些话的目的不是为了让同学们都去同情我。我希望有一个人能够理解我。我非常喜欢看书，图书角中的书我经常借阅，从中我也增长了很多的知识，我也希望能贡献出我的一份力量。”

听完心灵天使复述了小兰花的话，身为班主任的我倍感惭愧，班里的孩子家里有这么大的困难，我居然没有察觉到，真是失职啊！当我问到，这位同学是谁的时候，心灵天使却说：“王老师有保密协议啊！我们是不能违反的，要不然是要罚棒棒糖的！”我斩钉截铁的说：“我替你挨罚了，说吧！”古灵精怪的心灵天使说：“是李小，我知道您听到后就得要知道是谁，我们几个在私底下早就开始研究怎么帮助她了，但是希望得到您的帮助。”我着急的说道：“快说，坚决服从你们的命令！”这个时候我从一个领导者的角色转换成了被领导者。于是我听从了他们的指示。首先，修改了保密协议，以确保他们的个人利益不受损害，即请求帮助的烦恼和秘密可以一五一十的把实情说出来，动员全班同学的力量去帮助这些同学去排忧解难。其次，班里要成立一个爱心组织，给家庭有困难的同学以帮助。

听完他们的建议后，我突然觉得这些十来岁的孩子怎么如此的高大伟岸，他们的责任感让我们这些成年人是如此地刮目相看。我们制定了帮助李小的措施，以“我们是相亲相爱的一家人”为主题，召开了一节主题班会课，在班会课上同学们阐述了家人就是有福同享，有难同当。当你孤独无助时，你不是一个人在战斗，我们就是你最坚强的后盾。所以，请有需要帮助的同学大胆地说出你的烦恼和秘密。在这个时候，我们的那个保密协议已经失去了效应，大家畅所欲言，一个个的烦恼和小秘密横空出世，就像无法阻止而喷发的洪流，孩子们把自己遇到的困难都说了出来。此时，李小站了起来：“我感谢大家为我而召开这次班会课，家人不仅仅要互相帮助，更需要每一个人的付出，我没有捐出一本书，我感到很惭愧，我希望我能好好学习，来回报爱我的老师和同学们，虽然我的家里不富裕，但是今天我还是拿来了一本书，书的作者就是我自己，我在课下看了很多同学们放在班级图书角里的书，虽然我写的这些小故事不能和那些文学作家相比，但是这是我亲手撰稿，亲自装订的第一手资料，也许有一天我成为了一名真正的文学家，就像莫言老师站在诺贝尔领奖台上的时候一样，我会骄傲的说出我人生当中的第一本书是为我的小学同学而写的。”立刻班里想起了雷鸣般的掌声。为了李小的一股傲气，也为了她的那一份真情。紧接着更让我感动的事情发生了，同学们每人手里拿着一本书，有文学方面的，有军事方面的，有科技方面等等，有秩序的来到了李小身边，他们把自己手里的书送给了这位有种种可能将成为诺贝尔文学奖得主的小作家，希望她能坚持自己的梦想，只要心中有梦，什么都是有可能的。当 80 后的一批年轻人已经成为了这个社会的中流砥柱，在这些 00 后的孩子的脸上，我看到了大于我们这些 80 后的真实和担当，以及令人佩服的责任感。

心像开满花的树，越单纯，越幸福。

8. 英语可以这样教

王　耕

教育像百合，展开是一朵花，凝聚是一枚果。对于大多数学生来说，学校是一座花开叶落果飘香的乐园，而教师就是那个培育花果的重要之人。毕淑敏曾写过一篇文章《我很重要》：重要并不是伟大的同义词，它是心灵对生命的允诺。

一直亦喜亦忧，为自己就是学生那个“重要的人”。经常不断地自我质疑：孩子们在我的课堂上，是否能够感受到自己被当作一个真实的生命在交流？还是仅仅是一个识记单词、操练句型、理解语篇的容器？作为教师的我，在课堂上是只能看到一群机械的“声音的模仿者”，还是能够聆听到无数来自心灵深处的曼妙声音？

这样的反思，相信不仅能自我救赎，或许也能如凤凰涅槃，让某些久违的情怀复苏。当我秉持了这样的反思，也就有了敦促自己追寻更美好的课堂的信心与勇气。

因了这样的信心与勇气，我的反思，我的实践，也都有迹可循。一年里，记录下无数令人欣喜、激动、亢奋、茫然甚至失意的课堂。课堂是师生生命相遇重要的场地之一，课堂的组织教学则是师生心灵对话的主要渠道。回味每一课，总会有自觉喜滋滋的片段，但亦不时有自觉欠妥当的环节。及时记录下这些欢欣与沮丧，并一直保持深刻的反思：在解读教材时我是否站在儿童那边？在设计课堂教学时我心里有无考虑到孩子们的需求？有没有期待过自己能够让孩子们的眼睛更明亮一些？有没有设想过我的课堂能够让孩子们对未来有更多的渴望？

五年级上册第五单元的一次课堂设计，让我至今记忆犹新。我将整堂课内容整合优化，设计成一次游乐园之旅，将之前所学单元分别设计成不同的小主题公园，跳出教材设计环节的禁锢，让孩子乘坐着观光小火车，像探险一样抵达每个主题，进行探索、演练和展示，不仅用全新的视角巩固了旧知识，还在不知不觉中掌握了新知识。短短的40分钟，满足了孩子爱玩的天性，而且伴随着刺激与欢乐达成了教学目标，浑然天成。所以，课堂因“活”而“乐”，因“实”而“好”。

在如何开展小学英语对话教学方面我采用了四步曲：

① 读读四会单词，说说生活中的话。

② 看看图片，说说相关的话。

③ 改改课文，说说自己的话。

④ 做做美梦，说说心里的话。就这样，一天天，一年年，持续地反思与记录着。

在反思时记录，在记录中又再次反思，不断探究适合自己个性、能力和知识范围的好课堂。毕业的孩子说，Brenda，我们真想回三号院小学再上一节您的英语课呀。新接手班里的家长说，现在孩子喜欢上英语课，喜欢学英语，不用家长再敦促着，能自己主动学习了。每每听到这样的话，都感觉哪怕是往日流下的汗水也都笑得晶莹剔透。美好的课堂从此不再遥不可及，只要足够努力地去追寻，它就在触手可及的前方。

每一个对课堂、对孩子们足够用心、用情的英语教师都可以这么坚定地说：“英语可以这样教！”

“英语可以这样教”，我亦如是说。虽然我只是普通的一线教师，但依然可以发出自己的声音。英语不是一门学科，而是一种真实、主动，发自一个人性灵深处的声音。

9. 教师的成就感

宛丽丽

农民的成就感来源于秋天的累累收获，工程师的成就感来源于自己的设计理念被运用，医生的成就感来源于病人的日益康复，而教师的成就感却来源于学生的进步。

班里有个这样的孩子，她内向孤僻，从不与人来往，总是一个人静静地坐在那，面无表情。刚接手这个班的时候，对她还不是很了解，以为这只是一个有些不爱说话的孩子而已，所以上课我故意找一些简单的问题来让她回答。她的声音特别小，真的可以用蚊子的声音来形容，即使我站在她身边也难以听清她在说什么。开始我还以为这只是因为看见我紧张，可随着接触时间的增多，我发现她就是这个样子，如果你再让她大一点声，她就不再说话了。更让我觉得有些疑惑的是，她的脸上永远都没有表情。有时我会和同学开一些玩笑，大家都笑得前仰后合，她却面无表情；有时我严厉地在和大家训话，她还是面无表情；有时的小测验考得好的同学兴高采烈，考得不好的同学垂头丧气，可她不管考得怎么样，都是面无表情。对于她的这一表现，我开始都有些无语了，我就跑去找班主任了解情况，班主任说这个孩子就是这个样子，你给她机会锻炼她也不愿意参加，和同学来往的也少，而且还挺爱专牛角尖，在学习和生活上都显得有些木讷。所以在第一个学期里我也没有太在意这个孩子，以为多鼓励鼓励她，让她建立些自信，慢慢就会好起来。

可在后面的学习中我发现，她不仅仅是内向不爱说话，她对知识的掌握也是差到极点，基础的知识都没有搞清楚，连最基本的三年级的乘除法应用题都不大了解。发现这一问题后我有些不知所措，怎么来面对基础这么差又不爱交流的一个孩子呢？我像辅导其他差生一样，给她找来一个小帮手，但这个小帮手对于她来说只是一个答案库，她从来不接受别人的讲解，只要求别人把答案告诉她即可。我一看这一招不管用了，就找她的家长沟通交流。家长也很无奈，对这个孩子他们也无计可施，孩子看着内向，可脾气却不小，特别是在家里。所以家长的力量也是借不上，最后我想只能自己亲自从零开始来辅导这个孩子了，因为我不想让一个孩子掉队。

课上为了照顾大多数孩子，我只能按照正常速度来上课，所以对于她的辅导只能放在课下，但平时的大课间孩子需要运动不能占用，一些其他科目孩子需要增长见识也不能占用，只能利用放学的时间了。和她家长商量好，每天放学晚一会来接她，就这样我利用自己的时间来专门给她辅导基础知识。开始她只是心不在焉地听着，第二天再问她的时候又都不记得了。当时的我也快要崩溃了，觉得自己的付出没有回报，一点效果也没有。我想那我就对她严厉点吧，试试看，没想到效果更不如前，我又失败了。每天回到办公室也好，回到家也好都在想怎么办呢，必须要有一个好办法。所以我翻阅了一些书籍，也上网查阅了一些资料，关于这个孩子，也关于教育方法。最后我觉得对于这个孩子来说没有比先打开她的心扉，走进她的世界更好的办法了。所以我从那天开始用了将近一个月的时间，不是给她讲知识，而是和她聊天，聊和学习、学校无关的事情，聊动画片、聊游戏、聊折纸，聊她喜欢的布娃娃……

这一聊不要紧，我发现她也会笑了，她这一笑让我觉得自己离成功近了一步，这一笑真是难得啊！知道了她的情感世界我就可以和她谈理想，谈未来，谈她的向往了，其实她也有很多自己的想法，只是不愿表达罢了。慢慢地我就开始和她谈起了学习，她坦诚地告诉我：老师，不是我不想学习，不是不想学的好一点，让家长老师都喜欢。但是我总是觉得反正也没人在乎我的存在，在乎我会怎样，我学它也没什么意义。我就告诉她，孩子，其实你身边有很多关心你，爱你的人啊，比如老师我，你的爸爸妈妈，你的同学们，别看同学们平时不和你一起玩，那是因为你先远离了他们，如果你和他们成了朋友，他们就会在乎你的感受了呀，我向她推荐了几个伙伴。当然，我已经和那几个同学打好招呼，让他们主动和她接触。一周过去了，她真的和他们成了朋友，我第二次看见她笑了。好了，一切准备就绪，可以转向学习了。于是我找时间给她讲解。就这样，日复一日，终于在学期最后她的成绩赶上来了，所有的知识已经形成了知识结构链，没有了脱节的地方。终于不负有心人，在最后的考试中她成绩突出，居然站在了班级的上游位置，连我自己都有点不敢相信她的进步。她不但学习上进步了不少，和同学的交往上也改善了不少，每当下课铃响起，她都能主动离开座位找伙伴们玩了。看着这样的她，我真是既欣慰又欣喜，也许这就是老师成就感。虽然在这个过程中，我也付出了很多，但与孩子的进步和改变比起来，那些都显得微不足道，反而觉得这一切都是值得的，这就是教师。

教育是一门心灵的艺术，作为一个教师，我们都应充分尊重每一位学生。我们教育学生，首先就要与学生之间建立一座心灵相通的爱心桥梁，这样他们对老师才会产生热爱之情。所谓亲其师而信其道。我们面对的是活生生的人，是一个个有思想、有灵魂的人，所以我们的教育就应该是充满了人情味的心灵交融。心理学家认为“爱是教育好学生的前提”。所以对于这样特殊的后进生，要敞开心扉，以关爱之心来触动她的心弦。“动之于情，晓之于理”，用爱去温暖她，用情去感化她，用理去说服她，从而让她走进了大家的世界。

“一把钥匙开一把锁”，因为每个学生的情况是不同的，要求我们必须要深入学生的行为、习惯、爱好及其后进的原因，从而确定有效的方法对策，因材施教，正确引导。特别是对于这种心中缺少爱得同学，我们更应该给予她更多的爱，以爱心为媒，搭建师生心灵相通的桥梁。让她感知社会的温暖，感知老师的良苦用心，从而把她引领到正确的道路上来。

对于那些心灵过分脆弱、缺少爱的学生，我们教师千万不能因此而嫌弃他们，也不能急于把她的怪脾气、坏毛病改掉，我们要接受每个孩子的个性差异。对于他们的教育我们要多一些包容，包容他们的这些毛病和脾气，但包容绝不纵容，我们更应多一份坚持，因为改变一个人是很不容易的。如果我们轻言放弃，那对于这个孩子来说，等于我们放弃了她的一生，所以我们一定要坚持对她的教育，即使一时失败了，我们可以再另辟新径，寻找更好的办法，相信水滴石穿。如果因为我们的努力，因为我们的包容，因为我们的执着，这个孩子走出了心灵的阴影，步入了属于她的阳光地带，那我们作为她的老师，是该有多么骄傲，多么自豪，多么欣慰！

作为一个热爱学生的教师，我们有责任让学生树立信心进而达到育人的目的。也许只是我们的一句话就能改变一个孩子，也许只是我们的一个动作就能感化一个孩子，也许只是我们的一次鼓励就能成就一个孩子，所以我们必须对每个孩子负责，对自己的职业负责，不放弃每一个孩子，让他们都能在爱得沐浴下成长，愿他们都能成为身心健康，成为积极向上的人，也许看到他们的成功与进步，就是我们教师的最大成就感。

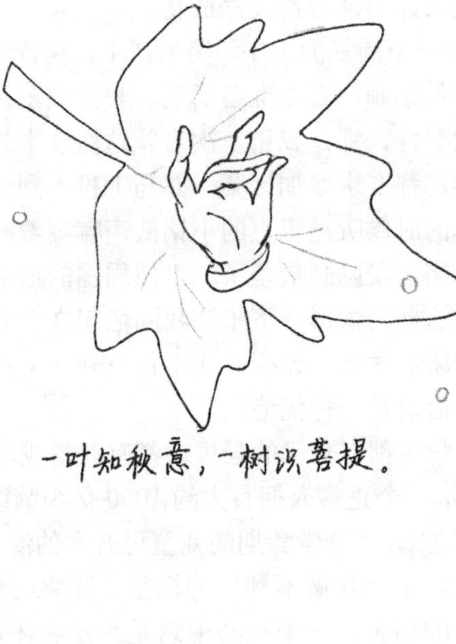

一叶知秋意，一树识菩提。

10. 缺点的正反面

丁 瑞

不久前，读到这样一个故事：一位挑水夫，有两个水桶，分别吊在扁担的两头，其中一个桶子有裂缝，另一个则完好无缺。破桶在内疚很久后告知主人自己的苦恼，主人却把它的“缺点”解释为浇花“利器”。漏水是桶的缺点无疑，但主人的善加利用，缺点的另一面也会发挥作用。难的是，能不能发现“缺点”的正反面。

这就像在学校中，不可能每个孩子都是完美无缺的。人无完人，每个学生都有自身的缺点。正因如此，在教学过程中，会发现有很多学生总是在自我贬低，不把自己看成是举足轻重的班级一分子，认为自己比不上某些人，不能取得某些成功。

2013 年 5 月一个周三的上午，美术课上，我带领四年级的学生为参加一项儿童环保绘画比赛做准备活动。我给孩子讲解了环保相关的知识，比赛的重要性，那是我第一次带领这些学生参加比赛。这也引起了孩子的兴趣，都要求参加比赛，并马上投入到积极的绘画创作中去。可我在巡视的时候听见班上的小铭低声嘟囔着：“我不想参加，参加了也得不了奖，我画画最差了。”他周围的孩子们听到了也窃窃的低声笑起来。这样的情形一下子让我回忆起文中的那只有裂缝的木桶，对于自己的缺点短处，死死盯住不肯放开。又看不到自身的缺点在其他方面，却恰恰是一种优势。

其实，每个学生都有自己的强项，都有获得成功的机会。根据科学家的研究证实，一个正常人拥有大约 1000 亿个脑细胞，然而能得到使用的只有十分之一，一个学龄期的儿童可开发的潜力更是不可估量，这么早的给自己贴上“我做不到”的标签，那将会对一个孩子今后的人生造成怎样的伤害。一个在心中总是否定和怀疑自己的人，他的这种不战自败的心态使他难以成就大事，不管遇上多大的困难，我们都应该从方方面面提示孩子们：对自己的信心不能有一丝一毫的动摇！

小铭是个天真可爱的男孩子，乐于帮助同学老师，你总是能看见他在班内打扫卫生，也总出现在办公室里抱着练习册与老师们问好的场景，可能是行动派的性格让他在画画这种需要安静、稳定的活动中显得不那么突出。正是像那只有裂痕的水桶一样，他盯着自己的画画不好的“缺点”不放，又看不到自己的长处。时间一长，形成习惯，对自己的评价变得越来越低，甚至在原本有优势的方面也会开始不自觉地贬低自己，对自己形成一个错误的评价。形成这样的习惯对这样的孩子的成长，必然造成严重的伤害。孩子毕竟只是孩子，不懂得从事情的正反面去考虑。其实，孩子们说自己画得差、不会画，在完成作品时确实会有困难，但这也说明，这样的孩子更有可塑性，因为他们没有一个先入为主的绘画模式，而先入为主的绘画模式才是绘画创作中的最大的敌人。在绘画教学中，我发现很多孩子存在错误的绘画模式，比如画树只会画苹果树，云彩都涂成蓝颜色等等。而像小铭这样，说自己画不好的学生就没有这样的问题，只要能对他们有一个正确引导，让他们多画多练习，赶上其他同学并不是什么难事，对绘画产生兴趣之后，也一定会有超过其他学生的可能。

于是，我在这次绘画比赛的准备过程中，主动与他一同探讨环保方面的知识，我惊奇地发现他的小脑子里有着一般儿童没有的想象力和思维，我兴奋极了，把他的构想与绘画有机地结合起来，每天放学后有意对小铭进行绘画技巧方面的个别辅导，并鼓励他坚持学画，不负我望，小铭学得很快，在他的绘画作品中，没有出现满篇苹果树、蓝云彩的问题，而且我也发现小铭特别有绘画的天赋，能很快地总结出规律，举一反三，迅速学会各种动植物的绘画技巧。这是我十分乐意看到的。更重要的是，我能看到他在利用绘画技巧表达他对环保的感悟的同时更加自信了，也看到了他对自己准确的评价，让我感到十分欣慰。

回顾历史，一个人的成就绝不会超过他对自己的期望。一个总是自我评价很低的人，会阻碍其自身的发展。作为一名教师，不仅要教会孩子应该学到的知识，更应该引导他们正确的评价自己，让他们发现自身的价值所在。因为，即使漏水是一只水桶的致命缺点，只要合理的利用，也能发挥出意想不到的作用。谁又能说缺点没有正反面呢？

每个人、每棵树都有自由意志，活出自己是天性。

师徒故事

1. 风雨彩虹见真情

——于德华、刘洪泉师徒

如果有人问我，你的师傅怎么样？我会毫不犹豫的告诉他，师傅就像是我的亲人，他不仅在工作上给了我无尽的支持与帮助，更在生活上给了我亲人般的关心与疼爱。教育的路上，我们一起开创了一片天地，风雨彩虹的日子，让我们建立起深厚的感情。

（1）风雨同舟共奋进

还记得刚来三小的第一年，由于种种原因，学校把田径队训练比赛的任务交给了我，而对田径训练不太入门的我，当时真是不知所措。幸好我还有师傅，接下来的日子里，他手把手地教我每一个项目的训练方法，陪我一起制定训练计划，这一教就是一个暑假。这一个假期的风雨经历，让我着实成长了不少，而我们师徒二人也变得更加默契、更加亲切。

① 风雨无阻的训练场

到了真正训练的时候，我才知道真的不容易！虽然是在假期，但每天五点多就要起床，六点就要到学校操场，太阳暴晒要来，刮风下雨要来，自己有事情了必须放下，还是要来。突然间失去了太多自由，对于一名刚毕业的大学生来说，我真的很难适应。所以在平时的训练中，偶尔偷偷懒、赖赖床，也是时有发生的事。师傅从来没有指责过我，他总是一如既往的坚持每天第一个来到操场。直到有一天，我被他彻底改变。

那一次，由于晚上睡得太晚，早晨实在起不来床，挣扎了半天，还是晚起了半个小时。起床后我发现，外面小雨淅淅沥沥，凉风嗖嗖。我正在犹豫去不去训练的时候，突然想起了师傅。这破天气师傅会不会去训练，他昨天可是发烧了啊！想到这，我立刻骑车奔向学校。一进校门，我第一眼就看到了师傅那熟悉的身影，寒风中他的身体微微有些哆嗦。那一幕令我终生难忘，顿时泪水模糊了我的双眼。那时的我感动、羞愧与自责交织在一起，我意识到了自己的问题，同时也真切的感到了师傅深深的爱与责任感。从那天以后，我再也没有迟到和缺勤过任何一次训练。

② 齐心协力说服家长

即使有再好的教练，有再好的训练计划，没有队员来训练，也只能是纸上谈兵。因此，必须保证学生训练出勤率。为此，我和师傅几乎每天要和学生家长交流、沟通。师傅经验比我丰富，我经常向他讨教。学生家长有困难，我们会尽一切可能及时解决：家长上班忙，学生没有早点吃，训练结束我们就带着学生去吃早点；家长没有时间接送学生，我们就自己骑着自行车一家家送学生，为了让家住怡然小区的一个学生能参加训练，在三小到怡然小区的这条路上，我们的自行车一骑就是一个暑假。有一次，我送学生回来的路上，赶上了大雨，我被淋成了落汤鸡，但我没有抱怨，因为有了师傅的陪伴与支持，再苦再累，我都无怨无悔。

风雨过后总会有彩虹！我们的付出终于有了回报。在随后的海滨教育中心中小学田径运动会上，我们勇得团体总分第二名的好成绩，我实现了心中的梦想，并荣幸的被评为优秀教练员。今年，我们更是打了个翻身仗，勇摘桂冠。

（2）师徒合作搞创新

大课间，是学校体育工作的重要内容，也是学生体育锻炼的重要途径。为了办好学校大课间，在师傅的带领下，我们发挥特长，大胆创新。师傅凭借多年的经验，将我提出的方案进行了大胆的改编与完善。在师傅的指引下，武术专向毕业的我，积极发挥特长，自编一套武术操，作为学校校操，在大课间推广练习。经过我们的共同努力，大课间学生练习积极性高涨，而我的能力也得到了全校老师的认可。不仅如此，在随后的海滨教育中心学校大课间评比活动中，我校荣幸的获得一等奖，被评为优秀大课间单位，得到了教育处领导和其他兄弟单位的高度肯定与表扬。随着大课间的成功，我也被更多的老师和领导认识、认可。我在教育成长的路上，又迈出了坚实的一步。

（三）开拓进取创佳绩

除了上课、训练以外，师傅经常在业务方面对我进行指导与培训。是他让我知道，一名优秀的教师必须有过硬的业务素质。在师傅的指导帮助下，我不断参加各项业务比武活动和论文课题研究工作。我先后发表多篇学术论文，其中有两篇更是获得了国家级一、二等奖。我和师傅一同参与了十二五课题的研究工作，目前该课题也进入了最后收官阶段。我先后几次参加海滨教育中心青年教师业务比武活动，获多个一、二等奖。2009、2011 两年，我连续参加天津市中小学体育教师基本功比赛，连获两个市级一等奖。2011 年参加滨海新区首届教师三项基本功比赛，再获一等奖。

成绩的取得固然离不开自己的努力，但更离不开师傅的指导与帮助。风风雨雨几年走来，是师傅用双手铺平了我成长的道路。他总是默默为我付出，他把太多的舞台和荣誉都让给了我这个徒弟，其实那一张张证书的上面，更应该留下的是他的名字。

风雨总会停止，彩虹必将出现，如今的我，在师傅的熏陶、感染下，正在健康、茁壮的成长，相信有一天，我必将会成为师傅心中的自豪！

2. 插上音乐的翅膀

——万红、潘晶晶师徒

大家好，今天在这里，我的心情既激动又忐忑，激动地是走上工作岗位两年多来，我在校领导和师傅不遗余力的支持下快速地成长，能够跟大家一起分享我们师徒的故事，忐忑的是师傅各个方面许许多多的好，我生怕自己不能够全面的表述。

下面我就把我们师徒的故事分两个部分与大家分享：

（1）工作方面

① 专业发展严格要求

虽然我是本科毕业，但学历并不代表能力，面对教案、学生，刚刚上班的我一片迷茫。是师傅，耐心地教导我怎么写教案，怎么为学生预设问题，怎么站在学生的角度想问题。为了让我知道教什么，怎么教，师傅给我找来了新课程标准及解读，让我通读，还时常给我讲教材。为了让我抓准学生的思路，师傅给我找了很多关于心理学方面的书籍，让我认真钻研。很长一段时间，师傅都定期检查我的教案，从中指出问题，辅导我改正。

进入海滨教育中心舞蹈队后，没有舞蹈基础的我经常感到很吃力，是师傅经常给我开小灶，让我在舞台上更加自信。

在去上海学习之前，师傅用心地帮助我准备着，大到讲课，小到做人做事，师傅细心地帮我分析了我校音乐学科的优势劣势，告诉我该学些什么，怎么学，就是我到了上海，还是每天都要跟师傅交流自己的学习情况。

在师傅的严格要求下，我感觉自己在一点点地进步。

② 讲课方面言传身教

为了能使我尽快地掌握教学的技巧，师傅经常和我相互听课，评课，让我随时反思自己的不足，总结课上的亮点，并争取在下一次讲课时做到更好。外校优秀的音乐教师做公开课时，每一次我和师傅都去听课，在课后师傅会为我解析，告诉我该怎样向人家学习。比如有一次在塘沽听课时一位打击乐专业的老师讲《打字机》运用了自己的特长，将打击乐带入了课堂，非常成功，怎么把这个好的方法用到我们自己的课堂中去呢，我和师傅通过讨论试着在《丰收锣鼓》的教学中让学生无实物表演引子部分，亲自体验民族音乐的魅力，教学效果非常好。

除此之外，我和师傅还经常研究国内双优课，开拓眼界，不断充实自己。一等奖音乐课《三只小猪》给了我们很大的启发，我们根据自己的实际情况，做了一些改动，使一年级的小学生不仅记住了乐曲的主题，了解了乐器的演奏方式，还在边唱边跳中愉快地完成了教学。

通过我们师徒共同的努力，我的音乐课上得越来越有声有色，小合唱的工作也渐渐步入正轨。可就当我们全力以赴天津市中小学文艺展演的时候，我却病倒了，是师傅，除了完成自己的教学任务外还帮我扛起了小合唱的训练任务，最后在我们共同的努力下，小合唱队获得了天津市二等奖的好成绩。今年海滨教育中心的班级合唱总结会上，我不仅获得了最佳指导教师奖，还代表年轻教师做了汇报。

这一切都要感谢师傅！

③ 相互学习，共同进步

为了使音乐组的工作更好地开展，使我们的音乐课上的更加有趣，在师傅的指导下我钻研了打谱软件，音频处理软件，视频处理软件，电子白板等一系列同教学有关的技术，我们找了许多书籍和材料，结合教学实际，遇到不懂的问题我们就向信息组的老师们请教，相互探讨，学习交流，把所学的知识全部融入到技术学习中去，然后再用于教学实践，并在教学中不断改进。

可喜的是，我的公开课京剧欣赏《都有一颗红亮的心》不但受到各校音乐教师的好评，还在第十届全国信息技术与学科整合大赛上获得了一等奖的好成绩！在准备比赛的日子里，我每天都加班到九十点钟才回家，师傅每天都打电话确认我是否安全，刚做过手术在家休养的她还经常来学校看我的比赛准备情况，给我提出改进的建议。

（2）生活方面

师傅对我的关心是多方面的，不仅在工作上，在生活上更是嘘寒问暖、无微不至。年轻的我远离家乡，而师傅就像是家人一样给我温暖，因为油田春晚我不能按时回家，师傅就把我接到他家过小年。年轻气盛的我经常也会闹闹小叛逆，钻钻牛角尖，师傅就像一位慈母引导我走出误区，找到方向，让我身在外地同样感受着家的温暖。

在导师带徒的过程中我学到的不仅仅是师傅的业务工作能力，更学到师傅为人处事的态度，学到师傅洞察问题的敏锐，分析问题的深刻，解决问题的完善，这些都是师傅几十年的积淀。师傅在各方面都充分发挥着一名导师的“传”，“帮”，“带”作用，把自己的本领毫无保留地传授给我，加上自己的努力，我在各方面都有了很大的提高。

火车跑得快，全靠车头带，徒弟行不行，都凭师傅领。参加工作两年多来，我在师傅的指导下快速地成长，取得了一些成绩，但是，我知道我要向师傅学习的东西还有很多，我们要努力的东西还有很多，下学期的三项基本功比赛，小合唱的各项比赛。我一定会再接再厉，相信我们的成绩会越来越好！

3. 宝剑锋从磨砺出，梅花香自苦寒来

——王艳峰、张瑞敏师徒

尊敬的领导，老师们，大家好：

很荣幸参加“十佳师徒”的评选活动，首先感谢学校领导的高瞻远瞩，启动青蓝工程，为我们成长的道路安排了引路人。我也借此机会感谢师傅对我的培养。三年以来，我在专业成长和心灵塑造方面有了很大的转变。下面我从三个方面谈谈自己成长的感受。

（1）语文教学方面

我的梦想是成为一名优秀的语文教师。王玉玲老师说，想成为一名优秀语文教师，扎实的基本功、深厚的语文素养都是必备的。工作以来我一直为此而努力。讲课、评课、写教学札记，没有一丝的懈怠。

踏上讲台的那一天是先学会听课，师傅告诉我要记得她课堂上的大致框架，有了主线课堂不散，而我，总是迅速地记下师傅的每一句话，每一个动作。刚开始只是模仿，但并不知道为什么要这样。研究学问，不能浅尝辄止。我是一个爱学的徒弟，不懂就问，渐渐地就明白一些浅显的知识。我开始独立上课了，当我垂头丧气下课时，师傅总问我是哪一步出了问题，然后我们一起讨论思路，接着我会在师傅班再讲一次。有一次，师傅听我《雷雨》那一课，那是一篇被很多名师讲过的课，所以我并不仔细钻研，就等师傅来夸我。谁知，师傅说，没有丝毫新意，课文中每一句话都有用，课文中的插图也能帮助学生更好理解课文内容。我豁然开朗，以插图作为切入点在师傅班上了一次成功的常态课。有一次，我讲《我为你骄傲》一课自我感觉良好，兴奋得要在师傅班再讲一次，师傅就满足我的要求。再后来，我对讲课越来越感兴趣，主动邀请王玉玲老师听课，还跟师傅做了一个约定：师傅的进度一定要比我慢，万一我讲砸了可以再试验一次，假如讲好了，就再分享一次。一次又一次常态课的试讲才有了一次又一次成功

的公开课 。

讲课讲得多了，逐渐学会了评课。以前听完公开课总是师傅追着问我体会到了什么，可我根本不明白什么算成功的语文课。现在却能通过听课在其他老师身上汲取营养。师傅说，别人的长处要记录下来，便于吸收为自己的东西，不恰当的地方要谨记，绝不犯类似的错误。师傅是和蔼可亲的语气，但在我脑海里却字字千金，听一次课就是一次历练。

古人云，好脑不如烂笔头，我开始写教学札记。上课的反思，听课的随感，摘抄名师的教学实录。有时候对自己的课很不满意，就在网上查找名师的教学实录认真钻研，然后摘抄片段，形成一篇完整的教案，成熟之后去师傅班里再讲一次。教学是一门慢的艺术，语文教师的成长更需要扎实地走好每一步。夏季雨后，我听到过玉米成长拔节的声音，我知道那是植物积聚了一个季节的力量。如今，我也能听到自己拔节的声音，那是一个语文教师积聚了三年的力量。三年的学习，我掌握了上课技能，提高了教学质量。语言简洁，思路清晰，知识点条理化，稳练基本功，传授知识准确化，不懒不慢，运用多媒体技术，使课堂知识生动化。我从来就知道，当老师不可能一夜成名，但我明白厚积薄发，日后必定有无限的荣光。

（2）班主任工作方面

班主任工作琐碎而繁重。年轻的我得不到家长信任，屡屡受挫。师傅说，声音大，不如威力大，拿出自己的优势让家长看看。于是，我建立了班级 QQ 群，在 QQ 群里，上传了我的大学生活照，包括各种荣誉证书，我的成绩。在群里宣传自己的教学思想，发表自己的随思随感，家长逐渐信任了我，开始配合我的工作。我问师傅，班主任的基本工作是什么？师傅说，一要保证学生安全，二要形成良好班风，一切以教学为主、都为教育服务。要保障学生安全，必须有严格的纪律。师傅指明方向，我大步向前。三年以来，我最得意的既不是良好的班风，也不是班级取得的荣誉，而是自己成功转化四名后进生。对于家长和老师来说，没有什么比学习成绩更重要。有一句话说：没有教不会的学生，只有不会教的老师。办法总比困难多。这四名学生来自外地，没有上过幼儿园，家长无暇顾及，有的孩子甚至逃学，但我没有厌弃他们，用自己的热情和怜悯之心接受了他们。一年级时给他们制定个人的学习计划，单独为他们设计语文作业，期末还给他们制定假期读书计划。我的良苦用心家长看到眼里，他们被我的用心所感动，也开始在百忙之中照顾孩子。在我的鼓励和期盼中，三名后进生也成为中等生，小宇同学已跻身优等生行列。

（3）外练基本功，内修涵养

踏进三小的大门，就喜欢上了三小，喜欢她是因为她是一所传统老校，老就是经典。一所老校肯定有所积淀，假如我能让自己融入三小，继承前辈们的荣光，必将成就我的一生。看到三小的老教师精通文墨、擅长丹青，我惊叹不已，羡慕不已。临渊羡鱼，不如退而结网。师傅说：技多不压身，艺高人胆大。我收敛了锋芒，谦虚学习。2009年主持过班主任大赛、后来连续主持少先队评选、大型的读书活动等等，多次登台经历，既锻炼了胆量，又锻炼了口才，为我今后参加各项比赛奠定了基础。三年来，认真练习钢笔字，两年以来坚持天天读书并写读书笔记，一年以来坚持练习毛笔字。之所以坚持，与师傅的影响分不开，与吴慧平老师的鼓励分不开。在师傅的倡导下，我们全组掀起了读书热潮，我们经常交流读书笔记，有时会把自己最得意的一段给大家分享。在这样的氛围中，我的心灵也受到了触动。我和师傅经常交流读书感受，互相勉励做知性女人，做优雅女人，做有修养的女人，我和师傅的读书同时也在感染自己的学生，我和师傅的班级连续两年荣获“书香班级”的称号，我俩的读书笔记连续两年获得优秀，得到学校的嘉奖。

老人说河里的石头：上游石尖、中游石圆，下游石滑。初出茅庐的我就像一块尖尖的石头，棱角分明，斤斤计较。三年来，与师傅朝夕相处，逐渐感受到学校的大气，师傅的大度。思想转变强过语言和行动的转换，今年，我感觉自己沉静了很多，学会了换位思考，学会了宽容。我能理解同事倒课时的无奈，我能理解领导安排工作时的良苦用心，我也能体会到家长教子的不易，因此人前人后多了一份微笑，多了一份感恩。滴水之恩，涌泉相报，我以自己微小的成绩回报师傅，回报学校。同时，我也要感谢学校的各位领导给我提供多次学习、锻炼的机会。

记得有一篇文章这样说，你是谁并不重要，重要的是你跟谁在一起。与师傅在一起，学到的是专业技能，但铭记于心的是精神力量。与师傅在一起，尽管我没有取得显赫的成绩，但是我们师徒对教育的理解与奉献将让学生受益终生。今后我将与师傅在一起，用心去影响学生、教诲学生，相信今日含苞欲放的花蕾，明日一定能盛开绚丽的花朵。

4. 感谢一路上有你

——徐琳芳、宗淑艳师徒

经历了四年忙碌交织的岁月，我从一个不懂事的大孩子渐渐成长为进步的青年教师。感谢三小这个温暖的大家庭，先后为我配备了三位师傅。有了师傅们的帮助，我不仅在生活中感受到无微不至的关怀，更是在工作中寻找到了前进的方向和力量。师傅们的教导让我知道，做教师的，就是要踏实地做好教书育人这件事。接下来我从三个方面谈谈成长的收获：

（1）教学经验逐渐丰富

教书是教师的基本任务，写好教案是第一步。这四年里，师傅靳卫红老师是我写教案方面的启蒙老师，她临近退休仍然保持那种认真的态度对待教学，十分难能可贵。我时刻感受着，学习着。每个学期都钻研教材，结合课程标准和网络学习，有时自行购买参考书写出教学详案。功夫不负有心人，我的教案在去年被评选为优秀教案。

作为青年教师，这四年里每个学期我都精心准备展示课。教学环节往往多次推敲，幻灯片反复修改，课堂问题和过渡语我都写下来，字斟句酌，改之又改。我一遍又一遍地试讲，师傅不厌其烦地给我听课，为我评课，帮我改课。记得有一次为了准备好展示课，同样的课师傅徐老师前后听了 6 遍。我知道自己进步较慢，但付出总有收获。上班第二年参加了油田片区交流课展示活动，在 2012 年“构建自主学习核心课堂”的比赛中《可能性》一课获得滨海新区一等奖。

（2）班级管理初绽光芒

班主任是班级管理的组织者、引导者和参与者。从上班开始，我就一直担任班主任工作，我热爱这份工作。师傅刘国芬老师在带班和育人方面给我很多启示，每当我有困难、有困惑，她都耐心细致地为我指点迷津，教我如何去想问题、找方法。

我接手的班级当时已经是三年级。班里学生水平差距较大，还有几个情况特殊的孩子。班级各个方面都需要重新管理。从师傅的谆谆教导中，我深知，只有我的努力，才能让这个班有所进步。从此，班级卫生我带领同学们一起打扫，每周组织大家来评比；班级站路队我几乎都到，和大家一起上操上课和放学；班会由开始的我组织到后来的班长组织；组建图书角手把手教同学们去图书馆借书、写读书笔记；运动会陪大家一起选拔和训练；周末去单亲家庭和特殊家庭家访……

长久以来的辛苦没有白费，孩子们和我的感情越来越浓，班级荣誉也是逐年增多。特别是学习上的后进生们，他们找到了自己擅长的方面，找回自信。单亲家庭的小于，在油田运动会男子800米比赛中，打破三小长久以来的记录，人也不再孤僻，更加有自信了。后转来的小范同学，在起点中文网上发表了自己的玄幻小说。我们的集体曾参加合唱比赛获得区级第一名，2012年春季运动会中取得年级团体总分第一名，同年获得区级三好班集体荣誉称号。

为提高教育水平，我把握每个培训、学习和比赛的机会。曾有幸现场听魏书生老师作报告，参加了一个学期的心理辅导培训。在海滨教育中心举办青年班主任大赛中获得二等奖。参与运用民族文化指导班级管理工作的课题研究，撰写相关论文获得市级奖项。

（3）服务意识有所增强

参加工作的第三年，我有幸成为五年级的年级组长，为年级组的老师们提供服务。组长的工作是辛苦而又繁琐的，要为组内领取各种办公用品，每周开会并认真传达会议精神，反馈组内教师的意见和建议，协调组内老师的各项工作，欢送退休老师，组织探望生病的同事，为有红白喜事的同事们送去心意等等。师傅们和组内其他老师们曾经给了我很多帮助，因此在我心里，这项工作是对大家的一种回报，也是对我的一种锻炼，我迫切希望自己做得更好。

成长的道路上，有挫折、有收获、有辛酸、有幸福。最深感幸运的是，一路上有你们的指引。我们虽是师徒，但好像朋友，更似知音。

我深知，自己作为青年教师，需要努力的地方还有很多。我相信，虽然我在形式上已经拜别师傅们了，但我们还是在同一条教育战线上继续努力着，我们的师徒情仍然在延续。在三小这块沃土上，我这棵小树要继续茁壮成长，带来更多绿荫！

如果人生是一棵树，健康是这棵树的根，根深才会叶茂。

5. 亦师亦友情常在，谆谆教诲记心中

——赵滨华、徐静芳师徒

2008 年那个天高云淡的季节，走出了大学校门的我，带着梦想来到了美丽的三小，走上了神圣的三尺讲台。然而，还没来得及品尝工作的幸福感，工作初期遇到的问题便让我陷入茫然之中，就在这时，我的师傅赵滨华老师出现在我的身边，为我指引了前行的路。

赵滨华老师是一个心胸开阔、乐于助人的人，办公室里经常能听到她爽朗的笑声，一头乌黑浓密的秀发给认识她的人都留下了深刻的印象，微胖的身材无论干什么都是那么的干脆利落。在学校，师傅踏实严谨的工作态度得到了大家的赞誉，也为我树立了榜样。她在职业道德、教学方法、管理学生方面都有着丰富的经验，并且毫无保留地把她的经验都传授给了我，给了我指导和帮助，使我在各方面都有了相当大的提高。

作为一名青年教师，我知道只有不断学习，才能使自己跟上时代的步伐，才能以全新的理念指导自己的教育实践。刚上班的时候，在教育教学上，我遇到了很多困惑，师傅总是不厌其烦地给我讲解，而我也虚心学习，接受建议，并应用于自己的教育教学工作中。

师傅在语文教学方面很有一套，她的课最大的特点就是条理性强，思路清晰，课堂富有激情与活力。工作初期，为了让我快快进步，师傅没少听我的课，每次在点评课时，她不仅在理论上进行指导，更是在具体的课中与我反复研讨每一个环节，甚至每一句评语等都悉心琢磨，使我明白教育是一种态度。每每听到师傅给我指点迷津，我都如饮甘露。在师傅认真的工作作风的感染下，我正在逐渐形成自己的风格，近几年，我所获得的成绩与师傅的悉心指导是分不开的。

记得 2009 年，我和师傅参加了“同课异构，片区交流”活动，为

了上好这一堂课，我们师徒两个利用课余时间反复研究教材，她一次次耽误了下班的时间和我探讨，又不遗余力地为我指出、修改教学设计中的不足。一次次试讲，一次次修改，终于，我们的付出为大家呈现了两节精彩的展示课，得到了学校领导和老师的好评，也让师傅脸上露出了欣慰的笑容，而我更是感受到了教师这一职业带给我的幸福感。

师傅不仅课讲得好，管理班级也非常出色。初为班主任的我在班级管理事务中遇到了许多大大小小的问题，学生的、家长的、常规管理的，这些问题一股脑儿地涌来，让我手忙脚乱。就在这样的时刻，又是我的师傅站在我身边，耐心地为我答疑解惑。记得有一次，我们班上的两个家长之间出现了矛盾，吵得很凶，初次看到这样的阵势，我都快吓傻了，可是铿锵有力、透露着自信的声音又一次响起在耳畔："没事儿，一会儿我和你一起过去处理，不要担心。"听着师傅宽慰的话语，我的心一下子踏实了许多。最终，事情在师傅的主持下得到了妥善的解决，我的心里充满了对师傅的感激。这件事也让我暗下决心，多向师傅学习经验，只有自己成长了，才能把自己的活儿干好，也才能成为一个像我师傅一样优秀的班主任。

师傅乐于助人，作为年级组长的她全心全意为组员们服务，只要是在我们组工作过的老师，她永远都亲切地对待，笑脸相迎，送去问候，她为我们五年级组越来越庞大的队伍奉献着。我也深受她的感染，默默地为我的同仁们做一些力所能及的事。俗话说"火车跑得快，全凭车头带"，她就是我们组的火车头，在她的带领下，领导交给的任务我们组总是保质保量提前完成。

赵老师是一位优秀的语文教师，是一位成绩斐然的班主任，她在生活上对父母的照顾也给我留下了深刻的印象，她坚强，让人看到的总是她精气神儿十足的样子，她开朗，留给别人的总是爽朗的笑声。她为家庭的付出，更让人为她感到心疼，但她从未因此而耽误过自己的工作。

作为青年教师的我深知自己的责任重大，我一定会严格要求自己，勤学多问、多听课、多讨论、多总结、多反思，虚心学习和借鉴师傅多年积累的丰富教学经验。结合自身特点制定好计划，明确发展方向，抓住机遇，向着目标一步一个脚印，争取迅速成长、成熟、成才，在“三尺讲台”上，担当起属于我的责任。亦师亦友情长在，谆谆教诲记心中，虽已出徒，但我会继续向师傅学习，希望我们能一起创出更加优秀的成绩!

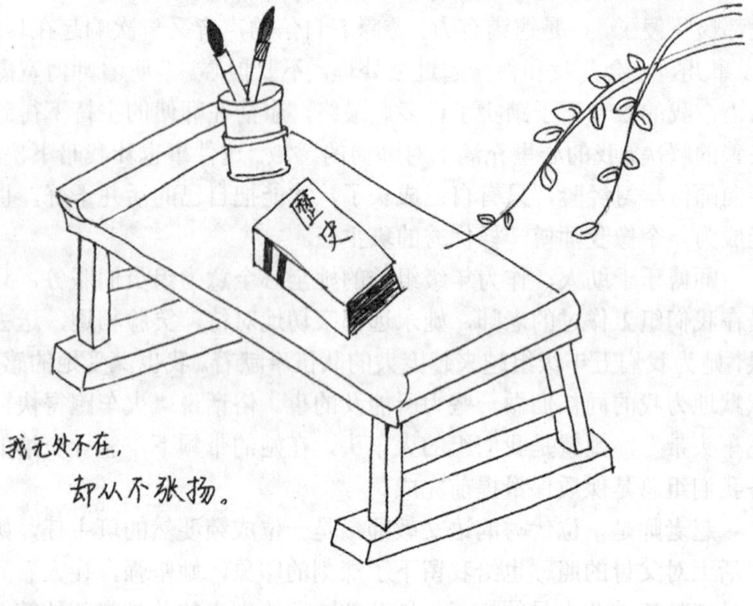

6. 在师傅的感染下成长

——刘津、宛丽丽师徒

我是一个幸运儿，因为自从我参加工作到这个学校就认识了我的师傅—刘津老师，我师傅是大家都公认的妇女干部：因为她正直、朴实、友善、无私、乐观、任劳任怨…

第一次听她的课，我就被她深厚的教学功底感染了，她的课踏实而不沉闷，轻松而不轻浮，看着讲台上的她我就心想，以后也要做一名想她一样的数学老师，思维严谨，教之有法。

而刚走上讲台的我，无论是教学方法还是与学生的交流都有些不解和困惑，为了让我更快地适应这个岗位，更快地成长，每次听完师傅的课，她都会把她这一节课的每一环节的设计意图和教学方法讲给我听，而且她一有时间就会去听我的课，再根据我课上出现的问题，帮我分析，教我处理方法，就这样，在师傅的帮助下我慢慢地开始自己学着设计课堂环节，适当与学生互动交流。我觉得自己在师傅面前就像一个刚刚走进校园的一年级小学生，在师傅的引导下开开慢慢适应校园生活，慢慢开始学生时代…

记得第一次做公开课，那是我做教师以来第一次做公开课，心里很是忐忑和紧张，一时更不知从何下手，思路混乱。我把我的担忧告诉了师傅，师傅一边指导我怎样合理设计一节课，一边给我打气，给我信心。师傅虽然是名老教师，但她的教育理念一点都不老，她要求我备课的时候一定要学会备学生，做好预设，同时也要注重学生的课堂生成，充分利用学生的生成。记得每次试讲完回到办公室，师傅从导入到新授再到巩固练习，一个细节都不放过。有的时候都到下班时间了，师傅还是不顾在外面等待接她下班的老公，不顾要放学回家吃饭的上高中的儿子，依然在办公室跟我说着课，让我又感动又惭愧，师傅都为我的课付出这么多了，我还有什么理由不去认真斟酌这节课呢！师傅认真的态度真是感染了我。我本来是一个大大咧咧、不拘小节的人，但在师傅的带动下，我开始认真对待每一个细节，每一个环节都要经过深思熟虑，都要严格想着本节课的教学目标。在师傅的付出和我的努力下，顺利地完成了我的第一次公开课。虽然只是一堂课，但却让我学会了很多，特别是从师傅那里，我学会如何设计一堂课，把控一堂课，对待一节课，学会了细节决定成败，态度决定胜负，也更能体会师傅经常说的一句话：既然孩子在你手上学习，就要对他们负责。虽然很简朴的一句话，却能看出师傅对待工作的态度，是她的认真感染了我，她的坚持感动了我，让我时刻鞭策着自己。

师傅不但工作上帮助我，在生活上更是贴心。记得刚来学校不久，我发烧了，师傅中午赶紧回家给儿子做了饭，自己都没顾上吃一口就赶来看我，然后把我送到医院。我当时真是感动至极，因为在我最无助的时候，是师傅帮助了我，给我太多的温暖。就觉得自己真是既幸运又幸福，能有这么一个好师傅。

师傅不但是我工作上的前辈，还是我生活中的知心姐姐，因为有什么心里话我都愿意和师傅说，不仅因为师傅是过来人，还因为师傅是一个特别善良、特别贴心的人。记得师傅常跟我说："只要你真心对待身边的人，身边的人一定会真心的对你。"她还教我如何处理好婆媳关系，如何尊敬孝顺老人等等，只要我有什么疑惑，都会去找我师傅，因为我喜欢她的理智和睿智。

在师傅的感染下，我也成为了一个谦虚谨慎、脚踏实地、勤奋努力的人，以后我会继续钻研新的教学模式，不断掌握新的教学手段，做一个像师傅一样的有能力、有责任心的优秀教师。我会像师傅一样做的永远比说得更好，时刻保持一颗平常心，在人生的道路上脚踏实地、勇往直前。

7. 脚踏实地走稳每一步

——李海英、丁瑞师徒

时光如白驹过隙，眨眼间，徒弟丁瑞已在三尺讲台上度过了第三个年头，翻开荣誉袋，看到两年多来大大小小的成绩，幸福的感觉油然而生，不只是为自己的收获和成长而欣喜，也是为着每一张奖状背后“师傅”李海英老师的无私帮助……

2010年刚刚走出大学校园的丁瑞，对很多事情都是似懂非懂，学校的拜师会让这两位教师成为了师徒，搭起了帮教的平台。师傅李老师有着扎实的美术功底，丰富的教学实践经验和与时俱进的教学理论，自拜师那天起她把自己的所知无私地传授给徒弟。作为一名资深教师，她并不满足于自己过往的成绩，在课余时间里，她带领徒弟认真研究美术新课程标准的内容要求，按时代要求改进自己的教学思想、教学方法。于此同时，她不仅指导徒弟的课堂教学，还指点为人处事之道，与人合作交流的迷津。在短短的两年多时间中，师徒的教育教学双双喜获丰收，成为三号院小学的骨干教师。

结下师徒之缘后，互相听课是他们师徒间最好的互动方式，教室、办公室里经常看到他们相互听课、评课、讨论的身影，徒弟在师傅的引领下展开双翼，飞翔在教育教学的天空中。师徒俩一次次公开课前教案设计的反复修改，一遍遍试讲后教学思路的碰撞，教学重难点的反复推敲，教学环节的重设，调动学生学习兴趣的方法更换。促进了丁瑞课堂教学的飞速提升。2012年，他代表学校做了一节美术展示课，他清晰的教学思路，融洽的师生氛围，精炼的课堂语言，受到各级领导的好评。他代表油田小学美术学科参加2013年滨海新区三项基本功大赛获一等奖。在2012年暑期油田组织的各学科教师水平测试中师徒二人双双以优秀等级通过。

管理学生，组织课堂教学是一门学问。不是师范专业的丁瑞刚刚走上教师岗位的一段时间里，有些不适应，不知道如何管理学生，李海英老师把自己多年总结的经验，毫无保留地传授了徒弟，教他如何一视同仁对待每个学生；如何正确处理课堂上的偶发事件；如何采取不同方式方法调动学生的积极性。特别是在如何处理学生散漫、不带学习用具的问题上，李海英老师亲临课堂，给了他诸多指导和帮助，使他在日后的教学生活中，掌握了应对各种问题的方法策略。为了调动学生的积极性，丁瑞自制了许多奖励字画，对表现突出、听课认真的学生奖励自己亲自书写的篆体学生名字，每个得到写有自己名字篆体书签的学生如获至宝，有了这一法宝何愁课堂纪律不好呢。不到一年他与学生建立了良好的师生关系，配合默契。

师徒二人是大家公认的最佳师徒+搭档，他们的成绩有目共睹。(此处省去一千字)

丁瑞已由一个稚嫩的毛头小子迅速成长为自如驾驭课堂、小有名气的美术老师，2011 年下半年调到校德育办从事德育管理，配合德育主任完成了少代会的各项工作。在学校三十年校庆、元旦联欢，担任主持人，锻炼了自己的综合素质能力。2012 年被学校任命为音美科组组长。2013 年评聘为大队辅导员。这与师徒的互帮互学，默契配合是分不开的。他们坚信只有脚踏实地走稳每一步，才能不愧于人们教师这一称号。

第六章 树之颂

要求于人的甚少，给予人的甚多，这就是松树的风格。——陶铸

黄山松精神——顶风傲雪的自强精神，坚韧不拔的拼搏精神，众木成林的团结精神，百折不挠的进取精神，广迎四海的开放精神，全心全意的奉献精神。

- 紧抱生命之树
- 关于树的诗词摘录

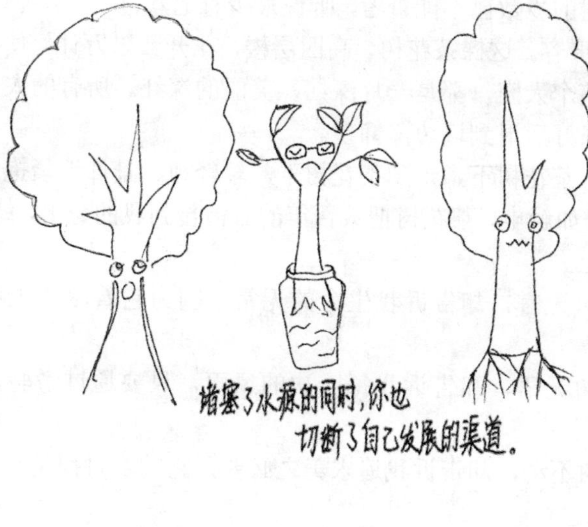
堵塞了水源的同时，你也
切断了自己发展的渠道。

紧抱生命之树

林清玄

深情地抱住一棵树
感受树的生命
体会树的不凡
进入树的坚强
一旦化入树的整体
失去拥抱树的我
就会在树里
看见自己

在青岛的崂山，巧遇一棵茶花树。

茶花树的岁数已不能查考，听说最少有七八百年。只能以“伟大”“非凡”来形容。这棵茶花树，高四层楼，花开数以万计，使得整个庭院，甚至整个天空，都是一片深红，美丽的深红。所有的人为了看清整棵树，只好后退到墙边，仰望。

我走入茶花树下，走到茶花树干，轻轻地、景仰地紧抱茶花树。那当下，仿如触电，茶花树把数百年的心情传到我的身上，绕了一圈，又回到树上去。

茶花树无言，却告诉我生命的无常，因为它看尽了王朝的兴衰起落。

茶花树无语，却告诉我每一次的风雨，只要通过考验，就会更壮大。

茶花树不动，却告诉我追求美之必要，它的岁月都是在开最美的茶花，即使最无知、无感者，也会为一棵开万朵的茶花，有莫名的感动。

在崂山，茶花树还算是个婴儿，有许多树是唐宋时代就有的，更有几棵从汉朝到现在的老树。祭拜之后，我一一去拜访老树，并深情地拥抱他们。在贴进老树之心的时刻，我感觉自己对一棵树的崇敬，并不会输给让人崇拜的神像。

我从幼年时代就喜欢拥抱树木，在心情不佳、处境恶劣的时候，就会跑到离家不远的桃花心木林，拥抱那棵最高大的桃花心木。树的坚强与崇高抚慰了我：安心吧！在你之前，有许多人心情比你更差；在你之前，也有许多人处境比你更坏；他们不都熬过来了吗？我看过很多很多人，你会度过的。”

在城市里，周遭并没有大树，我种植了内心的大树，那棵树也是饱经风雨和考验的，但它有光明的态度、正向的思维、坚毅的意志，只要我闭起眼睛，贴近大树，一切不如意，就云淡风轻了。

我拥抱山林的大树，因为它们看尽了历朝历代人间的繁华与凄凉，使我们穿越一时一地的困境。

我拥抱心灵的大树，因为它经历了生命的暗淡或辉煌，使我超越了一朝一夕的迷思。

我想起许多年前，在黄山的万山之巅，靠在一棵老松的树干上，看着脚底的烟云风雾，内心感动莫名。这千年老松脚无寸土，是从石头生成的。

脚下无土，屹立千年，不只青松如此，历史上伟大的修行人、思想家、创作者，哪一个不是站在那万仞岗上无寸土寸草的石上呢？

关于树的诗词摘录

一、柳树

青门柳　　【唐】白居易

青青一树伤心色，曾入几人离恨中。
为近都门多送别，长条折尽减春风。

长安新柳　　【唐】陈光

九陌云初霁，皇衢柳已新。不同天苑景，先得日边春。
色浅微含露，丝轻未惹尘。一枝方欲折，归去及兹晨。

柳　　【唐】崔橹

风慢日迟迟，拖烟拂水时。惹将千万恨，系在短长枝。
骨软张郎瘦，腰轻楚女饥。故园归未得，多少断肠思。

新柳　　【唐】杜牧

无力摇风晓色新，细腰争妒看来频。
绿荫未覆长堤水，金穗先迎上苑春。
几处伤心怀远路，一枝和雨送行尘。
东门门外多离别，愁杀朝朝暮暮人。

柳　　【唐】方干

摇曳惹风吹，临堤软胜丝。态浓谁为识，力弱自难持。
学舞枝翻袖，呈妆叶展眉。如何一攀折，怀友又题诗。

柳　　【唐】韩偓

一笼金线拂弯桥，几被儿童损细腰。
无奈灵和标格在，春来依旧袅长条。

柳　【唐】李峤

杨柳郁氤氲，金堤总翠氛。庭前花类雪，楼际叶如云。
列宿分龙影，芳池写凤文。短箫何以奏，攀折为思君。

垂柳　　【唐】李商隐

娉婷小苑中，婀娜曲池东。朝佩皆垂地，仙衣尽带风。
七贤宁占竹，三品且饶松。肠断灵和殿，先皇玉座空。

柳　【唐】李商隐

江南江北雪初消，漠漠轻黄惹嫩条。
灞岸已攀行客手，楚宫先骋舞姬腰。
清明带雨临官道，晚日含风拂野桥。
如线如丝正牵恨，王孙归路一何遥。

柳　【唐】李商隐

曾逐东风拂舞筵，乐游春苑断肠天。
如何肯到清秋日，已带斜阳又带蝉。

题柳　　【唐】李中

折向离亭畔，春光满手生。群花岂无艳，柔质自多情。
夹岸笼溪月，兼风撼野莺。隋堤三月暮，飞絮想纵横。

柳　　【唐】罗隐

一簇青烟锁玉楼，半垂阑畔半垂沟。
明年更有新条在，绕乱春风卒未休。

柳 【唐】裴说

高拂危楼低拂尘，灞桥攀折一何频。
思量却是无情树，不解迎人只送人。

柳 【唐】张旭

濯濯烟条拂地垂，城边楼畔结春思。
请君细看风流意，未减灵和殿里时。

二、橘树

拣贡橘书情 (唐)白居易

洞庭贡橘拣宜精，太守勤王请自行。
珠颗形容随日长，琼浆气味得霜成。
登山敢惜驽骀力，望阙难伸蝼蚁情。
疏贱无由亲跪献，愿凭朱实表丹诚。

病橘 【唐】杜甫

群橘少生意，虽多亦奚为。惜哉结实小，酸涩如棠梨。
剖之尽蠹虫，采掇爽其宜。纷然不适口，岂只存其皮。
萧萧半死叶，未忍别故枝。玄冬霜雪积，况乃回风吹。
尝闻蓬莱殿，罗列潇湘姿。此物岁不稔，玉食失光辉。
寇盗尚凭陵，当君减膳时。汝病是天意，吾诌罪有司。
忆昔南海使，奔腾献荔支。百马死山谷，到今耆旧悲。

橘 【唐】李峤

万里盘根植，千秋布叶繁。既荣潘子赋，方重陆生言。
玉花含霜动，金衣逐吹翻。愿辞湘水曲，长茂上林园。

南中荣橘柚　　【唐】柳宗元

橘柚怀贞质，受命此炎方。密林耀朱绿，晚岁有馀芳。
殊风限清汉，飞雪滞故乡。攀条何所叹，北望熊与湘。

庭橘　　【唐】孟浩然

明发览群物，万木何阴森。凝霜渐渐水，庭橘似悬金。
女伴争攀摘，摘窥碍叶深。并生怜共蒂，相示感同心。
骨刺红罗被，香黏翠羽簪。擎来玉盘里，全胜在幽林。

早春以橘子寄鲁望　　【唐】皮日休

个个和枝叶捧鲜，彩凝犹带洞庭烟。
不为韩嫣金丸重，直是周王玉果圆。
剖似日魂初破后，弄如星髓未销前。
知君多病仍中圣，尽送寒苞向枕边。

敕移橘栽　　【唐】张彪

南橘北为枳，古来岂虚言。徙植期不变，阴阳感君恩。
枝条皆宛然，本土封其根。及时望栽种，万里绕花园。
滋味岂圣心，实以忧黎元。暂劳致力重，永感贡献烦。
是嗟草木类，禀异于乾坤。愿为王母桃，千岁奉至尊。

奉和白太守拣橘　　【唐】张彤

凌霜远涉太湖深，双卷朱旗望橘林。
树树笼烟疑带火，山山照日似悬金。
行看采掇方盈手，暗觉馨香已满襟。
拣选封题皆尽力，无人不感近臣心。

和白太守拣贡橘　　【唐】周元范

离离朱实绿丛中，似火烧山处处红。
影下寒林沈绿水，光摇高树照晴空。

银章自竭人臣力，玉液谁知造化功。
看取明朝船发后，余香犹尚逐仁风。

三、梧桐

孔雀东南飞

东西植松柏，左右种梧桐。
枝枝相覆盖，叶叶相交通。

寄邓志宏五首　　【宋】邓柞

三径从来半草莱，席门那为故人开，
自惭不是梧桐树，安得朝阳鸣凤来。

秋兴八首·其八　　【唐】杜甫

昆吾御宿自逶迤，紫阁峰阴入渼陂。
香稻啄余鹦鹉粒，碧梧栖老凤凰枝。
佳人拾翠春相问，仙侣同舟晚更移。
彩笔昔曾干气象，白头吟望苦低垂。

梧桐　　【北宋】晏殊

苍苍梧桐，悠悠古风，叶若碧云，伟仪出众，
根在清源，天开紫英，星宿其上，美禽来鸣，
世有嘉木，心自通灵，可以为琴，春秋和声，
卧听夜雨，起看雪晴，独立正直，巍巍德荣。

四、松树

松二首　　【唐】白居易

小松未盈尺，心爱手自移。
苍然涧底色，云湿烟霏霏。
栽植我年晚，长成君性迟。
如何过四十，种此数寸枝？
得见成阴否，人生七十稀。

爱君抱晚节，怜君含直文。
欲得朝朝见，阶前故种君。
知君死则已，不死会凌云。

松树　　【唐】白居易

白金换得青松树，君既先栽我不栽。
幸有西风易凭仗，夜深偷送好声来。

庭松　　【唐】白居易

堂下何所有？十松当我阶。
乱立无行次，高下亦不齐。
高者三丈长，下者十尺低。
有如野生物，不知何人栽。
接以青瓦屋，承之白沙台。
朝昏有风月，燥湿无尘泥。
疏韵秋槭槭，凉阴夏凄凄。
春深微雨夕，满叶珠蓑蓑。
岁暮大雪天，压枝玉皑皑。
四时各有趣，万木非其侪。

去年买此宅，多为人所咳。
一家二十口，移转就松来。
移来有何得，但得烦襟开。
即此是益友，岂必交贤才？
顾我犹俗士，冠带走尘埃。
未称为松主，时时一愧怀。

小松　【唐】杜荀鹤

自小刺头深草里，而今渐觉出蓬蒿。
时人不识凌云木，直待凌云始道高。

南轩松　【唐】李白

南轩有孤松，柯叶自绵幂。清风无闲时，潇洒终日夕。
阴生古苔绿，色染秋烟碧。何当凌云霄，直上数千尺。

咏史·其二　【东晋】左思

郁郁涧底松，离离山上苗。以彼径寸茎，荫此百尺条。
世胄蹑高位，英俊沉下僚。地势使之然，由来非一朝。
金张籍旧业，七叶珥汉貂。冯公岂不伟，白首不见招。

拟嵇中散咏松诗　【晋】谢道蕴

遥望山上松，隆冬不能凋。
愿想游下憩，瞻彼万仞条。
腾跃未能升，顿足俟王乔。

《咏寒松诗》　【南朝】范云

修条拂层汉。密叶障天浔。
凌风知劲节。负雪见贞心。

五、枣树

杏园中枣树　【唐】白居易

人言百果中，唯枣凡且鄙。
皮皴似龟手，叶小如鼠耳。
胡为不自知，生花此园里。
岂宜遇攀玩，幸免遭伤毁。
二月曲江头，杂英红旖旎。
枣亦在其间，如嫫对西子。
东风不择木，吹照长未已。
眼看欲合抱，得尽生生理。
寄言游春客，乞君一回视。
君爱绕指柔，从君怜柳杞。
君求悦目艳，不敢争桃李。
君若作大车，轮轴材须此。

六、桂树

咏桂花　【宋】吕声之

独占三秋压众芳，何咏橘绿与橙黄。
自从分下月中种，果若飘来天际香。
清影不嫌秋露白，新业偏带晚烟苍。
高枝已折郄生手，万斛奇芬贮锦囊。

桂花二首　【宋】朱淑真

弹压西风擅众芳，十分秋色为伊忙。
一枝淡贮书窗下，人与花心各自香。

月待圆时花正，花将残后月还亏。
须知天上人间物，何禀清秋在一时。

清平乐 忆吴江赏木犀　　【宋】辛弃疾
少年痛饮，忆向吴江醒。
明乐团团高树影，十里水沉烟冷。
大都一点宫黄，人间直凭芬芳。
怕是秋天风露，染教世界都香。

清平乐·赋木犀词　　【宋】辛弃疾
明月秋晓，翠盖团团。碎剪黄金教恁小，都着叶儿遮了。
折来休似年时，小窗以有高低，无顿许多香处，只消三两枝儿。

清平乐·再赋木犀　　【宋】辛弃疾
东园向晓，阵阵西风。
唤起仙人金小小，翠羽玲珑装了。
一枝枕畔开时，罗帏翠幕垂低。
恁地十分遮护，打窗早有风儿。

七、银杏

辋川二十泳·文杏馆　　【唐】王维
文杏裁为梁，香茅结为宇。
不知栋里云，当作人间雨。

瑞鹧鸪·双银杏　　【宋】李清照
风韵雍容未甚都，尊前甘桔可为奴。

谁怜流落江湖上，玉骨冰肌未肯枯。
谁叫并蒂连枝摘，醉后明皇倚太真。
居士擘开真有意，要吟风味两家新。

咏银杏　【宋】张无尽
鸭脚半熟色犹青，
纱囊驰寄江陵城。
城中朱门韩林宅，
清风明月吹帘笙。
玉纤雪腕白相照，
烂银破壳玻璃明。

八、枫树

早秋宿田舍　【唐】曹邺
涧草疏疏萤火光，山月朗朗枫树长。
南村犊子夜声急，应是栏边新有霜。

江陵愁望寄子安　【唐】鱼玄机
枫叶千枝复万枝，江桥掩映暮帆迟。
忆君心似西江水，日夜东流无歇时。

附 录

- 大树哲学
- 青年教师成长林——校本培训模式的探索
- 青年教师成长林活动记录表格

大树哲学

——摘自网络

成为一棵大树的第一个条件：时间！

大树说：绝对没有一棵大树是树苗种下去，马上就变成大树，一定是岁月刻画着年轮，一圈圈往外长！

每当遇到挫折和困难，让我们看看大树，今日的枝繁叶茂绝非仅是昨日的所为。我们所期待的成功也不是一朝一夕的事情！一定是随着时间，经验不断得到积累。每一次的超越都将是无可替代的宝贵财富，得之不易的成功愈加显得弥足珍贵！

要想成功，一定要给自己时间！时间就是经验的积累！

成为一棵大树的第二个条件：不动！

大树说：绝对没有一棵大树，第二年种在这里，第二年种在那里，而可以成为一棵大树，一定是千百年来，经风霜，历风雨，屹立不动！

如果只是阳光雨露，没有狂风霜雪，如何懂得大自然所有的恩赐？阳光雨露给予大树生长的光照、营养和环境；而经历的每一次的狂风霜雪就会使大树更加坚定，无所畏惧。大树不会因为每次经历坏天气就想到去找避风的庭园，大树知道只要走过这遭就会再一次得到成长！

恰恰是经得起狂风霜雪考验的树木才会成为大树，正是无数次的经风霜，历雨露最终成就大树！

要想成功，一定要“经风霜、历雨露而不悔”！

成为一棵大树的第三个条件：根基！

大树说：我有千百万条根，粗根、细根、微根，深入地底，忙碌而不停地吸收营养，成长自己。绝对没有一棵大树，没有根！也绝对没有一棵大树的根不深入地底！

根基是大树吸取营养的源泉，没有根就不会有大树。如果根基不牢，大树就会被风吹走，甚至连根拔起。为了寻找更多的营养，大树努力的把根深入地底。只有不断地从大地母亲的怀抱中吸收养分，使自己的根基壮大，牢固，才能经得起岁月和时间的考验，才能成长自己！

要想成功，一定要不断学习！不断充实自己！

成为一棵大树的第四个条件：向上长！

大树说：绝对没有一棵大树只向旁边长，长胖不长高；一定是先长主干再长细枝，互有空间，绝不结结；越向上长，空间越大，越能成为一棵大树！

园艺师都有这样的心得体会：多余的残枝只能装点暂时的茂盛，而对大树最终成材却是累赘；大树之所以能成栋梁，是要靠不断地修剪枝叶。所以大树懂得一直向上，向上，再向上！

大树明白，要壮大必须向上长！只有向上长，才能使树干和每个细枝拥有更大的空间，才能拥有更多的阳光的爱抚！

要想成功，一定要向上！业绩向上！不断向上才会有更大的空间！

成为一棵大树的第五个条件：向光！

大树说：绝对没有一棵大树长向坑洞，长向黑洞。积极地向光生长，就是大树的希望所在，就是为了争取更多光明！

大树心中的目标就是一定要积极地寻找阳光！阳光，就是大树的希望所在，大树向着光，向着成功，大树绝对不会长向坑洞，长向黑暗。大树体会到必须为自己争取更多的光明！

要想成功，一定要心向光明！所以挫折都是成长！所以不如意都能善意解释！

青年教师成长林——校本培训模式的探索

天津市滨海新区大港三号院小学　王玉芝

指导教师　华东师范大学　孔企平　杨向东

80后青年教师是学校的新生力量，他们的素质直接影响着一个学校的后劲发展。因此，构建一支德才兼备的高素质青年教师队伍是提升学校办学质量的关键，也是校长工作的重中之重。但传统的青年教师培训重青年教师个体进步、轻教师团队的整体发展，重知识技能的传授、轻人格品质的培养，重专业素质的提高、轻心理个性成长，重工作指导、轻生活支持，重自上而下的要求、轻个体自主需求，将教师作为“被培训者”、“旁观者”，教师自身在其专业发展中的地位和作用受到一定程度的忽视，内容不实用，形式单一，在客观上造成了部分教师自主发展的意识淡薄，动力不足，或者是高能力低修养，一枝独秀，不是被组织孤立，就是自身缺少团队精神。

鉴于此，我们借鉴植物界的共生效应（指一株植物单独生长时，往往长势不旺，甚至枯萎衰败，而众多植物在一起生长时，却长得挺拔茂盛），积极探索青年教师团队成长的校本培训模式，经讨论命名为成长林活动。成长林旨在以青年教师的实际需求为出发点，借助团队的力量引领青年教师主动参与，同伴互助，分享经验，促进其心灵成长、专业发展。

一、对青年教师现状的调查评析

基于这样的思考，我们对油区六所小学初入职的四十位80后青年教师的成长需求进行了问卷调查和访谈，研究发现（见表1），绝大多数的青年教师希望通过自己的工作实现自身价值，并惠及到学生身上，渴望得到领导同事的认可；认为工作后的压力主要来自于对自身业务能力的提升，但同时认为可以有适当的竞争、适当的压力；如果工作、生活中遇到了问题，71%会和亲人朋友交流，只有14%的人选择了同事；72%的青年教师有时能自我调节不良情绪，只有28%的人渴望得到别人的疏解，可见工作团队没有成为他们的支持系统；在心灵成长完善方面认为最需要提升的是职业规划能力、沟通能力，其次是协作能力和情绪调控能力。他们对自身的成长充满信心，希望学校创设人际和谐的工作环境，却没有意识到自身的言行举止、个性修养直接影响到了学校的工作氛围的创建，工作压力的疏解。

表1　青年教师成长需求问卷调查统计表

调查的问题	选项A（%）	选项B（%）	选项C（%）	选项D（%）
你觉得教师成就感体现在	付出与收入成正比（14%）	领导同事的认可（57%）	学生成绩优秀（71%）	体现自身价值（86%）
工作后面临的压力来源	师生关系（28%）	领导评价（28%）	同龄人的竞争（28%）	业务能力要求（42%）
对工作压力的应对方式	同事（14%）	亲人朋友（71%）	自我应对（57%）	不知如何应对（0%）
当有了不良情绪体验时	能自我调节（28%）	不知如何调节（10%）	有时能自我调节（72%）	渴望得到别人的疏解（28%）
希望提升的心灵成长技能	沟通力（71%）	职业规划力（71%）	情绪调控力（43%）	协作能力（57%）
希望创设的工作氛围	自由宽松（0%）	适当有竞争有压力（43%）	环境无所谓，自身更重要（28%）	人际关第和谐（62%）

除了对青年教师进行调查之外，就青年教师的表现、存在问题、行为特征以及职业素质等方面对学校管理者和老教师也进行了访谈。研究发现，入职初期的青年教师存在的问题集中体现在以下几方面：

（一）面对新环境无所适从，无法满足归属与爱的需要

从教师职业生涯发展周期的角度说，初入职的青年就是正处于职业的适应期，一方面对工作充满热情和向往，另一方面，对工作中的问题往往估计不足，众多的期望、关注和自我的期许都会对他们的心态造成一定的影响。这些青年教师80%都是家在外地、人生地不熟，家人能给予的心理支撑、工作帮助较小，容易彷徨无助。因此，注重引导青年教师适应新环境，融入到学校的团队中获得归属感，对他们更显得重要。

（二）自我强调突出，自我认知不足

入职时期的新教师怀抱梦想，自我评价较高，一旦受到挫折、批评，会非常沮丧，或反应过度，遇到问题时不能控制情绪，自我保护意识强烈。他们在小节上对自我要求不高，或者说过于自我，如很多青年教师的办公桌杂乱无章，也没有主动打扫办公室卫生的意识，缺少俗称的“眼力价”；时有迟到却不以为然；同龄教师之间偶有鄙薄现象，过于表现自我，不懂谦让。如同一位青年老师自述道：“那时的我有些自以为是的心态，还有沉浸在其中莫名其妙的自大。就像一只刺猬，随时张着一根根的刺，防御着，抵触着，生怕被别人伤着，却没意识到正是自己刺着了别人。”

（三）缺乏合作意识，团队精神不强

有一些青年教师对领导、师傅的指正有时不以为然，甚至会当面顶撞，对班级其他科任教师不愿主动配合，我行我素。一位青年教师“实在不喜欢在闪光灯下摆出各种有痕迹的造型，那天照相我故意迟到了几分钟”，结果让其余四十多名教师苦等了十多分钟才照成培训集体照。可见，青年教师与他人协作共事的能力需要提高。

（四）教学能力不足、工作经验缺乏

青年教师教学基础工作不扎实，教学能力亟需提高，如对教材内容的理解和渗透能力不强，对新课标的学习、熟练掌握与运用不够等。需要更新教育观念和教育思想，明确肩上的重任，坚定理想、立足岗位、在教学工作、班主任岗位上能够独当一面，用自己的实际行动，履行一名合格教师的光荣职责。

教师的专业发展从结构化的概念体系来看，它是由专业知识、专

业能力和专业精神等有机构成的一个结构体系。[①]通过综合评定，大家普遍认为，相比年轻教师的资历浅、工作经验缺乏这些专业能力问题问题，更让人担忧的是他们人际交往的能力、合作能力、自我认识和评价及情绪调控的能力等方面的专业精神、态度。特别是在入职的前三年，如何通过合理的培养和激励，引导青年教师适应新环境，融入到学校的团队中，提高抗压、解难能力和人际交往技巧，进而促进他们的专业发展和个性健康成长是一个重要的课题。

二、青年教师成长林培养模式的实施

大内（W. G. Ouchi）提出了关注组织的文化的Z理论，认为“组织文化”的核心是信任、微妙性和人与人之间的亲密性，这是企业提高生产效率的关键。管理者应将注意力转向社团领域中的“人际关系”，而非仅仅是“技术”。[②]朱益明也说过：在在职教师的培训实践中，尤其需要关注教师的现实生活，帮助教师解决处于人生发展不同阶段的各种问题，使他们成为身心健康、家庭幸福、情绪愉快、人格完善的个体。[③]

依据上述理论，更基于对青年教师存在问题的思考，我们以青年教师成长林为平台（见图 1），全面实施对青年教师的指导，借助团队的力量引领青年教师学习新的态度和行为方式，良好的心理[④]品质，学会合作，促进其身心、思想、业务能力全面健康成长，进而促进青年教师团队整体发展。

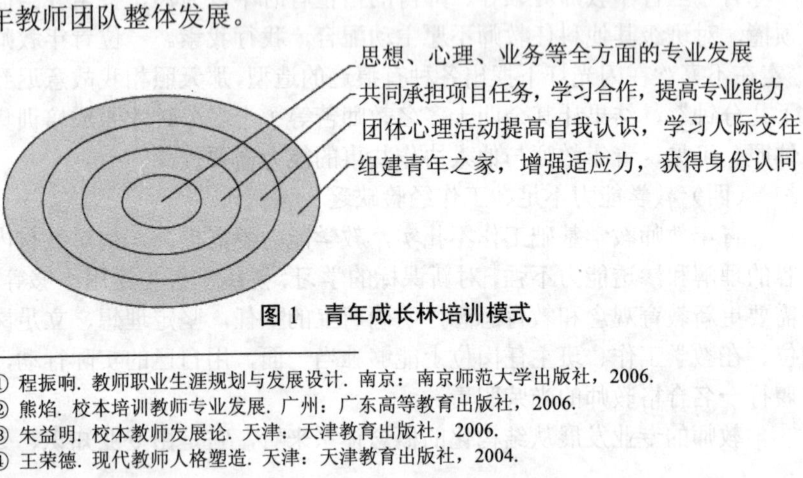
思想、心理、业务等全方面的专业发展
共同承担项目任务，学习合作，提高专业能力
团体心理活动提高自我认识，学习人际交往
组建青年之家，增强适应力，获得身份认同

图 1　青年成长林培训模式

---

① 程振响. 教师职业生涯规划与发展设计. 南京：南京师范大学出版社，2006.
② 熊焰. 校本培训教师专业发展. 广州：广东高等教育出版社，2006.
③ 朱益明. 校本教师发展论. 天津：天津教育出版社，2006.
④ 王荣德. 现代教师人格塑造. 天津：天津教育出版社，2004.

（一）组建青年之家

根据费斯勒（Fessler）和凯兹(Huberman)等人的研究，刚工作的教师处于教师专业发展生涯的入门适应期，此时，他们所关心的是自己能否在陌生的环境生存下来，最需要的是支持、理解、鼓励、给予信心、安慰和辅导。诸多的理论研究与实例都显示，学校内部组织环境对新教师的成长会产生极大的影响，积极的支持性的组织环境比不信任的或孤立的氛围更有利于新教师的发展。

为了尽早让他们获得安全感和归属感，成长林活动伊始，经青年教师自由选择，成立了“樱花草之家”、“梧桐树之家”、“四叶草之家”、“IvyGarden之家”四个成长林的小家庭。每个家庭4～5人，由不同时间入职、不同学科的80后新“老”教师进行了组合搭配，以“老”带新。并策划开展一系列家庭活动，如举办家庭会餐、“舞动青春”踏青郊游、我爱我家活动日等，从中了解每个家庭成员的个性特点、兴趣爱好，进而分析家庭优势、劣势，建立了家庭建设个人目标计划书、家庭计划书（见表 2），创设了安全、接纳、关爱的家庭氛围和工作环境，使新教师很快了解了学校的基本状况，融入新群体，满足了归属与爱的需求。

表2　家庭建设目标计划书

1. 我们的家庭优势：
2. 我们的家庭劣势： 3. 我们的家庭建设目标：
4. 我们能为其他家庭做的事：（具体的行为）
5. 在健康、家庭、事业、学识、心灵、人际、感恩等方面我们能做到的是：（具体的行动）
6. 以上我们需要提升的是：（具体的行动）
7. 我们的家庭活动日准备做的事：

为了便于青年教师沟通交流，及时了解彼此动态，密切情感，我们还建立了“独木不成林”博客，大家共用一个账号密码，便于隐性的情绪宣泄，实现沟通无极限的跨时空交流网络，更自然、更深层的表达自

己，帮助他人面对伤痛，用团队的积极力量相互影响，安心地成长。

每学期末我们还进行青年成长林之家阶段总结（见表 3），及时进行活动反馈，调整活动内容。这种同伴式的互助不同于常规的“导师带徒”，师徒间更多的是专业技能的传承，而同龄人之间因思维方式、成长经历相近，更容易交流情感，贴近心灵。同时，也更能直观、具体地身上学习为人处世之道，借鉴处理问题方式。成长林之家建立起来的不仅是一个团体，更是一种心理上的依赖，一种安全感。

表 3　青年成长林之家阶段总结

姓名		家庭		兼职工作	
课题____项	论文____篇	公开课____节	听课____节	时间	
成长之家对你的发展有何帮助					
家庭活动中感受最深的活动					
你认为家庭需改进的方面					
成长林活动获得的心灵成长					
其他方面获得的成长发展					
本学期阅读书目及获得启发					
获奖记录					

（二）开展团体心理辅导活动

台湾著名心理学家吴武典教授认为，“要了解个人，最好从团体中去了解；要改变个人，最好从团体中去改变；要自我充分发展，也最好从团体中去实现”。[①]因此，每月一到两次的团体心理辅导活动的开展旨在以自助、互助为机制，有计划、系统地对其进行心理辅导，通过情景体验、角色扮演等多种形式，精心设计了系列团体心理辅导

① 吴武典，钟志农. 团体辅导. 天津：新蕾出版社，2008.

活动，进行放松训练，营造理想的沟通环境，学习情绪认知及调节、压力管理、人际交往等，有效提升青年教师的心理素养，促进信任感的建立，培养团队的工作文化。

比如自我认识、自我评价，自我规划，自助与他助系列主题团辅活动，帮助青年教师准确定位自己，形成积极的心态，学会与人相处。

在自我认识系列活动中，我们先后进行了描述20个“我”、绘画“树木人格图”、性格测试、自我画像等活动，在解读图画的故事中，帮助青年老师梳理心绪，在自我描述中修正主观认识，全面展现自己的特点，促进相互之间的了解。

在自我评价系列中，通过请你试着了解我（见表4）、我眼中的她、倾听和叙述、我想对你说等活动，学习发现别人的优点，促进相互肯定与接纳。

表4　请你试着了解我

和他人相比，我认为我是
我很遗憾
我认为做人最重要的是
与人相处,我
我理想的工作环境是
目前，我面临的最大的困扰是
工作中我最担心的是
在三小最大的收获是
对别人的批评，我
当听别人说有人对自己有误会时，我
对看不惯的人或事，我

在自我规划活动中，通过生命调查表（见表5）、生命线故事分享、回顾让我改变的一件事、一本书、一个人等，制定年度成长计划、三年职业规划，举行成长汇报会等方式，展现每个人的发展状态，互相提成长建议，完善自己的人格，明确自己的生活、工作追求方向。

表 5　生命调查表

1. 近一段时间让你最快乐的事是：
2.　从小学到现在你生命中的转折点是：
3 从小学从小学到现在最不顺利的事发生在：
5. 你记得生命中最开心的一个经验是：
6. 在你学习或工作中最有满足感的一个经验是：
7. 你在生命中表现出绝大的勇气一件事是：
8. 你一生中最低潮的时候是：
9. 说出你做得不好但仍然必须做下去的事。
10. 你很想停止不做的事：
11. 你很想好好再做下去的事：
12. 你极力建立起来的价值体系：
13. 说出一个你丧失的一生中很重要的机会：
14. 如果危机降临你身上，你生命降至，只有十个小时，你最想做：
15. 现在是 50 年后，你从空中眺望此处，你的感受是
16. 最想对谁说：
17. 200 年后，你希望别人怎样评价你，记得你?
18. 如果现在是一个礼物（活在当下），你最想送给自己的一句话是什么？

在自助与他助主题上，通过信任之旅、谁助谁、地震求生彩球、毒叶子等活动，在活动体验中不断学习如何理解、宽容、支持他人，明晰人生观、价值观，发展良好的心理品质。

每次活动的最后一个环节，引导青年教师联系实际，说（写）出活动感受、活动反思日记，或进行活动反馈（见表 6），了解他们的反应，并进行相应的整改，促进信任感的建立，使活动结果效果更好。比如在“谁助谁”活动后一位老师说：“当我们在做一件事自己不能完美完成时，一定要寻求有主见、可行的帮助，我们有时候缺少指导、缺少支持，是因为我们自己没有有效利用资源，缺少主动性。”

表6 团体活动自我成长评价反馈表（一）

活动名称		班级		活动时间		
序号	评价指标	评价结果				
		完全符合	符合	基本符合	基本不符	完全不符
1	我能在这次团体中诚恳向别人表达我的看法					
2	我喜欢这次团体活动，觉得这次的团体经验很有意义					
3	我对自己越来越了解					
4	参加团体使我对自己越来越有信心					
5	在这次团体中我乐意和他人分享我的经验					
6	我觉得这次活动同伴们互相信任而且坦诚					
7	我觉得活动内容和形式统一，提升了我的心理素养					
8	我觉得在这次团体活动中学会了：					
9	我认为活动可以改进的是：					
10	我还希望在团体活动开展中解决的问题和烦恼是：					

（三）合作承担项目任务

胡惠闵教授在主编的著作中强调：在青年教师专业发展的过程中，青年教师的互动与合作是促成青年教师群体发展的关键。[①]为了建立合作的教师文化，我们在成长林活动中设立工作任务合作项目，如承办一次学生毕业典礼，设计一次家庭活动日，进行学科整合展示课，

① 胡惠闵. 小学教育问题研究. 成都：四川出版社，四川教育出版社，2007.

由青年教师自主选择项目内容、合作伙伴，共同探讨活动方案。在完成项目的过程中如出现不同的意见时，指导他们建设性地解决冲突，磨合彼此的个性，学会妥协、谦让、体谅和协作的技巧，高效的完成教育教学任务，提高专业技能（见表7）。

表7　青年成长林活动评议表

1. 我可以和谁合作完成什么事？你为什么选择他（她）？	
2. 你们“家”里你愿意和谁合作完成什么事？	
3. 同一学科内的老师你最愿意和谁合作完成什么事？	
4. 你向同一学科的谁（80后）学到了什么？或他最让你佩服的是什么？	
5. 写下自己达成合作需要改变的三个方面。新的一年准备如何做才会改变？你希望得到哪些方面的什么支持？	

（四）学习研修，多元培训，搭建青年教师发展平台

为强化青年教师教育教学的基本功，整体提升他们的综合素质，努力为青年教师的成长创造学习研修的条件，制定培养计划，内容包括读书学习、导师带徒、研修培训、岗位比武（图2）。

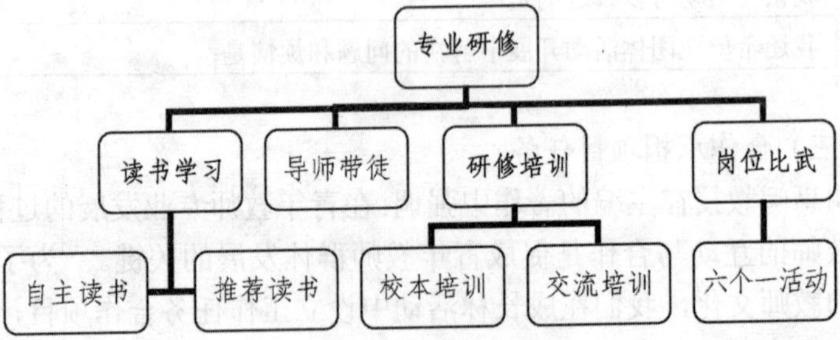

图2　专业研修内容

每个新学年伊始，学校都为初为人师的新毕业大学生聘请教学“师傅”和管理“师傅”。这些“师傅”同时成为成长林的顾问，通过师徒结对，讲座示范，以他们深厚的涵养，丰富的学识，精湛的教艺传授、感染年轻人。学年末都及时召开师徒总结会，青年教师将自己的成长情况进行了汇报，师傅们对徒弟的关注点进行深刻而准确的分析，大家从思想上统一认识，将青年教师的培养放到重要的位置。特别是注重在教学工作以外给位子、搭台子、压担子，除了担任班主任工作，鼓励年轻教师分别担任各部门干事、组长等管理工作，多方给他们创造锻炼的机会，多角度评价，展现他们的风采，为学校可持续发展储蓄实力和管理后备人才。

我们还开展“今天你读书了吗？”主题读书活动，以读《学记》悟教育”为主线，引导师生的教育行为，以《弟子规》引导师生的品德素养，鼓励青年教师在“因材施教，教学相长，尊重个性，多元发展”的教学理念下，逐步形成自己的学科特色。除了鼓励自主读书，每年向师生推荐好书，评选优秀读后感、读书笔记，开展读书论坛、国学讲堂活动，推行《循环学习笔记》，每人读后好文章随手写下感受，以启迪教育智慧，创新并运用于实践。同时，大力支持教师外出学习、岗位培训，坚持学访汇报制，增强学习实效性，促进教学相长，提升专业素质。老师们在培训中受益匪浅，充分的享受到学习的快乐。一位青年教师在参加新区“教坛能手”培训时激动地给给我发信息写道：我的美好时代——上联是“分分荣幸秒秒荣幸荣幸何时了”；下联是“今天教授明天博导名师知多少”；横批“学习真好”。

每年的岗位比武“六个一”活动则包括，制定一年自我成长计划，开展一项小课题的研究，阅读一本教育专著，撰写一篇论文，讲授一节公开课，进行一次成长汇报展示。除此以外，要求青年教师苦练粉笔字，每周一早晨在校教学楼大厅用小黑板展示粉笔字，同时课余时间练毛笔字，每年进行钢笔字、毛笔字竞赛，以及市区级各项教育教学活动。这些举措促进了青年教师的成长成才。

（五）编写特色成长手册能记录青年教师职业历程，捕捉成长智慧

我们指导青年教师反思提炼教育教学经验，倡导青年教师写成长

日记，梳理教育思路，抒发心灵感悟，形成青年教师个性化的成长特色档案手册：有故事篇——师徒故事、我家的故事、成长故事……有案例篇——优秀教学案例、学生管理案例、“我的第一次”……有图画篇——成长树、生命曲线、他人眼中的我……从春的序曲、夏的繁华，到秋的收获、冬的积淀，《长大》、《成长之路》、《足迹》一本本成长手册从不同侧面记录着成长轨迹，捕捉着教育智慧，指导他们正确分析自己，寻找到工作的突破口，以精益求精、追求卓越的精神潜心教育实践。

我们还举行读书论坛、炫动风采秀，通过“头脑风暴”群策群力解决工作、生活中的实际困难。倡导他们做个“咖啡豆”型教师，保持自己的风格，同时带给别人改变。这样的团队情境使互勉共进逐渐成为了一种自觉行为。就像一位青年教师所说：“和同龄人之间的交流，不仅获得了心灵上的理解，解决一些生活中的小困难、小烦恼，更重要的是能够在教学中互相取长补短，提高自身教学水平。大家来自不同的学科，都有自己所擅长的东西，可以给予别人的帮助也是不言而喻的。付出一点，收获一些，每个人都赚了。”

三、青年教师成长林活动成效

从2010年至今，三年的成长林活动使青年教师在各方面都发生了可喜的进步。在问卷调查统计中，65%的教师认为青年教师在自我认识、协作能力、适应能力等方面都有不同程度的提升，24%的教师认为他们提升幅度很大，但在责任意识、承受挫折力等方面需要进一步提升。而当他们在工作生活中遇到问题时85%以上的青年老师都愿意和成长林的同伴、同事沟通疏解，主动寻求帮助，不再是自我郁闷。同时，青年教师在全国、市区级各项业务比武中捷报频传（见图3），每年呈上升态势；在油田青年教师水平测试中，我校获得了团体总分、优秀率第一名；而在学校的年度考核中青年教师被评为优秀的比例也逐年上涨；多名教师被评为市区级科研先进个人、十佳班主任、优秀师徒等荣誉称号；在基层管理职务选拔中，多名青年教师被选聘为教研组长、年级组长、管理干事，在学校工作的各个方面展现着他们的才华风貌。一位老师在成长故事中写到：“老人说河里的石头：上游

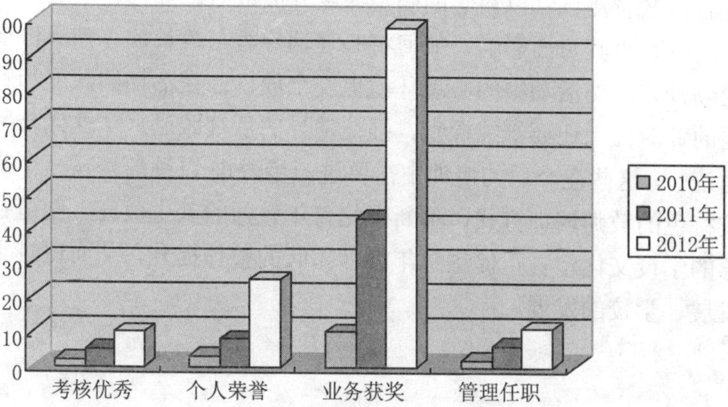

图 3　青年教师成长情况

石尖、中游石圆，下游石滑。初出茅庐的我就像一块尖尖的石头，棱角分明，斤斤计较。三年来，与同事朝夕相处，逐渐感受到学校的大气，同事的大度。思想转变强过语言和行动的转换，今年，我感觉自己沉静了很多，学会了换位思考，学会了宽容。我能理解同事倒课时的无奈，我能理解领导安排工作时的良苦用心，我也能体会到家长教子的不易，在办公室做一些举手之劳的小事我不再发牢骚，而是乐呵呵地去做。”

在学校进行工作总结问卷中——“你认为学校工作取得成效的原因、好的举措有哪些方面？”75%以上的教师都提到了成长林使青年教师快速成长，也促进了新老教师互相学习，互相关心。在天津市学校现代化督导评估中，专家、领导对青年教师成长林活动给予了高度评价：“学校教师队伍建设取得较好成效，形成了敬重老师教、关爱中年教师，扶植青年教师的氛围。特别是为 80 后青年教师搭建了成长林的平台，制订了一系列青年教师培养制度，为培养青年教师起到了积极的推动作用，我们在学校所到之处，看到广大教师精神振奋、干劲十足，体现了教师良好的敬业务本的风貌，增强了学校可持续发展的实力。”

在成长林培训的过程中，我们也发现了一些问题：如何规范的进行心理量表测试，以科学的确定课题开展成效；如何在增进同伴互助的同时减少其负面影响；如何将心理辅导者与校长的评判身份很好的区隔开来，使活动中的心理环境更安全放松；在活动的深度和解决问题的针对性上还要继续探索，强化辅导的后续跟进，个性化与整体化的统一，这些在今后的培训中需要进一步改进,以逐渐构建一个具有我校特色的教师培训方式，不断强化青年教师的共生效应，创造合作互惠的学校文化，真正促进青年教师团队的整体提升，从而促进学生的发展、学校的发展。

孔企平教授对课题的评价

王玉芝校长主持的培养青年教师的课题，研究选题具有重要现实意义，从心理环境、交往互动等各方面培养小学青年教师具有非常重要的作用。在这一研究中，作者通过设计了各种有效学校心理环境，促进青年老师的交往，有效地发展了青年老师的心理素养。这一课题的研究，对于提高小学青年老师质量，办好高质量的学校具有重要意义。

本研究选题充分体现了素质教育的理念。研究人员在学习教育理论的基础上，通过对目前青年教师现状的进行调查分析，开展了扎实研究。研究成果材料丰富，逻辑性强，结论具有可行性。本研究的研究成果对小学教育质量提升有重要参考意义。

作者在研究中能强调了实践性与理论性的统一，文章中提出的几个策略具有重要的实践价值。

特此推荐。

孔企平

2012.3.26

注：孔企平，华东师范大学课程与教学研究所数学教学研究室主任，教授。

杨向东院长对课题的评价

本课题从生态学的视角，综合问卷调查、访谈和行动研究等手段，对我国当前青年教师的成长现状和培养模式进行了分析和探索。青年教师在入职适应、人际发展、专业提升方面存在哪些问题？如何针对这些问题创设合理有效的培养模式？这些问题和研究对当前教师培养和专业发展有着非常积极和现实的指导意义。该选题具有很好的理论价值和现实意义。研究从当前青年教师及其培养中存在的问题入手，通过实证调查分析，确定研究问题，从而使后继培养活动的创建具有针对性，活动开展有实效。“成长林”的设计思路也颇有新意，为我国学校教师在职培训和管理提供了一个值得借鉴的案例。

2012.4

注：杨向东：华东师范大学教育科学院副院长，博士，2003 年毕业于美国堪萨斯大学。

青年教师成长林活动记录表格

表1　青年教师成长林活动记录

<table>
<tr><td>时间</td><td></td><td>参加人数</td><td></td><td>记录人</td><td></td></tr>
<tr><td>主持人</td><td></td><td>缺席人</td><td colspan="3"></td></tr>
<tr><td>主题</td><td colspan="5"></td></tr>
<tr><td colspan="6">活动内容</td></tr>
<tr><td colspan="6"></td></tr>
</table>

表 2　青年教师个人基本资料

姓　　名		性　　别	
民　　族		籍　　贯	
政治面貌		身　　高	
体　　重		身体状况	
学　　历		所教学科	
毕业学校			
联系电话		QQ	
喜欢的名言			
兴趣爱好			
个人简历			
自我评价			

表 3　青年教师读书营记录表

所读书目	
类　　型	
读书感受	

表 4　青年教师________年读书情况统计

<table>
<tr><td>姓名</td><td></td><td>学科</td><td></td><td>工作时间</td><td></td></tr>
<tr><td>今年你阅读了哪些报纸？</td><td></td><td colspan="2">读报活动让你获得了哪些信息？（列条即可）</td><td colspan="2"></td></tr>
<tr><td>今年你阅读了哪些杂志？</td><td></td><td colspan="2">从书中你获得了哪些启迪？</td><td colspan="2"></td></tr>
<tr><td>今年
你阅读了哪些书籍？</td><td></td><td colspan="2">这些书对你的生活、工作有哪些帮助？哪些应用到了工作实践中？具体的举措是什么？</td><td colspan="2"></td></tr>
<tr><td colspan="2">你今年写了几篇读书笔记、反思或论文？</td><td colspan="4"></td></tr>
<tr><td colspan="2">今年你自己订阅购买的书刊报纸有哪些？</td><td colspan="4"></td></tr>
<tr><td colspan="2">对今后的读书活动你有哪些建议？</td><td colspan="4"></td></tr>
</table>

表 5 青年教师评价问卷

年龄　　　　　　　　组别　　　　　　　　时间

1. 你认为学校青年教师表现突出的在哪些方面？

2. 青年教师在为人处世等方面目前要改进的问题有哪些？

3. 你认为青年教师应具有的心理素质、人格特点有哪些？

内容	好 %	一般 %	差 %	做得不好的具体行为表现（举例）
与家长沟通力				
与同事的关系				
与家人的关系				
与他人的协作力				
工作认真负责任				
自信阳光				
不自负不自我				
情绪调控能力				
挫折承受力				
目标明确有追求				
工作计划性				
学习力				
办公桌的整洁度				
环境适应性				
奉献精神				
实干精神				
学生表率				
言行一致				

表 6　青年之家总结记录表

<table>
<tr><td>姓名</td><td></td><td>家庭</td><td></td><td>额外工作</td><td></td></tr>
<tr><td>课题　项</td><td>论文　篇</td><td>公开课　节</td><td>听课　节</td><td>时间</td><td></td></tr>
<tr><td>成长林家庭对你的发展有何帮助</td><td colspan="5"></td></tr>
<tr><td>家庭活动中感受最深的活动</td><td colspan="5"></td></tr>
<tr><td>你认为家庭需改进的方面</td><td colspan="5"></td></tr>
<tr><td>成长林活动获得的心灵成长</td><td colspan="5"></td></tr>
<tr><td>其他方面获得的成长发展</td><td colspan="5"></td></tr>
<tr><td>本学期阅读书目及获得启发</td><td colspan="5"></td></tr>
<tr><td>获奖记录</td><td colspan="5"></td></tr>
</table>

表 6-1

成长林家庭对你的发展有何帮助	我收获了经验,收获了知识,更重要的是收获了同事间互帮互助,互敬互爱的深厚情谊。互助互爱，活力无限，每一次相聚都充满欢声笑语。
家庭活动中感受最深的活动	过生日给我的惊喜。那天我都忘记了自己的生日，可爱的家庭成员们竟然在我完全不知情的情况下,准备了生日蛋糕,生日宴会。
你认为家庭需改进的方面	不仅在特殊的日子聚在一起，平时也要增加沟通交流的机会。 可以将自己的家人朋友也介绍进来，这样会更加多元化，更加有乐趣。
成长林活动获得的心灵成长	我与一些朋友和同事真可以说是有福同享，有难同当，她们在一点一滴的感染着我，让我变得充满了活力，对生活充满了信心。我同时也用自己积极的方面来影响她们，信任他们，爱他们，帮助她们，让她们感受到友情的美好。
其他方面获得的成长发展	工作上：得到了很多的建议与提示。 生活上：有更多的乐趣，感受到亲人般的温暖。
本学期阅读书目及获得启发	《胭脂雪》：坚强的性格最终会获得幸福。 《红楼梦》：每看一遍都有新的发现。

表 6-2

成长林家庭对你的发展有何帮助	多种多样的学习培训和锻炼方式，为我们创设了良好的学习环境，同时为我们提供了不断成长的平台和机会，使我们的教学水平在不断进步。
家庭活动中感受最深的活动	一起做心理辅导、过生日、探望生病的家庭成员。
你认为家庭需改进的方面	求真务实的工作态度，勤奋认真，不怕吃苦，坚信天道酬勤，能虚心听取别人的意见并改正。
成长林活动获得的心灵成长	接受新事物的能力增强了，能不断的学习和探索，不受旧的教学思想的束缚，接受新的教学理念能力强。有上进心，能够不断地学习和进步。
其他方面获得的成长发展	勤于反思，勤于总结，并能大胆的实践和创新，对自己有信心。
本学期阅读书目及获得启发	《爱弥尔》 “出自造物主之手的东西，都是好的，而一到了人的手里，就全变坏了。”人性本善，培养自然人，顺应儿童的本性，让他们的身心自由发展。

表 6-3

成长林家庭对你的发展有何帮助	成长林家庭给了我们一个成长、反思、宣泄、分享的空间，让我们在工作之余可以独享一份林子中的清新、自然。和同龄人在一起谈谈工作，聊聊生活，可以让我们放松许多，而且在工作中我们往往有相同或类似的问题可以一起讨论，解决。每一个小家庭的组成又让我们有一种想法，都想让自己的家更和谐，更美好，成长得更快，充满着快乐。
家庭活动中感受最深的活动	聚餐，让我们知道了我们擅长的不仅是教学和管理班级，不仅有在讲台上的风采，我们还是一个个厨房里的贤妻，温馨小家庭里的“美容师”。在家庭成员家中的聚会，让我体会到了：屋不在大，温馨则行，菜不在多，美味则灵。大家庭活动让我们在工作之余得以轻松，收获快乐。
你认为家庭需改进的方面	工作繁忙的时候疏于家庭活动，鲁迅先生说过：时间就像海绵里的水，只要你愿意挤，总还是会有的。所以我们应该尽量的保证我们的家庭活动，保证我们的快乐收入。 期待有更新鲜的活动方式的出现。
成长林活动获得的心灵成长	每个人面对工作。面对生活都会遇到快乐与不快乐的事情，但是朋友可以给你言语的安慰，家庭可以给你港湾的安稳，笑对生活，笑对工作，低落的情绪不能解决任何问题，唯有勇敢地面对。
其他方面获得的成长发展	大家来自不同的学科，都有自己所擅长的东西，可以给予别人的帮助也是不言而喻的。付出一点，收获一些，每个人都赚了。
本学期阅读书目及获得启发	《给老师的建议》——苏霍姆林斯基。 苏霍姆林斯基的这本书每次看，每次都有新的收获，每次的收获都对自己有不同程度的影响。这是一本很务实的书，为我们解决了许多工作上的问题。所以，问题不是问题，能力才是问题。

表 6-4

成长林家庭对你的发展有何帮助	在工作上，我们互相鼓励，互相扶持，互相督促，感觉不是一个人在战斗，团队的力量是无限的。生活上，我们互相关怀，互相慰藉，好心情一起分享，坏脾气一起消灭。
家庭活动中感受最深的活动	一起聚餐，自己动手，纷纷贡献力量，组成了一桌饕餮大餐，开怀畅谈，相互鼓舞。
你认为家庭需改进的方面	尽量不要把家庭活动设计得很刻意，其实平时一言一行，一颦一笑都是关怀地传递。
成长林活动获得的心灵成长	体会到主动关心朋友的快乐，也感受到来自朋友的关心，内心是温暖又恬静的。
其他方面获得的成长发展	通过其他成员的的介绍，了解到很多好书，好的影视剧，并且学会了排解不良情绪，调控心情。
本学期阅读书目及获得启发	拜读了陶行知先生的《陶行知教育名篇》，本书汇集了陶行知先生平生教学研究与实践的精髓，从“教学合一”、“学生自治”、“创造的教育 ”、“创造的儿童教育”等各个方面，集中体现了陶行知先生倡导的“生活即教育”、“教学合一”以及“创造的教育”的独特教育思想，对于我们的教育事业具有许多现实意义。
成长林家庭对你的发展有何帮助	感受更多的是心灵上的帮助，有了家庭，感觉身边的姐妹多了，可以说话谈心的人多了，有事主动帮忙的人多了，一个眼神一句话都让我感觉很温暖。
家庭活动中感受最深的活动	家庭活动中让我感受最深的是聚会中的谈笑，每次的谈笑都很放松，完全把工作的压力，生活的烦恼抛之脑后，感受生活，享受生活。
你认为家庭需改进的方面	我认为我的家庭应该多增加活动次数，增进感情的交流，还有就是希望交流中大家都能坦诚相待，能够更好的增进彼此的感情。

续表

成长林活动获得的心灵成长	平时我们年轻人交流的机会很少，成长林可以说为我们提供了一个交流的平台， 在那里感受他们的工作热情、生活激情和积极向上的态度，都是值得我深思，触动我心灵的。
其他方面获得的成长发展	在和大家接触中，和王校的交流中，我学会了如何更好地与人沟通，学会了适时放松身心，学会了如何调节工作与生活并使之平衡。
本学期阅读书目及获得启发	《卡内基写给女人》:平衡家庭与工作，做一个智慧知性的女人 《富兰克林自传》:伟人的成就也是在平凡中产生 《时刻准备着》:成功在于平时的积累，千里之行，始于足下

后 记

人类和树木有着天然的密切关系，树木带给我们的不仅仅是食物、木材、药品、燃料等，还有对我们赖以生存的环境所起的重大生态效益，调节气候、净化空气、涵养水源等，更重要的是从属的生长中，我们能获得更多的生命启迪、成长智慧、生存法则。多姿多彩的树的世界如同人的世界一样，精彩纷呈，独具魅力，令人着迷。

三毛说，如果有来生，我要做一棵树，站成永恒，没有悲伤的姿势：一半在尘土里安详，一半在空中飞扬；一半散落荫凉，一半沐浴阳光。非常沉默，非常骄傲，从不依靠，从不寻找。

青年教师成长林的探索，不仅使年轻教师们在各方面有了长足发展，更促使我不断充电、不断努力，提升自我。感谢每一位青年教师的分享，如同一首诗里写的那样：当我走向你们的时候，我原想撷取一片树叶，你们却给了我整个树林。

感谢在编写这本书的过程中，在我工作、生活的成长过程中，总是给我积极鼓励和悉心指导的刘长兴主任、陈国良书记、吴维丽局长、韩大勇主任、朱宝树校长、姜丽萍校长……你们是良师是益友，是我生命中的贵人。

感谢我可爱的女儿在紧张的中考准备中，连续五个晚上写完作业后还要为本书的插图忙碌着；感谢我亲爱的老公给予我的爱和鼓励，他常说：“读万卷书，更要行里路；行了万里路，更要阅人无数；阅人无数，更要有明师引路。读好书，富阅历、拜明师，乃人生之三大幸事也。”感谢我的家人们无怨的支持，因为家的温暖才使我毫无负担地勇往直前。

感谢每一位描写、赞美树的名家以及无名作者，书中摘录了你们的作品，给予了我很多启发，向你们致敬。感谢张燕编辑的悉心指导，感谢责任编辑李冰老师一字一句一个标点细细斟酌,使此书顺利出版。

感谢在我生命中每一天的每一个人。“我是如此平凡却又如此幸运，你将生命中最闪亮的那一段与我分享，你用生命中最嘹亮的歌声来陪伴我，你将心中最温柔的部分给我，在我最需要朋友的时候，让我真心真意对你说声谢谢。”

希望自己成为一棵树，挺立在厚厚的土壤中，以蓝天为伴、花草为友，不惧风雨，不畏严寒，朝向阳光，安然、踏实，自在地成长。

王玉芝

2014 年 4 月 15 日

南开大学出版社网址：http://www.nkup.com.cn

投稿电话及邮箱： 022-23504636 QQ：1760493289
QQ：2046170045(对外合作)
邮购部： 022-23507092
发行部： 022-23508339 Fax：022-23508542

南开教育云：http://www.nkcloud.org

App：南开书店 app